## Oral Communication Training Series

# 今すぐ覚える
# 音読(オンドク)
# ドイツ語

江口陽子／小笠原能仁／堀内美江

# 発刊にあたって

　交通手段やインターネットの発達により、世界はますますグローバル化し、ビジネス、レジャー、留学にとどまらず、さまざまな場面で外国語が必要になっています。今後は英語だけでなく、ヨーロッパやアジア諸国の言語の重要性が一層高まることでしょう。他国の人たちとのコミュニケーションを図るうえで必要なものは何でしょうか。文法や単語もさることながら、その国の文化を知ることも重要です。しかし、それをひたすら覚えていくのでは、学習意欲もそがれ、満足なコミュニケーションを図るには相当長い時間が必要になるでしょう。

　誰もが楽しく、効率よく学べる方法はないのかという点について検討に検討を重ね、「ある話題について書かれた意味のある文章を読むうちに、単語や文法、その話題に関する知識が吸収できる」という結論が導き出されました。そして、画期的ともいえる総合的な学習書として本書が生まれたのです。

　このような考えにもとづいて、本書ではその国ならではの生活習慣や社会、文化など幅広いジャンルから話題を選び出し、興味をもって読める文章としました。もちろん、その文章を読むのに必要な文法知識も解説しました。学習効果を高めるために、ネイティブによる音読をCDに収録しているので、繰り返し聞くことによって、文章がだんだん頭に入っていくことでしょう。使われている単語の中で特に覚えておくと便利なものについては、別途ネイティブによる発音を収録し、適宜、同義語や反義語、関連表現を紹介しています。また、すでにもっている知識を応用していただくために、ヨーロッパ言語なら、英語や語源についても記しました。

　その他、楽しいコラムやイラストを満載し、随時自分の学力が確認できるチェックテストや辞書代わりになる索引もつけました。

　既刊の「今すぐ話せるシリーズ」と併用して学習することで、さらに一層の効果が期待できることでしょう。

　本書が、あなたの外国語学習の一助となることを願ってやみません。

**東進ブックス**

# はじめに

　本書は、「今すぐ話せるドイツ語」シリーズの続編です。1つのテーマでまとまった文章を読みながら、そのテーマに関連する単語も一緒に覚えたいという読者の強い要望に応えるために作られました。そのためCDには、ドイツ語の文章に続いて、その文章で使われた重要な単語とその日本語訳がセットで収録されています。また本書では、単語だけでなく、文章の中によく使われる表現、構文を網羅しています。

　文章は全部で60あり、1つの文章を1課と位置づけています。どの課も読者の皆さんが興味をもってドイツ語を学べるように、多くの楽しい工夫がほどこされています。環境問題やEU統合などのアクチュアルな話題、ドイツ文化の紹介、日常生活や社会生活でよく出くわす場面を描いた文章、文学と音楽に関する文章、学術ドイツ語の入門ともなる文章と、偏りがなく幅広い分野からテーマが集められています。

　各課には、文中で使われた重要単語のリストが付いています。関連語、同・反義語、別訳、英語との対応、合成語に付されているその語源や成り立ちの説明は、各単語を印象深く覚えることができる契機となるでしょう。

　文法や語法についても、分かりやすい説明をつけました。日本語訳については、ドイツ語の発想がよく理解できるように、ドイツ語に対応させて逐語調に翻訳してあります。ドイツ語の構造を理解したうえで、本文を日本語らしい文に直してみるのもよい勉強になるでしょう。

　本書と「今すぐ話せるドイツ語」の『入門編』『応用編』『単語集』とは相互に補完し合っていますので、これらを併用すれば、より学習効果が上がることでしょう。読者の皆さんが、本書により楽しくドイツ語を学習し、ドイツという国を一層身近に感じてくださされば幸いです。

著者

# CONTENTS
■■■ German listening & speaking

はじめに
本書の特徴と使い方 …………………………………………10

## Part 1 日常生活

- Lektion ❶ 朝の支度 …………………………………12 CD A02-03
  ［コラム］付いたり離れたりに気をつけよう―分離動詞 ……13
- Lektion ❷ 夕べのくつろぎ ……………………………16 CD A04-05
  ［コラム］シンクロする起床時間と就寝時間 …………17
- Lektion ❸ 新しい住居 ………………………………20 CD A06-07
  ［コラム］ドイツ人も明るいバルコニーが好き！ ……21
- Lektion ❹ 必要な家具 ………………………………24 CD A08-09
  ［コラム］ドイツ人ならでは！ 家具のリサイクル …25
- Lektion ❺ クリスマス ………………………………28 CD A10-11
  ［コラム］クリスマス市(いち) …………………………29
- Lektion ❻ ビールの種類 ……………………………32 CD A12-13
  ［コラム］醸造技術の進歩に貢献した？ ビール純粋令 …33
- Lektion ❼ レストランのメニュー …………………36 CD A14-15
  ［コラム］温かい料理と冷たい料理の見分け方 ……37
- Lektion ❽ 名物料理のメニュー ……………………40 CD A16-17
  ［コラム］お客をもてなすには料理の量で勝負！ …41
- Lektion ❾ エレガントな洋服 ………………………44 CD A18-19
  ［コラム］上流階級 Schickeria「シケリーア」はしゃれ者 …45
- Lektion ❿ サッカー選手の紹介 ……………………48 CD A20-21
  ［コラム］ドイツ人式サッカーの応援 ………………49

今すぐ覚える 音読ドイツ語

Lektion ⑪　ドイツの気候 …………………………………52　CD A22-23
　　　　　［コラム］今年は夏は来るのか？ ………………………53
Lektion ⑫　友人への手紙 …………………………………56　CD A24-25
　　　　　［コラム］友人への手紙は気楽に ………………………57
Lektion ⑬　パートナー募集 ………………………………60　CD A26-27
　　　　　［コラム］いつか挑戦してみる？ パートナー募集 ……61
Lektion ⑭　結婚式の招待状 ………………………………64　CD A28-29
　　　　　［コラム］「U.A.w.g.」って何の略？ …………………65

チェックテスト …………………………………………………68

# Part 2　社会生活

Lektion ⑮　履歴書 …………………………………………70　CD A30-31
　　　　　［コラム］見やすいのが一番、履歴書の形式 …………71
Lektion ⑯　交通事故のニュース …………………………74　CD A32-33
　　　　　［コラム］事故渋滞に巻き込まれないために "gesperrt" に注意！…75
Lektion ⑰　リゾートホテルの広告 ………………………78　CD A34-35
　　　　　［コラム］快適な保養地「ボーデン湖」Bodensee ……79
Lektion ⑱　夢の車 240SL Baby Blue ……………………82　CD A36-37
　　　　　［コラム］ロードスター …………………………………83
Lektion ⑲　誘拐事件 ………………………………………86　CD A38-39
　　　　　［コラム］ケルン高級住宅連続襲撃事件 ………………87
Lektion ⑳　ソフトプログラムの機能 ……………………90　CD A40-41
　　　　　［コラム］ドイツのプログラマー不足 ……………………91
Lektion ㉑　大学の入学制限 ………………………………94　CD A42-43
　　　　　［コラム］保育所もあるドイツの大学 …………………95

# CONTENTS
■■■ German listening & speaking

Lektion ㉒ ドイツ流子供のしつけ …………………… 98 CD A44-45
　　　　　［コラム］ドイツでも日本のアニメが大人気！ ……… 99
Lektion ㉓ ドイツ統一 …………………………………… 102 CD A46-47
　　　　　［コラム］「BRD」という言葉にはご用心 …………… 103
Lektion ㉔ ユーロとヨーロッパ広域市場 ………………… 106 CD A48-49
　　　　　［コラム］通貨リスクなき広域市場 ………………… 107
Lektion ㉕ EUと国民感情 ………………………………… 110 CD A50-51
　　　　　［コラム］EUに関する市民感情 …………………… 111
チェックテスト …………………………………………… 114

## Part 3　ドイツ文化

Lektion ㉖ ドイツ・オペラ ……………………………… 116 CD A52-53
　　　　　［コラム］オペラ座で社交界の雰囲気を味わう ……… 117
Lektion ㉗ ミヒャエル・エンデ ………………………… 120 CD A54-55
　　　　　［コラム］日本とミヒャエル・エンデ ……………… 121
Lektion ㉘ ドイツの食習慣 ……………………………… 124 CD A56-57
　　　　　［コラム］ドイツでの飲食店の選び方 ……………… 125
Lektion ㉙ シュタイナー教育 …………………………… 128 CD A58-59
　　　　　［コラム］創造的な力を伸ばすシュタイナー教育 …… 129
Lektion ㉚ ドイツのスポーツクラブ …………………… 132 CD A60-61
　　　　　［コラム］ドイツで人気のスポーツ ………………… 133
Lektion ㉛ ノイシュヴァンシュタイン城 ……………… 136 CD A62-63
　　　　　［コラム］旅のお勧め、ドイツの街道 ……………… 137
Lektion ㉜ 復活祭 ………………………………………… 140 CD A64-65
　　　　　［コラム］復活祭名物、ホワイトアスパラガス ……… 141

今すぐ覚える 音読ドイツ語

| Lektion 33 | マイセン磁器の発祥 …………………………144 CD A66-67 |
| [コラム] 輝かしいマイセン磁器に隠された悲劇 ……145 |
| Lektion 34 | ハルツの魔女伝説 …………………………148 CD A68-69 |
| [コラム] 魔女伝説の地、ハルツ地方のターレ市 ……149 |

チェックテスト …………………………………………152

# Part 4 文学・音楽

| Lektion 35 | グリム童話『赤ずきん』 ………………………154 CD B02-03 |
| [コラム] 赤ずきんちゃんの秘密 ………………155 |
| Lektion 36 | グリム童話『カエルの王様』 …………………158 CD B04-05 |
| [コラム] グリム兄弟について …………………159 |
| Lektion 37 | グリム童話『ブレーメンの音楽隊』 …………162 CD B06-07 |
| [コラム] メルヘン街道はグリム童話街道 ………163 |
| Lektion 38 | ヨハンナ・シュピリ『ハイジ』 …………………166 CD B08-09 |
| [コラム] 壮大な景色が味わえる登山鉄道の旅 ……167 |
| Lektion 39 | フランツ・カフカ『変身』 ……………………170 CD B10-11 |
| [コラム] お勧めの現代ドイツ小説 ………………171 |
| Lektion 40 | 野ばら ………………………………………174 CD B12-13 |
| [コラム] 野ばらの誕生 …………………………175 |
| Lektion 41 | ローレライ …………………………………178 CD B14-15 |
| [コラム] ローレライの伝説 ……………………179 |
| Lektion 42 | 君を愛す ……………………………………182 CD B16-17 |
| [コラム] 接続法 …………………………………183 |
| Lektion 43 | 魔　王 ………………………………………186 CD B18-19 |
| [コラム] 民衆にはぐくまれた魔王 ………………187 |

CONTENTS
German listening & speaking


Lektion 44 歓喜に寄す ……… 190 CD B20-21
［コラム］『歓喜に寄す』 ……… 191

チェックテスト ……… 194


# Part 5 環境


Lektion 45 原子力発電 ……… 196 CD B22-23
［コラム］原子力エネルギー廃止を打ち出したドイツ ……… 197

Lektion 46 ドイツ式ゴミを出さない生活 ……… 200 CD B24-25
［コラム］買い物袋を持って市場へ行こう！ ……… 201

Lektion 47 健康食品店「レフォルムハウス」 ……… 204 CD B26-27
［コラム］健康食品ブーム ……… 205

Lektion 48 騒音なき生活 ……… 208 CD B28-29
［コラム］騒音の感じ方には国民性がある!? ……… 209

Lektion 49 リサイクル ……… 212 CD B30-31
［コラム］ドイツのリサイクルシステム ……… 213

チェックテスト ……… 216


# Part 6 学術


Lektion (50) 〈歴史学〉ゲルマンの女たち ……… 218 CD B32-33
［コラム］『ゲルマーニア』の女性像は誇張されている？ ……… 219

Lektion (51) 〈言語学〉ドイツ語の方言 ……… 222 CD B34-35
［コラム］地方文化を守るLokalpatriot「郷土愛国者」 ……… 223

| 今すぐ覚える 音読ドイツ語

Lektion 52 〈心理学〉心の働き ……………………………………226 CD B36-37
　　　　　[コラム] 心の健康を保つには忘れるのがいちばん ……227
Lektion 53 〈心理学〉楽園での心理 …………………………………230 CD B38-39
　　　　　[コラム] SFの世界は現代のユートピア …………231
Lektion 54 〈法律学〉損害賠償 ………………………………………234 CD B40-41
　　　　　[コラム] お酒に酔って意識がなくても、賠償義務がある…235
Lektion 55 〈法律学〉名誉毀損 ………………………………………238 CD B42-43
　　　　　[コラム] 記事が真実なら、名誉より報道の自由 ……239
Lektion 56 〈経済学〉ドイツ経済の特徴 ……………………………242 CD B44-45
　　　　　[コラム] 銀行の支配力が強い体質はEUに受け継がれた?…243
Lektion 57 〈経済学〉景気のサイクル ………………………………246 CD B46-47
　　　　　[コラム] いつが景気の変わり目か? ………………247
Lektion 58 〈社会学〉マスメディアと消費者 ………………………250 CD B48-49
　　　　　[コラム] マスメディアとインテリ …………………251
Lektion 59 〈医学〉大学病院での診断 ………………………………254 CD B50-51
　　　　　[コラム] 大学病院 …………………………………255
Lektion 60 〈医学〉心の病い ……………………………………………258 CD B52-53
　　　　　[コラム] 精神相談所 ………………………………259

チェックテスト ……………………………………………………………262


索　引………………………………………………………………………263
基本文法……………………………………………………………………278

# 本書の特徴と使い方

## ● 聞くだけでも学習効果抜群!! ネイティブの発音によるCD2枚付き

各課の文章と（ドイツ語のみ）、その中に出てくる重要単語とその日本語の意味が収録されています。本を開かなくても、耳から聞くだけでも学習効果が上がります。まず最初に文章を通して聞きましょう。次に各単語を聞いてみて、もう一度文章に戻って聞き、どれくらい単語を聞き取れるようになっているかをチェックしましょう。

## ● 長文問題に頻出する約1000語を厳選

ドイツ語検定試験や「Zertifikat Deutsch」などの長文問題によく出題される単語約1000語を厳選しています。

## ● 関連のある文章をカテゴリーで分類

文章を「日常生活」「社会生活」「ドイツ文化」「文学・音楽」「環境」「学術」の6つのカテゴリーに分けてあります。

## ● バラエティーに富んだ楽しいテーマ

読者が興味をもってドイツ語を学べるように、各文章はアクチュアルで楽しい話題から集めてあります。面白そうな課から読み始めてみるのも、長続きする学習方法です。

## ● 文章の難易度はだんだん上がる

初心者にも学びやすいように「日常生活」の文章は簡単にしてあります。そして学習者の負担にならない程度に、テキストの難易度はゆっくりと上がります。

## ● 重要単語のリストと関連語と英語の対応を豊富に掲載

各章で使われた重要単語のリストが付けられ、関連語には［関連］、同義語には［同］、反義語には［反］、別の意味がある場合は［別］、合成語の場合はその成り立ちを圏、英語の単語を知っていればドイツ語が覚えやすい場合は圏のマークをつけ、説明を付け加えました。

## ● 分かりやすい説明とコラム

文章を理解するために必要な文法、構文、熟語に関する事項を「重要事項」としてまとめてあり、分かりやすい説明が付いています。「コラム」にはテキストの内容をさらに具体的に理解するために、さまざまな情報が盛り込まれています。

---

### 記号の意味

- 男 男性名詞　　女 女性名詞　　中 中性名詞　　複 大抵複数形で使われる名詞　　形 形容詞　　動 動詞
- 副 副詞　　前 前置詞　　接 接続詞　　代 代名詞　　疑 疑問代名詞　　不代 不定代名詞　　分 分離動詞
- (完s) 完了形sein支配　　(完h/s) 完了形にhaben支配とsein支配があるもの　　圏 合成語の成り立ち
- 英 英語から覚えやすい単語　　過／過分 不規則動詞の過去形、過去分詞形
- 過分 過去分詞のみ不規則変化をする動詞の過去分詞形
- (動) 動詞を作る前つづりと語尾　　(名) 名詞を作る前つづりと語尾　　(形) 形容詞を作る語尾
- (他) 他動詞を作る前つづり　　(分) 過去分詞を作る語尾　　(人) 人称代名詞を作る語尾

German listening & speaking

# PART 1
# 日常生活

| | | |
|---|---|---|
| Lektion 1 | 朝の支度 | 12 |
| Lektion 2 | 夕べのくつろぎ | 16 |
| Lektion 3 | 新しい住居 | 20 |
| Lektion 4 | 必要な家具 | 24 |
| Lektion 5 | クリスマス | 28 |
| Lektion 6 | ビールの種類 | 32 |
| Lektion 7 | レストランのメニュー | 36 |
| Lektion 8 | 名物料理のメニュー | 40 |
| Lektion 9 | エレガントな洋服 | 44 |
| Lektion 10 | サッカー選手の紹介 | 48 |
| Lektion 11 | ドイツの気候 | 52 |
| Lektion 12 | 友人への手紙 | 56 |
| Lektion 13 | パートナー募集 | 60 |
| Lektion 14 | 結婚式の招待状 | 64 |

## LEKTION 1 　Am Morgen

# 朝の支度

**CD** A02

❶ Beate <u>steht</u> gegen 7 Uhr <u>auf</u>.
　　　※1　　　　　　　　※1

❷ Zunächst **putzt** sie <u>sich die Zähne</u> und <u>wäscht</u> sich das
　　　　　　　　　　　　　※2　　　　　　　　※3　　　※2

　<u>Gesicht</u>.

❸ Das **Frühstück macht** sie selbst.

❹ Sie isst Brot mit **Käse** und Schinken. Dazu trinkt sie **Kaffee**.
　　　　※4

❺ Sie <u>liest</u> kurz die **Zeitung**.
　　　※5

❻ Dann <u>fährt</u> sie mit der **Straßenbahn** zur Arbeit.
　　　　※3

---

### ❗ 重要事項

☐☐ **※1 steht ... auf**
　　aufstehen「起きる」は分離動詞なので、aufが文末に来ます。

☐☐ **※2 sich die Zähne, sich das Gesicht**
　　sichは3格の再帰代名詞、sich die Zähneは「自分の歯」、sich das Gesicht
　　は「自分の顔」の意味です。

☐☐ **※3 wäscht, fährt**
　　waschen「洗う」fahren「行く」は不規則動詞、3人称単数（彼女、彼）のと
　　き、母音がaからäに変化します。

☐☐ **※4 isst**
　　essen「食べる」は不規則動詞、3人称単数（彼女、彼）のとき、母音がeから
　　iに変化します。

☐☐ **※5 liest**
　　lesen「読む」は不規則動詞、3人称単数（彼女、彼）のとき、母音がeからie
　　に変化します。

朝の支度 | LEKTION **1**

◎ CD **A**
02-03

## ▶▶ 全訳

❶ ベアーテは7時ごろ起きます。
❷ まず彼女は歯を磨いて、顔を洗います。
❸ 彼女は自分で朝食を作ります。
❹ 彼女はチーズとハムをのせてパンを食べます。それに加えてコーヒーを飲みます。
❺ 彼女は新聞をちょっと読みます。
❻ その後、彼女は市電で仕事に行きます。

### コラム 付いたり離れたりに気をつけよう—分離動詞

英語やフランス語にはなく、ドイツ語の独特な文法に分離動詞があります。例えば、aufstehen「起きる」はauf「上へ」とstehen「立つ」からできている分離動詞で、これが文章で使われるときは、aufが分離して文末に置かれます。ドイツ語の文章を読解するうえで、分離動詞の理解は不可欠です。文の最後まで、注意深く読んで、分離している語を見逃さないようにしましょう。

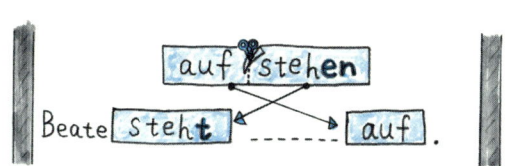

## auf|stehen
アオフシュテーエン
分(完s) 起きる  源 auf（上へ）+ stehen（立つ）
過/過分 stand auf, aufgestanden

☐☐ Wann stehen Sie morgen auf?
明日いつあなたは起きますか。
［別］立ち上がる

## putzen
プッツェン
動 磨く

☐☐ Er putzt die Schuhe.
彼は靴を磨いている。
＊putzenは「こすってきれいにする」、waschenは「水を使って洗う」。

## waschen
ヴァッシェン
動 洗う  英 wash
過/過分 wusch, gewaschen

☐☐ Jeden Tag wäscht sie sich die Haare.
彼女は毎日髪を洗う。
［関連］die Wäsche　洗濯物

## das Gesicht
ダス　ゲジィヒト
中 顔  源 ge（反復）+ Sicht（視界）
＊本来は見ること、目の意味。

☐☐ Er streichelt zärtlich ihr Gesicht.
彼は彼女の顔を優しくなでている。
［別］顔つき、外見、様子

## das Frühstück
ダス　フリューシュテュック
中 朝食  源 früh（早い）+ Stück（パン切れ）

☐☐ Mein Mann isst gern ein Ei zum Frühstück.
私の夫は朝食に卵を好んで食べる。
［関連］das Mittagessen　昼食　　das Abendessen　夕食

## machen
マッヘン
動 作る  英 make

☐☐ Mein Mann macht heute das Abendessen.
今日は私の夫が夕食を作る。
［別］する、〜の値段になる

## der Käse
デア　ケーゼ
男 チーズ  英 cheese

☐☐ Holländischer Käse ist lecker.
オランダのチーズはおいしい。
［関連］der Quark　カード（チーズの原料）

朝の支度 | LEKTION 1

## der Kaffee
デア　カフェー

男 コーヒー　英 coffee

Sie trinkt Kaffee mit Milch und Zucker.
彼女はミルクと砂糖を入れたコーヒーを飲む。

[関連] das Café　喫茶店

## lesen
レーゼン

動 読む　過/過分 las, gelesen

Er liest eine Zeitschrift.
彼は雑誌を読んでいる。

[関連] vorlesen　朗読する　sich（4格）verlesen　読み間違える

## die Zeitung
ディー　ツァイトゥング

女 新聞　源 zidunge 中高ドイツ語（知らせ）

In der Zeitung findet man viele Anzeigen.
新聞には多くの広告がある。

[関連] eine Zeitung abonnieren　新聞を予約講読する

## fahren
ファーレン

動（完s）（乗り物で）行く　過/過分 fuhr, gefahren

Sie ist mit dem Auto in die Stadt gefahren.
彼女は車で町に行った。

＊fahrenは「運転する」の意味では［完h］となる。gehenは「歩いて行く」。

## die Straßenbahn
ディー　シュトラーセンバーン

女 市電　源 Straßen（通り）+ Bahn（電車）
英 streetcar

Die Straßenbahn Nr. 7 fährt zum Rudolfplatz.
7番の市電はルドルフ広場に行きます。

[関連] die U-Bahn　地下鉄　die Bahn　鉄道

### 合わせて覚えよう

| | | |
|---|---|---|
| an\|ziehen<br>アンツィーエン | 分 服を着る | 源 an（身に付けて）+ ziehen（引く）<br>過/過分 zog an , angezogen |
| duschen<br>ドゥッシェン | 動 シャワーを浴びる | |
| rasieren (sich)<br>ラジーレン | 動 ひげをそる　過分 rasiert | |
| schminken (sich)<br>シュミンケン | 動 化粧をする | |
| die Toilette<br>ディー トアレッテ | 女 トイレ | 英 toilet　＊auf die (zur) Toilette gehen（アオフ ディー トアレッテ ゲーエン）トイレに行く |

## LEKTION 2　Am Abend

# 夕べのくつろぎ

**CD** A04

❶ Beate **kommt** gegen 19 Uhr **nach** Hause.
　　　　　　　　　　　　　　※1
❷ Sie **räumt** das Zimmer **auf** und **spült** das **Geschirr**.
　　　※2　　　　　　　※2
❸ Manchmal geht sie ins **Kino**, Konzert oder Theater.
　　※3　　　　　　　※4
❹ Sie **sieht** nicht so gern **fern**.
❺ **Lieber strickt** sie oder **telefoniert** mit ihren **Freundinnen**.
❻ Gegen 23 Uhr geht sie **schlafen**.
　　　　　　　　　　　　　※5

### ❗ 重要事項

☐☐ ※1 **nach Hause**
　　「家へ」行く（帰る）のときは例外的にnachを使います。その他の建物に行くときはzuを使います。zum Bahnhof「駅へ」　zur Schule「学校へ」

☐☐ ※2 **räumt ... auf**
　　分離動詞のaufräumen「整理する」。

☐☐ ※3 **Manchmal geht sie**
　　ドイツ語では動詞が第2番目に来ます。副詞が文頭にある場合、先に動詞、続いて主語の順番になります。

☐☐ ※4 **ins**
　　inとdasの融合形です。dasに「その」という指示の意味が希薄なときに融合します。

☐☐ ※5 **geht sie schlafen**
　　動詞gehenはもう1つの動詞をともなって「〜しに行く」の意味で使われています。

夕べのくつろぎ | LEKTION **2**

CD A
04-05

## ▶▶ 全訳

❶ ベアーテは7時ごろ家に帰ってきます。

❷ 彼女は部屋を整理し、食器を水で洗います。

❸ 時々彼女は映画館やコンサートや劇場に行きます。

❹ 彼女はテレビを見るのはあまり好きではありません。

❺ むしろ、編み物をしたり、彼女の女友達と電話をすることが好きです。

❻ 23時ごろ彼女は寝に行きます。

### コラム シンクロする起床時間と就寝時間

1991年にInformation et Publicité（フランス）が行った睡眠時間アンケートによると、ドイツ人は平均して6時45分に起床して、23時10分に就寝するそうです。そのほかの西ヨーロッパの人々も大体この時刻に起きて、床に就いています。ヨーロッパ全体で生活リズムはあまり変わりません。例外として、スペイン人とアイルランド人が8時に起床し、ギリシャ人が0時40分に就寝するということです。

## kommen
コメン
動(完s) 来る　英 come　過/過分 kam, gekommen

□□ Sie kommt zu mir.
彼女は私のところに来る。
[関連] zurückkommen　戻ってくる

## nach
ナーハ
前 ～に（～へ）

□□ Er fährt nach Berlin.
彼はベルリンに行く。
＊地名と家にはnachを使い、建物と人物にはzuを使います。

## auf|räumen
アオフロイメン
分 整理する　源 auf（上に）＋räumen（空間をあける）
→落ちているものを拾い上げて場所を作る

□□ Sie räumt den Tisch auf.
彼女は机を整理する。
[関連] wegräumen　片付ける

## spülen
シュピューレン
動 水で洗う

□□ Sie spült die Gläser.
彼女はグラスを水で洗う。
＊「食器などを洗う」にはwaschenではなくspülenを使います。

## das Geschirr
ダス　ゲシル
中 食器　源 ge（結果）＋schirr（scheren切るの名詞形）
本来は正しく切られた道具のこと。

□□ Das Geschirr ist sauber.
食器はきれいです。
＊Geschirrは単数の集合名詞（複数の意味）として使います。

## das Kino
ダス　キーノ
中 映画館

□□ „The Clown" wird im Kino gespielt.
『ザ・クラウン』が映画館で上映されます。
[関連] das Kinocenter　複合映画館

## fern|sehen
フェルンゼーエン
分 テレビを見る　源 fern（遠く）＋sehen（見る）
過/過分 sah fern, ferngesehen

□□ Meistens sieht er den ganzen Abend fern.
大抵、彼は一晩じゅうテレビを見ている。
[関連] das Fernsehen　テレビ

夕べのくつろぎ | LEKTION **2**

## lieber
リーバー

副 むしろ〜する ほうが好きだ　源 gern の比較級（最上級は am liebsten）

☐☐　Sie hört Klassik lieber als Rock.
彼女はロックよりもクラシックを聞くほうが好きだ。
［関連］am liebsten　〜するのが一番好きだ

## stricken
シュトリッケン

動 編み物をする

☐☐　Sie strickt einen Pullover.
彼女はセーターを編んでいる。
［関連］die Stricknadel　編み棒

## telefonieren
テレフォニーレン

動 電話をする　過分 telefoniert　英 telephone（名）

☐☐　Sie telefoniert sehr lange.
彼女はとても長く電話をする。
［関連］das Telefon　電話

## die Freundin
ディー　フロインディン

女 女友達　源 Freund（友人）+ in（女）　英 friend

☐☐　Sie hat viele Freundinnen.
彼女はたくさん女友達を持っている。
［関連］die Freundschaft　友情

## schlafen
シュラーフェン

動 寝る　過／過分 schlief, geschlafen
＊シュラフ（寝袋）は Schlafsack が語源。

☐☐　Er schläft wenig.
彼は少ししか寝ない。
［関連］der Schlaf　睡眠

### 合わせて覚えよう

| | | |
|---|---|---|
| aus\|gehen<br>アオスゲーエン | 分 外出する | 源 aus（外に）+ gehen（行く）　英 go out<br>過／過分 ging aus, ausgegangen |
| aus\|ruhen (sich)<br>アオスルーエン | 分 休息する | 源 aus（十分に）+ ruhen（休む）<br>過分 ausgeruht |
| baden<br>バーデン | 動 お風呂に入る | 英 bath（名） |
| der Roman<br>デア　ロマーン | 男 小説 | ＊英 romance は恋愛小説、空想小説の意味。 |
| tanzen<br>タンツェン | 動 ダンスをする | 英 dance（名） |

## LEKTION 3　Stefans neue Wohnung

# 新しい住居

**CD A06**

❶ In einer Woche <u>zieht</u> Stefan Klein <u>um</u>.
　　　　　　　　※1

❷ Seine <u>neue Wohnung</u> hat ein <u>Wohnzimmer</u>, ein
　　　　　※2　　　　　　　※3　　※4

　<u>Schlafzimmer</u>, ein <u>Bad</u>, eine <u>Küche</u> und einen <u>Flur</u>.

❸ Das Bad hat ein kleines <u>Fenster</u>.
　　※4

❹ Das Wohnzimmer hat einen <u>Balkon</u>.

❺ Es ist <u>hell</u> und sehr <u>gemütlich</u>.
　※5

### ! 重要事項

☐☐ ※1 **... zieht Stefan Klein um.**
　　umziehen「引っ越す」は分離動詞なので、umが文末に来ます。

☐☐ ※2 **seine neue Wohung**
　　形容詞neu「新しい」は、Wohnung「住居」を修飾しているので、女性名詞1格の格変化語尾-eが付きます。形容詞の格変化は英語にはありません。278ページの文法表を参照してください。

☐☐ ※3 **... hat ...**
　　主語が物でも、haben「持っている」を「～がある」の意味で使います。

☐☐ ※4 **ein ... と das ...**
　　Wohnzimmer「居間」など、住宅の部分の名称は加算名詞なので、「1つの」という意味で不定冠詞ein-が付きます。すでに一度話題にのぼった単語には、「もうすでに知られている」という意味で、定冠詞の der/die/das が付きます。

☐☐ ※5 **Es**
　　das Wohnzimmerが中性名詞なので、代名詞esで受けます。

新しい住居 | LEKTION **3**

CD A 06-07

### ▶▶ 全訳

① 1週間後にシュテファン・クラインは引っ越します。
② 彼の新しい住居には、居間と寝室と浴室と台所と廊下があります。
③ 浴室には小さな窓があります。
④ 居間にはバルコニーがあります。
⑤ それは明るく、とても居心地がよいです。

コラム ドイツ人も明るいバルコニーが好き！

ドイツ語のBalkon「バルコニー」がイタリア語のbalconeに由来していることから分かるように、ドイツの伝統的な住居にはバルコニーはありませんでした。ドイツでは暖房費を節約するために、窓を小さくするのが常識だったのです。ところが、セントラルヒーティングが普及してから、ドイツ人の間でも中庭に面するバルコニーと太陽光がたくさん入り込む大きな窓が次第に人気となり、新しく建てられる住居にはバルコニーを付けるようになりました。

## um|ziehen
ウムツィーエン

**分** (完s) 引っ越す　　源 um（移動）+ ziehen（移る）
過／過分 zog um, umgezogen

☐☐ Ich möchte in eine größere Wohnung umziehen.
　　私は大きな住居に引っ越したい。
　　[別] sich（4格）umziehen　着替える

## neu
ノイ

**形** 新しい　　英 new

☐☐ Ich möchte einen neuen Teppich.
　　私は新しいじゅうたんを1つ欲しい。
　　[関連] alt　古い

## die Wohnung
ディー　ヴォーヌング

**女** 住居　　源 wohn(en)（住む）+ ung（名）

☐☐ Er hat eine Wohnung in Berlin-Schöneberg.
　　彼はベルリン・シューネベルクに住居を持っている。
　　[関連] die Miete　家賃

## das Wohnzimmer
ダス　ヴォーンツィマー

**中** 居間　　源 wohn(en)（住む）+ Zimmer（部屋）

☐☐ Das Wohnzimmer ist nicht groß genug.
　　その居間は十分に大きくはない。
　　[関連] die Wohngegend　住宅地域

## das Schlafzimmer
ダス　シュラーフツィマー

**中** 寝室　　源 Schlaf（眠り）+ Zimmer（部屋）

☐☐ Ins Schlafzimmer können wir keinen Stuhl stellen.
　　寝室にいすを置くことはできない。
　　[関連] die Schlafgelegenheit　宿泊の施設

## das Bad
ダス　バート

**中** 浴室　　英 bathroom

☐☐ Ich mache das Bad sauber.
　　私が浴室をきれいにします。
　　[関連] baden　お風呂に入る

## die Küche
ディー　キュッヒェ

**女** 台所　　英 kitchen

☐☐ Die Wohnung hat eine kleine Küche.
　　その住宅には小さな台所がある。
　　[関連] kochen　料理する

新しい住居 | LEKTION **3**

## der Flur
デア　フルーア

男 廊下　＊英語のfloorの意味は「階」、「床」。

Ich möchte eine Pflanze in den Flur stellen.
私は玄関ホールに植物を置きたい。

[別] 廊下　[関連] auf dem gleichen Flur wohnen　同じ階に廊下を共有して住んでいる

## das Fenster
ダス　フェンスター

中 窓　源 fenestra（ラテン語）
＊英語のfence（さく）はdefenseから派生。

Ein Blumentopf ist aus dem Fenster gefallen.
花瓶が1つ窓から落ちた。

[関連] aus dem Fenster sehen　窓から外を見る

## der Balkon
デア　バルコーン

男 バルコニー　英 balcony

Meine Frau sitzt gern auf dem Balkon.
私の妻はバルコニーに座るのが好きだ。

[関連] die Terrasse　テラス

## hell
ヘル

形 明るい

Das Sonnenlicht macht das Wohnzimmer sehr hell.
太陽の光が居間をとても明るくする。

[反] dunkel　暗い

## gemütlich
ゲミュートリヒ

形 居心地がよい　源 Gemüt（心情）+ lich（形）

Ich kenne hier ein gemütliches Café.
私はここで居心地のよい喫茶店を知っています。

[関連] angenehm　心地よい

### 合わせて覚えよう

| | |
|---|---|
| **die Etage**　ディー　エタージェ | 女 階　[同] das Stockwerk |
| **der Garten**　デア　ガルテン | 男 庭　英 garden |
| **das Gästezimmer**　ダス　ゲステツィマー | 中 客室　源 Gäste（客）+ Zimmer（部屋） |
| **das Haus**　ダス　ハオス | 中 家　英 house |
| **die Tür**　ディー　テューア | 女 ドア　英 door |

# LEKTION 4 Möbel

## 必要な家具

**CD** A08

❶ Stefan hat schon eine **Lampe**, einen **Tisch** und **Stühle**.
　　　　　　　　　　　※1
❷ Aber er hat noch kein **Bett**.
　　　　　　　　※2
❸ Und er **braucht** auch einen **Kühlschrank**, eine **Couch**
　　　　　　　　　　　　※3　　　　　　　　　　　※3
und ein **Bücherregal**.
　　※3
❹ Er braucht keine **Kommode**.

❺ Aber er möchte einen **Kleiderschrank kaufen**.
　　　　　　※4　　　　　　　　　　　※4
❻ Und er möchte auch einen **Teppich** haben.

---

### ❗ 重要事項

☐☐ ※1 **A, B und C**
　　A, B und C は「AとBとC」という意味で、3つのものが並立していることを示します。

☐☐ ※2 **kein ...**
　　名詞を否定するときは、否定冠詞kein (英語のno) を使います。

☐☐ ※3 **einen ... eine ... und ein ...**
　　名詞の性が違うので、einの語尾が変化しています。einenは男性名詞、eineは女性名詞、einは中性名詞を示します。そしてすべて4格 (〜を) の形です。278ページの文法表を参照してください。

☐☐ ※4 **möchte ... kaufen.**
　　möchteは「〜したい」を意味する助動詞です。助動詞を使った文章では、動詞が文末に来ます。

必要な家具 | LEKTION **4**

## ▶▶ 全訳

❶ シュテファンは、もうランプとテーブルといすを持っています。

❷ しかし、彼はまだベッドを持っていません。

❸ そして、彼は冷蔵庫とソファーと本棚も必要としています。

❹ 彼は引きだんすは必要ではありません。

❺ ただし彼は洋服だんすを買いたいのです。

❻ 彼はじゅうたんも欲しいのです。

### コラム　ドイツ人ならでは！　家具のリサイクル

環境問題では先を行っているドイツでは、家具のリサイクルが盛んです。地方自治体が運営するリサイクルショップでは、比較的質のよい中古家具が破格の安値で売られています。また、地方新聞には、いらなくなった家具を売りたいという広告がたくさん載っています。ただ捨てるよりは、少しの金額でもお金に変えようとする経済的合理性がドイツでは徹底して根付いているようです。

## die Lampe
ディー ランペ
女 ランプ　英 lamp

☐☐ Es ist zu dunkel. Mach bitte die Lampe an!
暗すぎる。どうぞ、ランプをつけて！
［関連］die Lampe ausmachen　ランプを消す

## der Tisch
デア ティッシュ
男 テーブル

☐☐ Der Tisch ist groß genug.
そのテーブルは十分に大きい。
［関連］am Tisch sitzen　テーブルの前に座っている

## der Stuhl
デア シュトゥール
男 いす

☐☐ Wir brauchen noch zwei Stühle.
まだいすが2つ必要です。
［別］ポスト、便通

## das Bett
ダス ベット
中 ベッド　英 bed

☐☐ Ich bevorzuge ein französisches Bett.
私はフランス式ベッドのほうが好きだ。
［関連］das Kopfkissen　枕　die Decke　掛け布団　die Matratze　マットレス

## brauchen
ブラオヘン
動 必要とする

☐☐ Er braucht eine Brille.
彼は眼鏡が必要だ。
［関連］gebrauchen　使用する　verbrauchen　消費する

## der Kühlschrank
デア キュールシュランク
男 冷蔵庫　源 kühl（冷たい）+ Schrank（棚）

☐☐ Er hat vergessen, das Bier im Kühlschrank zu kühlen.
彼はビールを冷蔵庫で冷やすことを忘れた。
［関連］kühl　冷たい　(ab)kühlen　冷やす

## die Couch
ディー カオチェ
女 ソファー　英 couch

☐☐ Ich liege gern auf der Couch.
私はソファーの上に横たわるのが好きだ。
［関連］der Sessel　一人掛けのソファー

必要な家具 | LEKTION **4**

## das Bücherregal
ダス　ビューヒャーレガール

中 本棚　源 Bücher（本）+ Regal（棚）

Ich habe das Bücherregal durch eine Annonce gefunden.
私はその本棚を新聞広告で見つけた。

[関連] der Bücherschrank　本箱

## die Kommode
ディー　コモーデ

女 引きだんす　源 commode（フランス語）

Wie findest du die Kommode?
その引きだんすをどう思う？

[関連] die Kommodenschublade　たんすの引き出し

## der Kleiderschrank
デア　クライダーシュランク

男 洋服だんす　源 Kleider（服）+ Schrank（たんす）

Der Kleiderschrank ist für mich zu teuer.
その洋服だんすは私には値段が高すぎる。

[関連] die Garderobe　コート掛け

## kaufen
カオフェン

動 買う

Diese Marke wird viel gekauft.
このブランドはたくさん買われる。

[反] verkaufen　売る

## der Teppich
デア　テッピヒ

男 じゅうたん　源 tapis（ギリシャ語。もっと古くはペルシャ語）

Wir brauchen keinen Teppich.
じゅうたんはいらない。

[関連] der Fußboden　床

### 合わせて覚えよう

| | |
|---|---|
| **die Badewanne**<br>ディー　バーデヴァネ | 女 バスタブ　源 Bad（風呂）+ Wanne（桶） |
| **der Schreibtisch**<br>デア　シュライブティッシュ | 男 デスク　源 schreib(en)（書く）+ Tisch（机）<br>＊Tischと違い、書くための机を表します。 |
| **die Schublade**<br>ディー　シュブラーデ | 女 引き出し　源 Schub（押し）+ Lade（引き出し） |
| **das Tischtuch**<br>ダス　ティッシュテューフ | 中 テーブルクロス　源 Tisch（テーブル）+ Tuch（布） |
| **der Vorhang**<br>デア　フォーアハング | 男 カーテン　源 vor（前に）+ Hang（垂れ下がり） |

## LEKTION 5 Weihnachten

# クリスマス

**CD** A10

❶ "**Frohe Weihnachten!**" ist der Weihnachtsgruß in **Deutschland**.

❷ Am Heiligen Abend gehen viele **Leute** in die Kirche.
　　　　　　　　　　※1　　　　　※1

❸ Danach **tauschen** sie zu Hause **Geschenke aus** und essen
　　　　　※2　　　　　　　　　　　　　※2
ein **festliches** Gericht.

❹ Am **Nachmittag** des 24. Dezember **arbeitet** man nicht.

❺ **Auch** der 25. und der 26. sind Feiertage.

❻ Die Weihnachtsfeiertage **verbringen** die Leute im Kreis der Familie.

❼ Weihnachten in Deutschland ist genau so etwas wie
　　　　　　　　　　　　　　　　　　※3　　　　　※3
**Neujahr** in Japan.

---

### ❗ 重要事項

☐☐ ※1 **gehen ... in die Kirche**
　　inは3・4格支配の前置詞。3格と結びつけば「場所」を、4格と結びつけば「動作の方向」を表します。ここでは4格とともに使われ、「教会へ（と）行く」という意味です。

☐☐ ※2 **tauschen ... aus**
　　分離動詞。不定詞はaus|tauschen。

☐☐ ※3 **so ... wie ～**
　　「～と同じほど…」という意味の比較の表現です。「…」には形容詞が入ります。また、**so etwas wie～**は、「～と同じようなもの」という意味です。

クリスマス | LEKTION **5**

## ▶▶ 全訳

❶「フローエ ヴァイナハテン（クリスマスおめでとう）！」はドイツでのクリスマスのあいさつです。

❷ クリスマスイブには多くの人々が教会へ行きます。

❸ その後、彼らは家でプレゼントを交換し、祝祭（お祝い）の料理を食べます。

❹ 12月24日の午後は（人は）仕事をしません。

❺ 25日と26日も祭日（休日）です。

❻ クリスマスのお祝いの期間を、人々は身内だけで（家族という仲間の中で）過ごします。

❼ ドイツのクリスマスはちょうど日本のお正月のようなものです。

コラム クリスマス市(いち)

クリスマスの準備は、クリスマスから数えて4週間前の日曜日に始まります。この日からクリスマスイブまでを待降節といい、この時期には各地でクリスマス市が開かれます。焼きソーセージやビール、クリスマス用のオーナメントやお菓子、工芸品などさまざまなものが売られ、多くの人でにぎわいます。ドイツの冬に欠かせないグリューワイン（赤ワインを温めて砂糖や香辛料などを入れたもの）もあります。これを飲めば寒い夜もクリスマス市を楽しく見て回ることができます。

**CD** A11

## froh
フロー
**形** 喜ばしい

☐☐ Das ist eine frohe Nachricht für mich.
それは私にとって喜ばしいニュースです。

＊-eは女性1格の形容詞格変化。

## (das) Weihnachten
（ダス）ヴァイナハテン
**中** クリスマス　源 weih(en)（神聖にする）+ Nacht(en)（夜）
＊普通は冠詞なしで使う。

☐☐ Weihnachten steht vor der Tür.
クリスマスはすぐそこまで（ドアの前に）来ている。

［関連］der Weihnachtsmarkt　クリスマス市

## (das) Deutschland
（ダス）ドイチュラント
**中** ドイツ　源 deutsch（ドイツの）+ Land（国）
＊普通は冠詞なしで使う。

☐☐ Er fährt morgen nach Deutschland ab.
彼は明日ドイツへ出発します。

［関連］Deutsch　ドイツ語

## die Leute
ディー ロイテ
**複** 人々

☐☐ Sie sind sehr nette Leute.
彼らはとても親切な人々です。

［関連］複数名詞の例：die Ferien　休暇　die Eltern　両親

## aus|tauschen
アオスタオシェン
（プレゼント、人材などを）
**分** 交換する
源 aus（外へ）+ tauschen（取り替える）
過分 ausgetauscht

☐☐ Die beiden Universitäten tauschen jedes Jahr Studenten aus.
その2つの大学は、毎年学生を交換している。

［関連］tauschen　（他の人との間で等価のものと）取り替える

## das Geschenk
ダス ゲシェンク
**中** プレゼント　源 ge（動作の結果）+ schenk(en)（贈る）

☐☐ Das ist ein Geschenk für ihn.
これは彼へのプレゼントです。

［関連］schenken　贈る

## festlich
フェストリヒ
**形** 祝祭の　源 Fest（祝祭）+ lich（形）

☐☐ Sie trägt heute festliche Kleidung.
彼女は今日晴れ着（祝祭用の衣服）を着ている。

［関連］das Fest　祝祭

クリスマス | LEKTION **5**

### der Nachmittag
デア　ナーハミッターク
**男**午後　　源 nach（〜の後で）+ Mittag（正午）

☐☐ Sie kommt morgen Nachmittag.
彼女は明日の午後に来る。
[反] der Vormittag　午前

### arbeiten
アルバイテン
**動**働く

☐☐ Er arbeitet bei einer deutschen Firma.
彼はドイツの企業で働いている（に勤めている）。
[関連] die Arbeit　仕事

### auch
アオホ
**副**〜も

☐☐ Kannst du auch mitgehen?
君も一緒に行けるかい？
[関連] nicht nur〜, sondern auch...　〜のみならず、…もまた

### verbringen
フェアブリンゲン
**動**過ごす　　源 ver（なくなるまで〜する）+ bringen（運ぶ）
過/過分 verbrachte, verbracht

☐☐ Wir verbringen unseren Urlaub in Spanien.
私たちは休暇をスペインで過ごす。
[関連] vergehen　**動**[完s]（時間が）過ぎる

### das Neujahr
ダス　ノイヤール
**中**新年　　源 neu（新しい）+ Jahr（年）

☐☐ Prosit Neujahr!
新年おめでとう！（大みそかの真夜中に乾杯をする時のあいさつ）
[関連] der Silvester または das Silvester　大みそか

#### 合わせて覚えよう

| | | |
|---|---|---|
| **der Advent**<br>デア　アドヴェント | **男**待降節 | 源 adventus（キリストの）到来 ラテン語<br>＊「コラム」を参照してください。 |
| **bekommen**<br>ベコメン | **動**得る | 源 be（〜の所に）+ kommen（来る）　過/過分 bekam, bekommen<br>＊17世紀ごろから「得る」という意味で使われるようになりました。 |
| **der Glühwein**<br>デア　グリューヴァイン | **男**グリューワイン | 源 glüh(en)(灼熱する)+ Wein（ワイン）<br>＊「コラム」を参照してください。 |
| **der Lebkuchen**<br>デア　レープクーヘン | **男**レープクーヘン | （クリスマスに食べるはちみつ・香辛料入りケーキ） |
| **der Stollen**<br>デア　シュトレン | **男**シュトレン | （レーズンやドライフルーツ、ナッツなどが入っているクリスマス用の細長い焼き菓子） |

## LEKTION 6　Biersorten

# ビールの種類

**CD** A12

❶ In Deutschland ist es wichtig, die Biersorten und ihre Unterschiede genau zu kennen.
　※1　　　　　　　　　　　　　※2　　　　　　※2, 4
　　　　　　　　　　　　　※1, 3

❷ Altbier kommt aus Düsseldorf. Es ist dunkel und schmeckt etwas bitter.

❸ Berliner Weiße mischt man mit Himbeersaft. Sie ist rot und süß.

❹ Pils stammt aus Pilsen in Tschechien. Es schäumt stark.

❺ Weizenbier kommt aus Bayern. Es ist trübe. Man trinkt es oft mit Zitrone. Es wirkt erfrischend.

---

### ❗ 重要事項

☐☐ ※1 **... ist es wichtig, ... zu kennen**
　　esはzu kennenを受ける形式主語で、「知ることは重要です」となります。

☐☐ ※2 **Biersorten, Unterschiede**
　　BiersortenはBiersorteの複数形（-n型）、UnterschiedeはUnterschiedの複数形（-e型）です。

☐☐ ※3 **... zu kennen.**
　　ドイツ語のzu不定詞の目的語（Biersorten und Unterschiede）は動詞（kennen）の前に来ます。英語とは逆です。

☐☐ ※4 **ihre Unterschiede**
　　ihreはBiersortenを指す所有代名詞です。複数形ですので、「それらの」という意味です。

ビールの種類 | LEKTION **6**

### ▶▶ 全訳

❶ ドイツではビールの種類とそれらの違いを正確に知っていることは重要です。

❷ アルトビールはデュッセルドルフから来ます。黒っぽく、ちょっと苦い味がします。

❸ ベルリナー・ヴァイセを人々は木いちごジュースと混ぜます。赤く甘いです。

❹ ピルスはチェコ共和国のピルゼンから由来しています。よく泡立ちます。

❺ ヴァイツェンビールはバイエルンから来ます。濁っています。人々はそれをよくレモンと一緒に飲みます。気分をさわやかにします。

---

**コラム** 醸造技術の進歩に貢献した？ ビール純粋令

1516年バイエルンのヴィルヘルム4世が定めたビール純粋令により、ドイツでは大麦、ホップ、水、酵母のみでビールが造られ、それ以外の添加物を入れることは許されていません。
このように材料は同じなのに、これほど多種多様なビールができ上がるということは、醸造の過程がいかに重要なのかが分かります。日本でもいろいろなビールの味を楽しめるように、日本のビールメーカーにもっとがんばってほしいものです。

### das Bier
ダス　ビーア
中ビール　英 beer

☐☐ Bier gilt als Grundnahrungsmittel.
ビールは基本的食料と見なされています。
[関連] die Kneipe　飲み屋

### dunkel
ドゥンケル
形黒っぽい　英 dark

☐☐ Ich mag dunkles Bier.
私は黒ビールが好きです。
[別] 暗い

### schmecken
シュメッケン
動〜の味がする

☐☐ Das Bier schmeckt gut.
そのビールはよい味がします。
[関連] lecker　おいしい

### bitter
ビッター
形苦い　英 bitter

☐☐ Das Bier ist nicht bitter.
そのビールは苦くない。
[別] つらい

### mischen
ミッシェン
動混ぜる　英 mix

☐☐ Man mischt Berliner Weiße auch mit Waldmeistersaft.
人はベルリーナ・ヴァイセをくるまば草ジュースとも混ぜます。
[関連] die Mischung　混ぜ物

### der Saft
デア　ザフト
男ジュース

☐☐ Sie kauft eine Flasche Orangensaft.
彼女はオレンジジュースを１瓶買います。
[関連] saftig　みずみずしい

### süß
ズース
形甘い　英 sweet

☐☐ Ich trinke gern Süßes.
私は甘いものを好んで飲みます。
[関連] die Süßigkeit　甘いもの

ビールの種類 | LEKTION **6**

## der Weizen
デア　ヴァイツン

**男** 小麦　　**英** wheat

☐☐ Japan importiert Weizen.
日本は小麦を輸入している。

[関連] die Gerste　大麦

## trübe
トリューベ

**形** 濁った

☐☐ „trübe" bedeutet „nicht durchsichtig".
「濁った」とは「透き通っていない」を意味します。

[別] 気分が沈んだ

## trinken
トリンケン

**動** 飲む　　過/過分 trank, getrunken
**英** drink

☐☐ Im Durchschnitt trinkt jeder Deutsche 150 Liter Bier pro Jahr.
平均で1人のドイツ人は150リットルのビールを1年に飲みます。

[関連] das Getränk　飲み物

## die Zitrone
ディー　ツィトローネ

**女** レモン

☐☐ Mit Zitrone schmeckt Weizenbier besser.
レモンと一緒のほうがヴァイツェン・ビールはおいしいです。

[関連] der Zitronensaft　レモンジュース

## erfrischend
エアフリッシェント

**形** さわやかにする

**源** er（動）+ frisch（さわやかな）+ en（動）の現在分詞
**英** refresh

☐☐ Bier ist ein erfrischendes Getränk.
ビールはさわやかにする飲み物です。

[関連] die Erfrischung　元気回復

### 合わせて覚えよう

| | |
|---|---|
| **betrunken**<br>ベトルンケン | **形** 酔った　**源** be（徹底的に）+ trinken（飲む）の過去分詞 |
| **die Brauerei**<br>ディー　ブラオエライ | **女** ビール醸造所 |
| **die Obergärung**<br>ディー　オーバーゲールング | **女** 上面発酵　**源** ober（上位の）+ Gärung（発酵） |
| **das Reinheitsgebot**<br>ダス　ラインハイツゲボート | **中** ビール純粋令　**源** rein（純粋な）+ heit（名）+ Gebot（令） |
| **die Untergärung**<br>ディー　ウンターゲールング | **女** 下面発酵　**源** unter（下位）+ Gärung（発酵） |

# LEKTION 7 Speisekarte

# レストランのメニュー

CD A14

### *Speisekarte, Gasthof Brückenkeller*

❶ **Vorspeisen**
  **Salat**teller                                              3,50
  **Wurst**salat                                               3,60
❷ **Suppen**
  **Gemüse**suppe                                              2,50
  **Zwiebel**suppe                                             2,80
  Gulaschsuppe mit Brot                                        4,90
❸ Hauptgerichte
  **Schweine**kotelett mit Brat**kartoffeln** und Salatteller  5,50
  Sauer**braten** mit Kartoffelpüree und Bohnen                5,70
  **Kalb**steak mit Pommes frites und Gemüse                   6,30
  Wiener **Schnitzel** mit Pommes frites                       6,50
  Frikassee mit Reis und Gemüse                                6,50
  Bratwurst mit Kartoffelsalat                                 4,50
  1/2 Brathähnchen mit Pommes frites                           5,50

ドイツの普通のレストランにもある一般的な料理です。

レストランのメニュー | LEKTION **7**

CD **A**
14-15

## **メニュー、料理店　ブリュッケンケラー**

❶　オードブル
　　サラダ皿　　　　　　　　　　　　　　　　　　　　　　　3,50
　　ソーセージサラダ　　　　　　　　　　　　　　　　　　　3,60
❷　スープ
　　野菜スープ　　　　　　　　　　　　　　　　　　　　　　2,50
　　たまねぎスープ　　　　　　　　　　　　　　　　　　　　2,80
　　グラシュスープ（ハンガリー風）、パン付き　　　　　　　　4,90
❸　主菜
　　豚のカツレツ、焼きジャガイモとサラダ皿付き　　　　　　　5,50
　　酢漬けの焼肉、つぶしたジャガイモと豆付き　　　　　　　　5,70
　　子牛のステーキ、フライドポテトと野菜付き　　　　　　　　6,30
　　ウィーン風カツレツ、フライドポテト付き　　　　　　　　　6,50
　　細切り肉のホワイトソース煮、ライスと野菜付き　　　　　　6,50
　　焼きソーセージ、ジャガイモサラダ付き　　　　　　　　　　4,50
　　1/2焼き鶏、フライドポテト付き　　　　　　　　　　　　　5,50

**コラム** 温かい料理と冷たい料理の見分け方

親切なレストランでは、冷たい料理はkalte Gerichteという項目でまとめてあります。そうでない場合はちょっとした知識が必要です。例えば、料理名が...platte「平たい皿」、...teller「皿」、...salat「サラダ」で終わっていれば、その料理は冷たい料理です。Käse「チーズ」やSchinken「ハム」やFisch「薫製の肴」が皿の上に並べられています。

## die Speisekarte
ディー　シュパイゼカルテ

**女**メニュー　源 Speise（料理）+ Karte（表）

□□ Die Speisekarte bitte!
メニューをください。

＊das Menüは「定食」の意味です。

## die Vorspeise
ディー　フォーアシュパイゼ

**女**オードブル　源 vor（前の）+ Speise（料理）

□□ Was essen Sie als Vorspeise?
オードブルは何をたべますか？

［関連］fünf Gänge　5品料理

## der Salat
デア　ザラート

**男**サラダ　英 salad

□□ Essen Sie Salat?
サラダを食べますか？

［関連］die Salatsoße　ドレッシング

## die Wurst
ディー　ヴルスト

**女**ソーセージ

□□ Die Wurst schmeckt gut.
そのソーセージはおいしい。

［関連］der Schinken　ハム

## die Suppe
ディー　ズッペ

**女**スープ　英 soup

□□ Ich nehme eine Spargelsuppe.
私はアスパラガススープにします。

［関連］die Gabel　スプーン

## das Gemüse
ダス　ゲミューゼ

**中**野菜

□□ Frisches Gemüse hat viel Vitamin C.
新鮮な野菜はたくさんのビタミンCを持っている。

＊単数形で複数を意味する集合名詞です。

## die Zwiebel
ディー　ツヴィーベル

**女**タマネギ

□□ Mit Zwiebeln bitte!
タマネギを入れてください！

＊普通は複数形で使います。

レストランのメニュー | **LEKTION 7**

## das Schwein
ダス　シュヴァイン
中 豚

□□　Das Schweinefleisch ist fett.
豚肉は脂っこい。
[関連] das Rindfleisch　牛肉

## die Kartoffel
ディー　カルトッフェル
女 ジャガイモ

□□　Die Kartoffeln sind noch hart.
ジャガイモはまだ固い。
＊普通は複数形で使います。

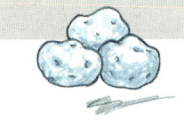

## der Braten
デア　ブラーテン
男 焼肉

□□　Der Braten ist schon gar.
焼肉はもうできた。
[関連] braten　肉を焼く。　＊英語のbakeは「天火で焼く」の意味です。

## das Kalb
ダス　カルプ
中 子牛　英 calf

□□　Kalbfleisch ist nicht so fett.
子牛の肉は脂っこくない。
[関連] das Hammelfleisch　羊の肉

## das Schnitzel
ダス　シュニッツェル
中 カツレツ

□□　Ich habe ein Jägerschnitzel bestellt.
私は猟師風カツレツを1つ注文しました。
[関連] panieren　パン粉をつける

### 合わせて覚えよう

| | | |
|---|---|---|
| **die Beilage**　ディー　バイラーゲ | 女 付け合わせ | 源 bei（付加）+ Lage（位置） |
| **das Fischgericht**　ダス　フィッシュゲリヒト | 中 魚料理 | 源 Fisch（魚）+ Gericht（料理） |
| **das Fleischgericht**　ダス　フライシュゲリヒト | 中 肉料理 | 源 Fleisch（肉）+ Gericht（料理） |
| **der Nachtisch**　デア　ナーハティッシュ | 男 デザート | 源 nach（後の）+ Tisch（食事） |
| **das Getränk**　ダス　ゲトレンク | 中 飲み物 | 源 ge（集合）+ Trank（飲料） |

## LEKTION 8  Spezialitäten

# 名物料理のメニュー

**CD** A16

### *Spezialitäten*

| | |
|---|---:|
| ❶ Berlin: Rollmops | 4,30 |
|     Rippenspeer mit Erbsen und Karotten | 13,30 |
| ❷ Bremen: Kükenragout mit Champignon | 13,00 |
| ❸ Frankfurt: Leberschnitten | 13,40 |
| ❹ Hamburg: Labskaus mit Spiegelei | 5,00 |
|     Matjeshering mit Salzkartoffeln | 5,10 |
|     Miesmuscheln | 7,00 |
|     Scholle mit Buttersoße | 12,50 |
| ❺ Hameln: Rattenschwänze | 14,40 |
| ❻ Köln: Blutwurst mit Salzkartoffeln | 4,40 |
|     Eisbein mit Salzkartoffeln | 12,50 |
|     Gyros mit Tzatziki | 5,30 |
| ❼ München: Leberknödelsuppe | 3,00 |
|     Weißwurst mit Brot | 5,30 |
|     Forelle in Mandelbutter gebacken | 11,90 |
| ❽ Stuttgart: Maultaschen in klarer Suppe | 4,90 |
|     Medaillons vom Schweinefilet mit Spätzle | 11,50 |

各都市の名物料理を集めました。その地方のドイツ人にしかわからない料理名があります。

名物料理のメニュー | LEKTION **8**

## 名物料理

① ベルリン：ロールニシン（Mopsは小型犬）　　　　　　　　4,30
　　骨付きあばら肉、グリーンプリースとニンジン付き　　13,30
② ブレーメン：ひな鶏のラグー（シチュー）とマッシュルーム　13,00
③ フランクフルト：レバーの薄切り　　　　　　　　　　　13,40
④ ハンブルク：リバプール風肉の炊き込みと目玉焼き　　　　5,00
　　若ニシンの塩漬け、塩ジャガイモ付き　　　　　　　　　5,10
　　ムール貝　　　　　　　　　　　　　　　　　　　　　　7,00
　　カレー、バターソース　　　　　　　　　　　　　　　12,50
⑤ ハーメルン：ねずみのシッポ　　　　　　　　　　　　　14,40
⑥ ケルン：血のソーセージ、塩ジャガイモ付き　　　　　　　4,40
　　氷の足、塩ジャガイモ付き　　　　　　　　　　　　　12,50
　　ギュロス、にんにくヨーグルト付き　　　　　　　　　　5,30
⑦ ミュンヘン：レバーだんごスープ　　　　　　　　　　　　3,00
　　白ソーセージ、パン付き　　　　　　　　　　　　　　　5,30
　　マスのアーモンドバター焼き　　　　　　　　　　　　11,90
⑧ シュトゥットガルト：口のカバンのコンソメスープ　　　　4,90
　　豚ヒレ肉のメダイヨン、シュペッツレ付き　　　　　　11,50

**コラム** お客をもてなすには料理の量で勝負！

ドイツの有名レストランで名物料理を注文すると、その量の多さに驚かされますが、ドイツ人たちが毎日そのような分量を食べているわけではありません。客を料理の量の多さで圧倒し、招待者の太っ腹を見せるのが、客に対する最大の歓迎と考えるドイツの食文化なのです。ドイツ語にはVöllerei（暴飲暴食）という言葉がありますが、この言葉はもちろん否定的な意味で使われています。

**CD** A17

## die Spezialität
ディー　シュペツィアリテート
**女**名物料理　**英** specialities

☐☐　Wir bieten viele Spezialitäten.
　　私たちはたくさんの名物料理を提供しています。
　　＊普通の料理店にはない専門店の自信作です。

## der Rippenspeer
デア　リッペンシュペーア
**男**骨付きあばら肉

☐☐　Rippenspeer sind gepökelte Rippchen vom Schwein.
　　骨付きあばら肉は塩漬けされたあばら肉です。
　　[関連] der Bratspieß　焼き串

## das Ragout
ダス　ラグー
**中**ラグー（フランス風シチュー）

☐☐　Ragout ist ein Gericht aus kleinen Geflügelstückchen in einer würzigen Soße.
　　ラグーは風味のよいソースをかけた小さいとり肉の料理です。
　　＊Ragoutはフランス式にラグーと発音します。

## der Matjeshering
デア　マトイェスヘーリング
**男**若にしんの塩漬け

☐☐　Matjesheringe sind gesalzene junge Heringe.
　　マトイエスヘーリングは塩漬けされた若にしんです。
　　＊オランダ語maatjesharing「少女ニシン」から来ています。

## die Miesmuschel
ディー　ミースムッシェル
**女**ムール貝

☐☐　Miesmuscheln leben im Atlantik.
　　ムール貝は大西洋に生息しています。
　　[関連] die Auster　カキ

## die Scholle
ディー　ショレ
**女**カレイ

☐☐　Scholle ist als Speisefisch sehr geschätzt.
　　カレイは料理用の魚としてとても高く評価されている。
　　[関連] der Plattfisch　平べったい魚

## das Eisbein
ダス　アイスバイン
**中**氷の足

☐☐　Eisbein ist gekochtes Schweinebein.
　　アイスバインはゆでた豚の足です。
　　＊Eis「氷」は以前、豚の足の骨からスケート靴を造ったことから来ています。

名物料理のメニュー | LEKTION **8**

## das Gyros
ダス　ギュロス

中 ギュロス（ギリシャ風あぶり肉）

Gyros ist ein griechisches Gericht aus Fleisch, das an einem Spieß angebracht und geröstet wird.
ギュロスは肉のギリシャ料理で、焼き串に刺してあぶられます。

［関連］der Kebab　カバブ（トルコ名）

## die Forelle
ディー　フォレレ

女 マス

Das Fleisch der Forelle ist zart.
マスの肉は柔らかい。

［関連］der Lachs　サケ

## die Maultasche
ディー　マオルタッシェ

女 口のカバン（袋状のねり粉）

Maultaschen sind mit Farce gefüllte Taschen.
マオルタッシェンはファルス（肉や野菜の詰め物）で詰め込まれたカバンのようなものです。

［関連］dünne Suppe　コンソメスープ

## das Medaillon
ダス　メダリヨーン

中 メダイヨン（一口肉）

Medaillons sind kleine runde Fleischscheiben.
メダイヨンとは小さく丸い肉片です。

［関連］das Filet　ヒレ肉　＊Medaillonはフランス式にメダリヨーンと発音します。

## die Spätzle
ディー　シュペッツレ

複 シュペッツレ（シュヴァーベン風うどん）

Ich esse gerne Spätzle.
私は好んでシュペッツレを食べます。

［関連］die Nudel　ヌードル

### 合わせて覚えよう

| der Pfannkuchen<br>デア　プファンクーヘン | 男 揚げパン（北ドイツで）、パンケーキ（南ドイツで）　源 Pfann(e)（フライパン）＋Kuchen（ケーキ） |
|---|---|
| die Brezel<br>ディー　ブレーツェル | 女 8の字パン |
| das Roggenbrötchen<br>ダス　ロゲンブレートヒェン | 中 ライ麦プチパン |
| der Einback<br>デア　アインバック | 男 一度焼きビスケット　源 ein(mal)（一度）＋back(en)（焼く） |
| das Vollkornbrot<br>ダス　フォルコルンブロート | 中 粗挽き黒パン　源 voll（完全）＋Korn（粒）＋Brot（パン） |

43

## LEKTION 9 — Elegante Kleidung

# エレガントな洋服

**CD** A18

❶ Stefan möchte ein sportliches **Sakko** aus **Kaschmir**, seine Freundin Beate ein **elegantes** zwei-teiliges Abend**ensemble** aus **Seide**.

❷ Sie gehen zusammen in eine **Boutique**.

❸ Sie möchte ein blaues Kleid **anprobieren**.

❹ Ihr gefällt auch ein **gestreiftes Kostüm** im italienischen **Stil**.

❺ Ein weißer **Rollkragen**pullover aus Wolle sieht auch sehr **hübsch** aus.

❻ Zum Glück sind gerade alle Preise 50% reduziert.

### ! 重要事項

□□ ※1 **aus Kaschmir, aus Seide, aus Wolle**
「〜製の」素材、材料を表すausです。

□□ ※2 **in eine Boutique**
「〜の中へ」場所の移動を表すのでeine Boutiqueは4格です。

□□ ※3 **Ihr gefällt ...**
動詞gefallen「...が気に入る」は物が主語です。Ihr「彼女に」は3格です。

□□ ※4 **sieht ... aus**
「...に見える」aussehenは分離動詞で、前つづりausが文末に来ています。sehenは不規則動詞なので、3人称単数で母音がehからiehに変わります。

□□ ※5 **sind ... reduziert**
状態受動なので「安くされています」が直訳です。

エレガントな洋服 | LEKTION **9**

CD A 18-19

PART 1 日常生活

### ▶▶ 全訳

❶ シュテファンはカシミア生地のスポーティーなブレザーが欲しいです。彼の恋人ベアーテは絹のエレガントなイブニング・アンサンブルの上下を欲しがっています。

❷ 2人は一緒にブティックに行きます。

❸ 彼女は青のドレスを試着したいです。

❹ イタリアスタイルの縞模様の衣装も彼女の気に入りました。

❺ 羊毛の白いタートルネックのオーバーもとてもかわいいです。

❻ 運がいいことに、ちょうどすべての値段は50％安くなっています。

### コラム 上流階級 Schickeria「シケリーア」はしゃれ者

一般に質実なドイツ人は衣服にあまり気を使わないといわれていますが、ドイツにも Schickeria「シケリーア」と呼ばれる裕福な上流階級があり、彼等はとても流行に敏感です。オーダーメイドで服を仕立てたり、パリのブティックのコレクションから新作を取り寄せたりします。日常の洋服の名称については、『今すぐ話せるドイツ語単語集』の88ページに紹介しています。

**CD A19**

## das Sakko
ダス　ザッコ
中 ブレザー　　＊北ドイツではSakkoは男性名詞です。

□□ Er hat ein Sakko mit zwei Knöpfen.
彼は二つボタンのブレザーを持っている。
［関連］das Jackett　ジャケット

## der Kaschmir
デア　カシュミーア
男 カシミア　　英 cashmere

□□ Kaschmir ist ein hochwertiges Material.
カシミアは高価な素材です。
［関連］der Kaschmirschal　カシミアのマフラー

## elegant
エレガント
形 エレガントな　　英 elegant

□□ Er ist elegant angezogen.
彼はエレガントに服を着ている。
［関連］schick　しゃれた

## das Ensemble
ダス　アンサーンベル
中 アンサンブル　　英 ensemble

□□ Ein grünes Ensemble steht dir besser.
緑のアンサンブルのほうが君に似合う。
＊調和のとれた２つか３つのそろいの婦人服。

## die Seide
ディー　ザイデ
女 絹

□□ Das Kleid ist aus Seide.
そのドレスは絹製です。
［関連］das Seidengewebe　絹織物

## die Boutique
ディー　ブティーク
女 ブティック　　英 boutique

□□ In Düsseldorf gibt es viele modische Boutiquen.
デュッセルドルフにはいいブティックがたくさんある。
［関連］die Kollektion　新作発表会

## an|probieren
アンプロビーレン
分 試着する　　源 an（身に着けて）＋probieren（試す）
過分 anprobiert

□□ Sie müssen das Kleid anprobieren.
ドレスを試着しなければなりません。
［関連］die Anprobe　試着

エレガントな洋服 | LEKTION **9**

## gestreift
ゲシュトライフト

形 ストライプの　英 striped　源 ge（分）+ Streif(en)（縞）+ t（分）

☐☐ Die gestreifte Hose passt mir nicht.
ストライプのズボンは私に似合わない。

[関連] bunt　カラフルな

## das Kostüm
ダス　コステューム

中 衣装　英 costume

☐☐ Ein Kostüm besteht aus Jacke und Rock.
コスチュームはスカートとジャケットから成っている。

[別]（ある時代、ある地方などの）衣装

## der Stil
デア　シュティール

男 スタイル　英 style

☐☐ Er mag Anzüge im englischen Stil.
彼は英国スタイルの背広が好きだ。

[関連] die Art　種類

## der Rollkragen
デア　ロルクラーゲン

男 タートルネック　源 roll(en)（巻く）+ Kragen（襟）　英 roll neck

☐☐ Sein Hals ist zu kurz für den Rollkragen.
彼の首はタートルネックには短すぎる。

[関連] der Stehkragen　立ち襟

## hübsch
ヒュプシュ

形 かわいい

☐☐ Sie zieht sich immer hübsch an.
彼女はいつもかわいらしく服を着る。

[関連] schön　美しい

### 合わせて覚えよう

| | |
|---|---|
| das Abendkleid<br>ダス　アーベントクライト | 中 イブニングドレス　源 Abend（夕べ）+ Kleid（ドレス） |
| die Baumwolle<br>ディー　バオムヴォレ | 女 綿　源 Baum（木）+ Wolle（毛） |
| das Dirndl<br>ダス　ディルンドゥル | 中 ディルンドゥル（バイエルンの婦人用民族衣装） |
| das Leinen<br>ダス　ライネン | 中 麻　英 linen |
| die Mode<br>ディー　モーデ | 女 流行　英 mode |

## LEKTION 10 Fussballspieler

# サッカー選手の紹介

**CD A20**

❶ Deutschland hat gute Fussballspieler.
　　　　　　　　　※1

❷ Miroslav Klose ist ein starker Angriffsspieler. Per Kopfball
　　　　　　　　　　　　　　　※2
erzielt er viele Tore.

❸ Michael Ballack ist ein brillianter Mittelfeldspieler. Er kann sehr gut dribbeln und genaue Pässe schlagen.

❹ Sebastian Kehl ist ein knallharter Abwehrspieler. Er vereitelt jeden Angriff des Gegners.

❺ Thomas Linke spielt Libero. Er kontrolliert das Spiel.

❻ Oliver Kahn ist Deutschlands bester Torwart. Er reagiert
　　　　　　　　　　　　　　　　　　　　　　　※3
sehr schnell auf den Ball.

### ! 重要事項

☐☐ ※1 **gute Fussballspieler**
　　gutは「よい」を意味する形容詞です。-eは複数４格の形容詞格変化で、Fussballspielerにかかっていることを示します。

☐☐ ※2 **starker Angriffsspieler**
　　starkは「強い」を意味する形容詞です。-erは男性名詞１格の形容詞格変化で、Angriffsspielerにかかっていることを示します。

☐☐ ※3 **Deutschlands bester Torwart**
　　bestは「最もよい」を意味する形容詞です。-erは男性名詞１格の形容詞格変化で、Torwartにかかっていることを示します。

サッカー選手の紹介 | LEKTION **10**

CD **A** 20-21

### ▶▶ 全訳

① ドイツはよいサッカー選手を持っています。

② ミロスラフ・クローゼは強力な攻撃型の選手です。ヘディングでたくさんゴールを決めます。

③ ミヒャエル・バラックは素晴らしい中盤の選手です。彼はとてもうまくドリブルと正確なパスをすることができます。

④ セバスティアン・ケールは冷酷無慈悲なディフェンスの選手です。彼は敵のどんな攻撃もだめにしてしまいます。

⑤ トーマス・リンケはリベロです。彼はゲームをコントロールします。

⑥ オリバー・カーンはドイツで最もよいゴールキーパーです。彼はボールにとても素早く反応します。

### コラム ドイツ人式サッカーの応援

ドイツ人は、ブンデスリーグの中から好きなチームを1つ選び、まるで恋人のように愛し応援します。選手1人ひとりのプレーに一喜一憂し、失敗しても励まし、ピンチの場面では悲鳴を上げ、よいプレーには歓喜の叫びを上げます。そして点が入ると、呪文から開放されたような爽快感と達成感を味わいます。自分のチームがたとえ負けたとしても、チームを見捨てることはしません。チームとの一体感が重要なのです。

## der Ball
デア　バル
男 ボール　英 ball

☐☐ Der Ball ist rund.
ボールは丸い。
[関連] die Kugel　球

## der Angriff
デア　アングリフ
男 攻撃　源 an（向かって）＋ Griff（= greifen つかむ）

☐☐ Der Angriff war heute schlecht.
攻撃は今日は悪かった。
[関連] der Stürmer　フォワード

## der Kopfball
デア　コップフバル
男 ヘディング　源 Kopf（頭）＋ Ball（ボール）

☐☐ Er gibt Tips für das Kopfballtraining.
彼はヘディングの練習のための助言をくれる。
[関連] köpfen　ヘディングする

## das Tor
ダス　トーア
中 ゴール

☐☐ Tor!
ゴール！（ゴールが決まったときの叫び声）
[関連] ein Tor schießen　シュートする

## das Mittelfeld
ダス　ミッテルフェルト
中 中盤　源 mittel（中央）＋ Feld（フィールド）
英 midfield

☐☐ Er spielt im Mittelfeld.
彼は中盤でプレーする。
[関連] die Mittellinie　中央ライン

## dribbeln
ドリベルン
動 ドリブルをする　英 dribble

☐☐ Er kann nicht dribbeln.
彼はドリブルができない。
[関連] präzise　正確に

## der Pass
デア　パス
男 （サッカーの）パス　英 pass

☐☐ Nakata gibt dem Stürmer einen Pass.
中田選手はボールをフォワードにパスします。
[関連] der Doppelpass　二重パス（パスをした選手にすぐにパスを戻すこと）

サッカー選手の紹介 | LEKTION **10**

## die Abwehr
ディー アップヴェーア

**女**ディフェンス 　源 ab（離れる）+ Wehr（防御）→はね返す

Das war eine riskante Abwehr.
それは危険なディフェンス（のプレー）だった。

[関連] das Abwehrsystem　ディフェンスのシステム

## der Libero
デア リベロ

**男**リベロ　源 イタリア語　libero（自由な選手）

Der Libero steht als Letzter in der Abwehr.
リベロはディフェンスでいちばん後ろにいます。

[関連] der Strafraum　ペナルティーエリア

## best...
ベスト

**形**最もよい

Er ist der beste Spieler.
彼が最も良い選手です。

＊-eは男性1格の形容詞格変化です。

## der Torwart
デア トーアヴァルト

**男**ゴールキーパー　源 Tor（ゴール）+ Wart（番人）

Der Torwart darf die Hände benutzen.
ゴールキーパーは手を使ってもいいです。

[同] der Torhüter

## reagieren
レアギーレン

**動**反応する　過分 reagiert　英 react

Ich konnte nicht reagieren.
私は反応できなかった。

[関連] die Reaktion　反応

### 合わせて覚えよう

| | |
|---|---|
| das Abseits<br>ダス アップザイツ | **中**オフサイド　英 offside |
| der Eckball<br>デア エックバル | **男**コーナーキック　源 Eck（角）+ Ball（ボール） |
| das Foul<br>ダス ファオル | **中**反則　英 foul |
| der Freistoß<br>デア フライシュトース | **男**フリーキック　源 frei（自由な）+ Stoß（突き） |
| Gelbe Karte<br>ゲルベ カルテ | **女**イエローカード |

# LEKTION 11 Das Wetter in Deutschland

# ドイツの気候

**CD** A22

❶ Im Frühling ist das **Wetter wechselhaft**.

❷ <u>**Milde** und kühle Tage</u> wechseln.
※1

❸ Der Sommer ist meistens **heiß** und **trocken**.

❹ Aber <u>wenn</u> mehrere **Tiefs** lange über Mitteleuropa **liegen**,
※2, ※3　　　　　　　　　　　　　　　　　　　　　　　　※2
**regnet** es dauernd. In diesem Fall kommt der Sommer nicht.
※3

❺ Der Herbst ist **angenehm**. Aber manchmal erlebt man einen Temperatursturz.

❻ Im Winter ist es sehr **kalt**. Die **Temperatur** fällt weit unter den **Gefrierpunkt**.

## ！重要事項

☐☐ ※1 **Milde und kühle Tage**
　　　milde「温暖な」の後のTage「日々」が省略されています。mild-e, kühl-eと語尾が同じなので、どちらも複数1格の名詞Tageにかかることが分かります。

☐☐ ※2 **wenn ... liegen,**
　　　wenn「もし」の文章は副文なので、動詞liegen「ある」が文末に来ています。

☐☐ ※3 **wenn ..., regnet es**
　　　wennの副文は、1つの長い副詞とみなされるので、副文の後にすぐに主文の動詞regnet「雨が降る」が来て、主語esがその後に来ます。

ドイツの気候 | LEKTION 11

## 全訳

① 春は天気が変わりやすいです。
② 温暖な日と涼しい日が交替します。
③ 夏は大抵は暑く乾燥しています。
④ しかし、もし数個の低気圧が中央ヨーロッパの上に長く位置すると、絶えまなく雨が降ります。この場合、夏は来ません。
⑤ 秋は心地よいです。しかし、時々気温の急激な低下を体験します。
⑥ 冬はとても寒いです。気温は氷点下よりさらに下がります。

### コラム 今年は夏は来るのか？

南ドイツは比較的気候に恵まれていて、天気のよい夏（7、8月）を迎えることができますが、中部と北部ドイツでは、スカンジナビアと大西洋からの風がぶつかるため雲が発生しやすく、低気圧が長い間居座ることもあります。そうすると夏でも気温が20度以下になってしまいます。ですから、「今年は夏が来るか？」というのがドイツ人の6月の関心事です。そうした気苦労をしたくない人は、早々と地中海での1週間から3週間のバカンスを予約します。

**CD** A23

## das Wetter
ダス　ヴェッター
**中**天気　**英** weather

☐☐ Das Wetter war herrlich.
天気は素晴らしかった。
[関連] das Klima　気候

## wechselhaft
ヴェクセルハフト
**形**変わりやすい　**源** Wechsel（交替）+ haft（形）

☐☐ Ihre Laune ist wechselhaft.
彼女の気分は変わりやすい。
[関連] wechseln　交替する

## mild
ミルト
**形**温暖な　**英** mild

☐☐ Das Klima in dieser Gegend ist mild.
この地方の気候は温暖です。
[関連] gemäßigt　温和な

## heiß
ハイス
**形**暑い　**英** hot

☐☐ Es wird heiß.
暑くなる。
[関連] die Hitze　暑さ

## trocken
トロッケン
**形**乾燥している　**英** dry

☐☐ Trockenes Klima ist typisch für diese Gegend.
乾燥した気候がこの地域の特徴です。
[関連] trocknen　乾かす

## das Tief
ダス　ティーフ
**中**低気圧

☐☐ Ein Tief liegt über England.
低気圧が1つイギリスの上にある。
[関連] das Hochdruckgebiet　高気圧地域

## liegen
リーゲン
**動**位置する　過/過分 lag, gelegen

☐☐ Dichter Nebel liegt über dem Feld.
厚い霧が野原にかかっている。
[別] 横たわっている

ドイツの気候 | LEKTION 11

## regnen
レーゲネン
動 雨が降る　英 rain

In Norddeutschland regnet es viel.
北ドイツでは雨がたくさん降る。
＊主語は非人称のesです。

## angenehm
アンゲネーム
形 心地よい　源 an（触れて）＋ genehm（gern genommen 好ましい）

Die Meeresluft ist angenehm.
海の空気は心地よい。
［関連］gemütlich 居心地がいい

## kalt
カルト
形 寒い　英 cold

Im Winter wird es hier sehr kalt.
冬にここはとても寒くなる。
［別］冷淡な

## die Temperatur
ディー テンペラトゥーア
女 気温　英 temperature

Im Sommer steigt die Temperatur über 30 Grad.
夏には気温は30度以上になる。
［別］体温

## der Gefrierpunkt
デア ゲフリーアプンクト
男 氷点　源 gefrier(en)（凍る）＋ Punkt（点）
英 freezing point

Die Temperatur sinkt auf den Gefrierpunkt.
気温は氷点下に下がる。
［同］der Nullpunkt

### 合わせて覚えよう

| der Frost<br>デア フロスト | 男 寒気　英 frost |
| --- | --- |
| das Gewitter<br>ダス ゲヴィッター | 中 雷雨　源 ge（集中）＋ witter(Wetter)（天気）本来は気象、転じて不快な天気 |
| der Schnee<br>デア シュネー | 男 雪　英 snow |
| der Sturm<br>デア シュトゥルム | 男 嵐　英 storm |
| die Wolke<br>ディー ヴォルケ | 女 雲 |

# LEKTION 12  Gruß aus Kreta

# 友人への手紙

**CD** A24

Kreta, 14. 8. 02

❶ **Liebe** Beate,
※1

❷ das Wetter auf Kreta ist **herrlich**.
※2

❸ **Jeden** Tag **gehe** ich **schwimmen** und Tennis **spielen**.
※3

❹ Dort **treffe** ich **oft** Stefan. Er ist sehr **nett**.

❺ Morgen mache ich mit ihm einen **Ausflug** nach Knossos.
※4

❻ **Herzliche Grüße**

Deine Claudia

## ❗ 重要事項

☐☐ ※1 **Liebe Beate**
Beateが女性なのでLiebeとなります。男性の場合にはLieberとなります。

☐☐ ※2 **das Wetter auf Kreta**
名詞の直後の副詞や前置詞句は前の名詞にかかり、「クレタでの天気」の意味になります。クレタは島なので前置詞auf「～の上に」を使います。

☐☐ ※3 **gehe ich schwimmen**
gehenはもう1つの動詞の不定詞（原形）を伴って、「～しに行く」の意味になります。

☐☐ ※4 **nach Knossos**
前置詞nachにはいろいろな意味がありますが、ここでは地名が来ているので、方向「～へ」の意味となります。

# 友人への手紙 | LEKTION 12

## ▶▶ 全訳

クレタ 2002年8月14日

❶ 親愛なるベアーテ

❷ クレタ島で天気は素晴らしいです。

❸ 毎日泳ぎに行ったり、テニスをしに行ったりします。

❹ そこでよくシュテファンに会います。彼はとても感じがいいです。

❺ 明日、彼と一緒にクノッソス宮殿にドライブをします。

❻ 心からのあいさつをどうぞ

あなたのクラウディア

### コラム 友人への手紙は気楽に

ドイツ人は、よく旅先から短い文を絵はがきに書いて、友人に送ります。親しい人に書くのですから、思ったことやしたことを簡単な言葉で率直に表現します。皆さんもドイツ人の友人に手紙を書くときは、あまりあれこれ悩まず、気軽に書きましょう。そのほうが親近感を持たれます。逆に、私用で長い手紙を書くと、「しつこい性格」aufdringlichと思われて嫌われます。

**CD** A25

## lieb
リーブ
形 親愛な

Lieber Herr (Liebe Frau) Müller
親愛なるミュラーさん
[別] かわいい　Ihr Kind ist lieb.　あなたの子供はかわいい。

## herrlich
ヘルリヒ
形 素晴らしい　源 Herr（領主）+ lich（形）領主のように（素晴らしい）

Die Aussicht war herrlich.
ながめは素晴らしかった。
[関連] ausgezeichnet　抜群の　schön　快適な

## jeder
イェーダー
代 どの〜も

Jedes Jahr fliege ich nach Griechenland.
毎年私はギリシヤに行きます。
＊jedesは中性4格、jedenは男性4格の形です。

## gehen
ゲーエン
動（完s）行く　過/過分 ging, gegangen　英 go

Sie geht gern spazieren.
彼女は散歩をするのが好きだ。
[関連] einkaufen gehen　買い物に行く

## schwimmen
シュヴィメン
動 泳ぐ　過/過分 schwamm, geschwommen　英 swim

Mein Kind kann noch nicht schwimmen.
私の子供はまだ泳げない。
[関連] tauchen　もぐる　ins Wasser springen　水に飛び込む

## spielen
シュピーレン
動 〜をする

Tennis spielen ist ihr Hobby.
テニスをするのが彼女の趣味です。
[関連] Fußball spielen　サッカーをする

## treffen
トレッフェン
動 会う　過/過分 traf, getroffen

Hans trifft Beate morgen.
ハンスはベアーテに明日会う。
[別] 当てる（当たる）、命中する（命中させる）

友人への手紙 | LEKTION **12**

## oft
オフト

**副** よく　英 often

☐☐ Claudia und Wilhelm gehen oft zusammen aus.
クラウディアとヴィルヘルムはよく一緒に外出する。

[関連] häufig　度重なる

## nett
ネット

**形** 感じがいい

☐☐ Alle sind sehr nett zu ihr.
みんなは彼女にとても親切です。

[関連] freundlich　親切な

## der Ausflug
デア　アオスフルーク

**男** ドライブ　源 aus（外へ）+ Flug（飛行）→ 遠出をする

☐☐ Wir können einen Ausflug nach München machen.
ミュンヒェンにドライブをしましょう。

＊「1回のドライブ」という意味で不定冠詞einenが付きます。

## herzlich
ヘルツリヒ

**形** 心から　源 Herz（心）+ lich（形）

☐☐ Mit herzlichen Grüßen
心からのあいさつを込めて。（手紙の結びで）

＊親しい人に使う表現。

## der Gruß
デア　グルース

**男** あいさつ　英 greeting

☐☐ Mit freundlichen Grüßen verbleibe ich, Ihr Klein
心からのごあいさつを添えて、あなたのクライン

＊手紙の結びに使われる丁寧なあいさつ表現。

### 合わせて覚えよう

| | |
|---|---|
| **Hochachtungsvoll**<br>ホーホアハトゥングスフォル | 敬具　＊敬意を表す結びの表現。 |
| **Mit freundlichen Grüßen**<br>ミット　フロイントリヒェン　グリューセン | 敬具 |
| **Mit herzlichen Grüßen**<br>ミット　ヘルツリッヒェン　グリューセン | よろしく　＊親しい人に使う結びの表現。 |
| **Sehr geehrter Herr Schmidt**<br>ゼーア　ゲエーアター　ヘア　シュミット | 敬愛する<br>シュミット様　源 ehrenの過去分詞<br>＊Lieber Herrより丁寧な書き出しの表現。 |
| **Viele Grüße**<br>フィーレ　グリューセ | よろしく　＊親しい人に使う結びの表現。 |

## LEKTION 13 Kontaktanzeige

# パートナー募集

**CD** A26

① Wer **sucht Partnerschaft** mit **selbstständiger** Frau, die  ※1, ※2
  **sensibel** und dennoch **selbstbewusst** ist? ※2
② Sie ist 24/168, **ledig**, Heilpädagogin. ※3
③ Sie **schätzt Gespräche** über **Gegenwart** und Zukunft, Reisen, Romane, Ausflüge.
④ Er **sollte einfühlsam** und nett sein. ※4
⑤ Wenn Sie **Mut** haben, dann schreiben Sie mit Bild unter ZV 5332 an Das Bild, 22536 Hamburg, Pressehaus.

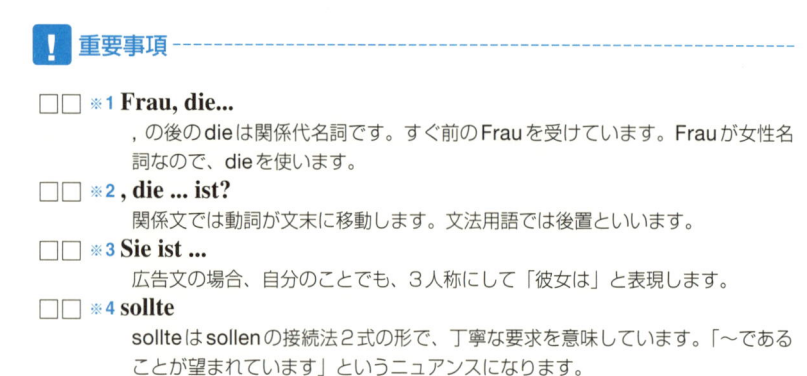

## ！ 重要事項

☐☐ ※1 **Frau, die...**
　　, の後のdieは関係代名詞です。すぐ前のFrauを受けています。Frauが女性名詞なので、dieを使います。

☐☐ ※2 **, die ... ist?**
　　関係文では動詞が文末に移動します。文法用語では後置といいます。

☐☐ ※3 **Sie ist ...**
　　広告文の場合、自分のことでも、3人称にして「彼女は」と表現します。

☐☐ ※4 **sollte**
　　sollteはsollenの接続法2式の形で、丁寧な要求を意味しています。「〜であることが望まれています」というニュアンスになります。

パートナー募集 | LEKTION **13**

### ▶▶ 全訳

❶ どなたか、繊細ながらも自覚ある自立した女性とのパートナーシップを探していますか？
❷ 彼女は24歳、168cm、未婚、治療教育者。
❸ 彼女は、現在と将来についての会話や、旅行、小説、ドライブを高く評価しています。
❹ 彼は思いやりがあって、優しいことが望まれています。
❺ もしあなたに勇気があれば、それならば、22536 ハンブルク、新聞ハウス、ビルト新聞あてに番号ZV 5332に写真を添えて手紙を書いてください。

### コラム　いつか挑戦してみる？　パートナー募集

インターネットが普及するはるか以前から、ドイツでは新聞の広告欄が、男女が知り合う機会を提供してきました。パートナー、結婚相手、恋人を探している人々が、そのことを率直に書いて、広告欄に載せるのです。真剣に結婚相手を探している人からアバンチュールをしてみたい人など、いろいろです。ただし、金銭目的の結婚詐欺もあるそうですから、利用に当たってはくれぐれもご注意を。

## suchen
ズーヘン
**動** 探す

Er sucht nach dem Schatz der Nibelungen.
彼はニーベルンゲンの宝を探している。
[関連] die Suche　捜索

## die Partnerschaft
ディー　パルトナーシャフト
**女** パートナーシップ　　源 Partner（パートナー）+ schaft（関係）
英 partnership

Unsere Universität arbeitet in Partnerschaft mit den Wirtschaftsverbänden.
私たちの大学は経団連とパートナーシップを結んで、仕事をしています。
[関連] die Partnerstadt　姉妹都市

## selbstständig
ゼルプストシュテンディヒ
**形** 自立した　　源 selbst（自分で）+ Stand（立っている状態）+ ig（形）

Jetzt ist er selbstständig und hat ein eigenes Geschäft.
今は彼は独立していて、自分の企業を持っている。
＊selbständigと同じ。

## sensibel
ゼンジーブル
**形** 繊細な　　英 sensitive

Sie ist sehr sensibel.
彼女はとても繊細だ。
[関連] feinfühlig　敏感な　empfindsam　感傷的な

## selbstbewusst
ゼルプストベヴスト
**形** 自覚した　　源 selbst（自分を）+ bewusst（知っている）

Sie tritt immer selbstbewusst auf.
彼女はいつも自覚を持って行動する。
[関連] das Selbstbewusstsein　自意識

## ledig
レーディヒ
**形** 未婚の

Maria ist immer noch ledig.
マリアはまだ結婚していない。
[反] verheiratet　既婚の

## schätzen
シェッツェン
**動** 高く評価する

Ich schätze seine Fähigkeit sehr.
私は彼の能力をとても高く評価する。
[関連] für wertvoll erachten　価値があるとみなす

パートナー募集 | LEKTION **13**

## das Gespräch
ダス ゲシュプレヒ

**中**会話　　源 ge（反復）+ Sprache（= sprechen 話す）→対話

☐☐ Ich hatte gestern ein wichtiges Gespräch mit meinem Professor.
私は昨日教授と重要な話をした。

［関連］im Gespräch sein　話題となっている

## die Gegenwart
ディー ゲーゲンヴァルト

**女**現在　　源 gegen（entgegen 向かって）+ wart（wärts 方へ）本来は、その場に居合わせること

☐☐ Er lebt nur für die Gegenwart.
彼は現在のためだけに生きている（将来を考えない）。

［関連］die Vergangenheit　過去　die Zukunft　未来

## sollte
ゾルテ

**助**〜が望まれる

☐☐ Dieses Buch sollte man gelesen haben.
この本を読んでおくことが望まれます。

＊sollte は sollen の接続法2式の形。

## einfühlsam
アインフュールザム

**形**思いやりがある　　源 ein（他者の心の中に）+ fühl(en)（感じる）→感情移入する + sam（形）

☐☐ Er ist nicht sehr einfühlsam.
彼はあまり思いやりがない。

［関連］einfühlen　感情移入する

## der Mut
デア ムート

**男**勇気

☐☐ Er hatte den Mut, ihr die Wahrheit zu sagen.
彼女に真実を言う勇気が彼にはあった。

［関連］Mut bekommen　勇気を得る

### 合わせて覚えよう

| | | |
|---|---|---|
| **gutaussehend**<br>グートアオスゼーエント | **形**かっこいい | 源 gut（よく）+ aussehend（見える） |
| **humorvoll**<br>フモーアフォル | **形**ユーモアがある | 英 humorous |
| **schlank**<br>シュランク | **形**やせた　英 slender | |
| **sportlich**<br>シュポルトリヒ | **形**スポーツマンタイプの | 源 Sport（スポーツ）+ lich（形） |
| **sympathisch**<br>ズュンパーティッシュ | **形**感じのいい　＊英語の sympathetic は「同情した、共感する」。 | |

# LEKTION 14  Einladung zur Hochzeit

# 結婚式の招待状

**CD** A28

❶ Herr und Frau Walter Schreiner <u>laden</u>※1 Herrn und Frau Hayashi zur <u>Hochzeit</u>※1 ihrer Tochter Annette mit Herrn Michael Groß am Sonntag, dem 22. Juli 2002 <u>ein</u>※1.

❷ Die kirchliche Trauung beginnt um 11 Uhr in der Andreas-Kirche.

❸ Die Hochzeitsfeier findet anschließend im Hotel "Adlerhof" <u>statt</u>※2.

❹ Antwort: Es ist mir eine große Ehre, an der Hochzeit teilnehmen zu dürfen.

❺ Ich werde selbstverständlich <u>gerne</u>※3 kommen.

## ❗ 重要事項

☐☐ ※1 **laden + 人（4格）zu + 名詞（3格）ein.**
　　einladen「～に招待する」は前置詞zuをとり、その後の名詞は3格です。

☐☐ ※2 **findet ... statt**
　　stattfinden「行われる」は自動詞で、物が主語になります。また分離動詞なので、stattが文末に来ます。

☐☐ ※3 **gern(e)**
　　ドイツ語では、副詞gern(e)「喜んで」がよく使われます。英語のlike toに相当する動詞はドイツ語にはありません。

結婚式の招待状 | LEKTION **14**

## ▶▶ 全訳

❶ ヴァルター・シュライナー夫妻が林夫妻を、2002年7月22日日曜日に、娘アネッテとミヒャエル・グロースの結婚式に招待します。

❷ 教会での結婚式はアンドレアス教会で11時に始まります。

❸ 結婚式の祝賀はそれに引き続いてアードラーホーフ・ホテルで行われます。

❹ 返事：結婚式への出席が許されることは、私にとって、大変名誉なことです。

❺ もちろん喜んで参ります。

### コラム 「U.A.w.g.」って何の略？

本文のテキストは正式な招待状です。服装が指定されているときは、Anzug: Smoking「礼服」やFrack「燕尾服」と書かれています。正式な招待状ですから、返事をするのが義務です。招待状の末尾にU.A.w.g.(Um Antwort wird gebeten)「お返事が求められています」の略語が付されています。一方、親しい間での招待状は、冗談やユーモアを盛り込んで、楽しく書いてかまわないのです。

## ein|laden
アインラーデン

**分 招待する**  源 ein（主語のもとへ）+ laden（招待する）
過/過分 lud ein, eingeladen

Er ist zur Hochzeitsfeier von Gabi und Jörg eingeladen.
彼はガービとヤェルクの結婚式に招待されている。
[関連] die Einladung  招待

## die Hochzeit
ディー　ホーホツァイト

**女 結婚式**  源 hoch（高位の）+ Zeit（時間）

Sie haben ihre Hochzeit in einem Café gefeiert.
彼らは結婚を喫茶店で祝った。
[関連] die Vermählungsfeier  結婚式

## kirchlich
キルヒリヒ

**形 教会での**  源 Kirch（教会）+ lich（形）

Er wurde kirchlich beerdigt.
彼は教会の規則に従って埋葬された。
[関連] die Kirche  教会

## die Trauung
ディー　トラオウング

**女 結婚式**  源 trau(en)（結婚させる）+ ung（名）
*特に、結婚の誓いと指輪の交換を表す。

Die standesamtliche Trauung ist am nächsten Sonntag.
戸籍役場での結婚式は次の日曜日です。
[関連] der Trauzeuge  結婚立会人

## beginnen
ベギンネン

**動 始まる**  過/過分 begann, begonnen
英 begin

Die Ferien beginnen übermorgen.
夏休みはあさってから始まる。
[同] anfangen

## die Hochzeitsfeier
ディー　ホーホツァイツファイアー

**女 結婚式の祝賀**  源 Hochzeit（結婚式）+ Feier（祝い）

Die Gäste tanzten auf der Hochzeitsfeier.
客は結婚式の祝賀の際に踊った。
[同] das Hochzeitsfest

## statt|finden
シュタットフィンデン

**分 行われる**  源 Statt（場所）+ finden（見つける）
過/過分 fand statt, stattgefunden

Die Taufe findet in der Kirche statt.
洗礼は教会で行われる。
＊「前もって計画されたことが行われる」の意味。

結婚式の招待状 | LEKTION **14**

## anschließend
アンシュリーセント

**副** 引き続いて

**源** an（くっついて）+ schließen（閉じる）+ d（現在分詞）

Anschließend hält Herr Klein eine Rede.
引き続き、クラインさんがスピーチします。

[関連] danach　そのあと　hinterher　そのあとで

## die Antwort
ディー　アントヴォルト

**女** 返事

**源** ant（ent対する）+ Wort（言葉）
**英** answer

Herr Meier gibt noch keine Antwort.
マイアーさんはまだ返事をくれない。

[関連] antworten　答える

## die Ehre
ディー　エーレ

**女** 名誉

Wir geben uns die Ehre, Sie einzuladen.
貴殿をご招待することは私たちの名誉になります。

[関連] ehren　尊敬する

## selbstverständlich
ゼルプストフェアシュテントリヒ

**形** もちろん

**源** selbst（自ら）+ verständ（理解）+ lich（形）

Selbstverständlich nehme ich Ihre Einladung an.
もちろん、ご招待を受け入れます。

[関連] natürlich　もちろん

## gern(e)
ゲルネ

**副** 喜んで

Ich werde Ihrer Einladung sehr gern Folge leisten.
喜んでご招待に応じます。

[反] leider nicht　残念ながら～（ない）

### 合わせて覚えよう

| | | |
|---|---|---|
| **die Einweihung**<br>ディー　アインヴァイウング | **女** 落成式 | **源** ein（公衆の中に）+ weih(en)（はらい清める）+ ung（名） |
| **der Geburtstag**<br>デア　ゲブルツターク | **男** 誕生日 | **源** Geburt（誕生）+ Tag（日） |
| **die Konfirmation**<br>ディー　コンフィルマツィオーン | **女** 堅信 | **英** confirmation |
| **die Taufe**<br>ディー　タオフェ | **女** 洗礼 | |
| **die Verlobung**<br>ディー　フェアローブング | **女** 婚約 | **源** ver（公に）+ lob(en)（たたえる）+ ung（名） |

# Part 1 チェックテスト

CHECK TEST

## A ドイツ語の単語を日本語に訳してみましょう。

1. aufstehen ＿＿＿＿＿＿　　2. schlafen ＿＿＿＿＿＿

3. das Fenster ＿＿＿＿＿＿　　4. der Tisch ＿＿＿＿＿＿

5. das Kostüm ＿＿＿＿＿＿　　6. das Bier ＿＿＿＿＿＿

7. die Speisekarte ＿＿＿＿＿＿　　8. Spätzle ＿＿＿＿＿＿

9. das Wetter ＿＿＿＿＿＿　　10. einladen ＿＿＿＿＿＿

## B 日本語に当てはまるドイツ語を書いてみましょう。

1. 洗う ＿＿＿＿＿＿　　2. 電話をする ＿＿＿＿＿＿

3. 住居 ＿＿＿＿＿＿　　4. ブレザー ＿＿＿＿＿＿

5. 主菜 ＿＿＿＿＿＿　　6. 親愛なる ＿＿＿＿＿＿

7. 乾燥している ＿＿＿＿＿＿　　8. 勇気 ＿＿＿＿＿＿

9. だれ ＿＿＿＿＿＿　　10. 結婚式 ＿＿＿＿＿＿

---

### 解答

**A** 1. 起きる 2. 寝る 3. 窓 4. 机 5. コスチューム 6. ビール 7. メニュー 8. うどん
9. 天気 10. 招待する
**B** 1. waschen 2. telefonieren 3. die Wohnung 4. das Sakko 5. das Hauptgericht
6. liebe(r) 7. trocken 8. der Mut 9. wer 10. die Hochzeit

German listening & speaking

# PART 2
# 社会生活

| Lektion 15 | 履歴書 | 70 |
| Lektion 16 | 交通事故のニュース | 74 |
| Lektion 17 | リゾートホテルの広告 | 78 |
| Lektion 18 | 夢の車240SL Baby Blue | 82 |
| Lektion 19 | 誘拐事件 | 86 |
| Lektion 20 | ソフトプログラムの機能 | 90 |
| Lektion 21 | 大学の入学制限 | 94 |
| Lektion 22 | ドイツ流子供のしつけ | 98 |
| Lektion 23 | ドイツ統一 | 102 |
| Lektion 24 | ユーロとヨーロッパ広域市場 | 106 |
| Lektion 25 | EUと国民感情 | 110 |

## LEKTION 15 Lebenslauf

# 履歴書

**CD** A30

**❶**                **Lebenslauf**

                  Ichiro Hayashi

**❷** 6. 7.1973    in Tokyo, Japan **geboren**
                               ※1

**❸** 1980-1991   **Besuch** der Grund-, **Mittel**-,
                      ※2
                  und Oberschule in Kichijoji

**❹** 1991        **Aufnahmeprüfung** an der Akasaka Universität in Tokyo
                     ※3

**❺** 1991-1995   **Studium** der **Wirtschaftswissenschaften**
                                                          ※4

**❻** 1995        **Abschlussprüfung** an der Akasaka Universität

**❼** 1995        **Anstellung** bei der **Firma** Fuji **AG** in der **Werbeabteilung**
                                                   ※5

## ❗ 重要事項

☐☐ **※1 ... geboren**
     gebärenの過去分詞。文章にするとIch bin in ... geboren.となりますが、ここでは表形式なので、過去分詞だけ書きます。

☐☐ **※2 Besuch**
     学校に通ったことを、Besuch「訪問」という名詞で表現します。

☐☐ **※3 Aufnahmeprüfung**
     Aufnahmeprüfung「入学試験」と書くだけで、試験に受かったことを意味します。

☐☐ **※4 Wirtschaftswissenschaften**
     Wirtschaftswissenschaft<u>en</u>「経済学」はいろいろな分野があるという意味で複数形を使います。

☐☐ **※5 bei der Firma**
     会社に雇われて働いている場合は、「会社で」は前置詞beiを使います。

履歴書 | LEKTION 15

## ▶▶ 全訳

❶ 履歴書　林　一朗
❷ 1973年7月6日　日本、東京に生まれる。
❸ 1980年より1991年まで　吉祥寺で小学校、中学校、高校に通う。
❹ 1991年　東京にある赤坂大学の入学試験に合格する。
❺ 1991年より1995年まで　経済学を勉学する。
❻ 赤坂大学の卒業試験に合格する。
❼ 1995年　株式会社フジで、宣伝部に就職する。

### コラム　見やすいのが一番、履歴書の形式

昔は、履歴書は手書きで文章形式にしましたが、今日ではパソコンを使って、表の形にし、箇条書形式にするのが一般的です。表のほうが、履歴書を読む人にとって視覚的に分かりやすいからです。ただし署名だけは、自筆で書かなければなりません。本文の❷の文章の後に、自分の両親の名前を書いてもいいです。

例　Vater Takeru Hayashi, Ingenieur　Mutter Reiko Hayashi, geborene Mori, Hausfrau
　　父　林武、エンジニア　母　林礼子、旧姓森、主婦

**CD** A31

### der Lebenslauf
デア　レーベンスラオフ

**男** 履歴書　　源 Leben（人生）+ s + Lauf（経過）

Der Lebenslauf soll übersichtlich sein.
履歴書は一目で分かるようであるべきです。
[別] 経歴

### geboren
ゲボーレン

**過分** 生まれた　　源 gebären（生む）
英 born

Er ist 1980 in Tokyo geboren.
彼は1980年に東京で生まれた。
＊彼がすでに死んでいる場合には、er wurde ...... geboren となります。

### der Besuch
デア　ベズーフ

**男** 訪問　　源 be（反復）+ such(en)（訪れる〈古い意味〉）

Der Besuch der Vorlesungen ist obligatorisch.
講義を受けに訪れることは義務です。
[関連] besuchen　訪れる

### die Mittelschule
ディー　ミッテルシューレ

**女** 中学校　　源 mittel（中位の）+ Schule（学校）

Die Mittelschule steht zwischen Grundschule und Oberschule.
中学校は小学校と高等学校の中間に位置する
[関連] das Gymnasium　大学進学高校

### die Aufnahmeprüfung
ディー　アオフナーメプリューフング

**女** 入学試験　　源 auf（上に）+ nahme（nehmen 取る）→「受け入れ」+ prüf(en)（調べる）+ ung（名）

Die Aufnahmeprüfung dauert 5 Stunden.
入学試験は5時間かかる。
[関連] aufnehmen　受け入れる

### das Studium
ダス　シュトゥーディウム

**中** 大学の勉学　　英 study

Das Studium in Japan dauert 4 Jahre.
日本では大学の勉学は4年かかる。
[関連] studieren　勉学する

### die Wirtschaftswissenschaften
ディー　ヴィルトシャフツヴィッセンシャフテン

**複** 経済学　　源 Wirtschaft（経済）+ Wissenschaft（学問）+ en（複）

Die Wirtschaftswissenschaften bestehen aus der Betriebs- und Volkswirtschaftslehre und der Finanzwissenschaft.
経済学は、経営学と国民経済学と金融学から成り立っている。

履歴書 | LEKTION **15**

## die Abschlussprüfung
ディー　アップシュルスプリューフング
**女**卒業試験　源 Abschluss（卒業）+ Prüfung（試験）

□□　Die Abschlussprüfung war schwierig.
　　卒業試験は難しかった。
　　[関連] das Studium abschließen　課程を修了する

## die Anstellung
ディー　アンシュテルング
**女**就職　源 an（一定の場所に）+ stell(en)（置く）+ ung（名）

□□　Die Anstellung weiterer Mitarbeiter ist nötig.
　　もっと多くの職員を雇うことが必要です。
　　[関連] eine feste Anstellung　定職

## die Firma
ディー　フィルマ
**女**会社

□□　Die Firma SoSo ist bankrott gegangen.
　　ソーソー会社は倒産した。
　　[関連] der Betrieb　企業体

## die AG (Aktiengesellschaft)
ディー　アーゲー
**女**株式会社　源 Aktien（株）+ Gesellschaft（団体）

□□　Mein Mann arbeitet bei dei Firma Matsui AG.
　　私の夫はマツイ株式会社で働いています。
　　[関連] die GmbH(Gesellschaft mit beschränkter Haftung)　有限会社

## die Werbeabteilung
ディー　ヴェルベアップタイルング
**女**宣伝部　源 werbe(n)（宣伝する）+ Abteilung（部）

□□　Die Ernennung zum Leiter der Werbeabteilung
　　宣伝部長への任命される
　　[関連] die Ausbildungsabteilung　訓練部

### 合わせて覚えよう

| | |
|---|---|
| **die Beförderung**<br>ディー　ベフェルデルング | **女**昇進　源 be（前進）+ förder(n)（促進する）+ ung（名） |
| **die Korrespondenzabteilung**<br>ディー　コレスポンデンツアップタイルング | **女**通信部 |
| **der Verkauf**<br>デア　フェアカオフ | **男**販売　源 ver（逆）+ Kauf（購入） |
| **die Versetzung**<br>ディー　フェアゼッツング | **女**人事異動　源 ver（遠くに）+ setz(en)（置く）+ ung（名） |
| **der Wechsel zur Firma...**<br>デア　ヴェクセル　ツーア　フィルマ | **男**〜社への転職 |

PART 2　社会生活

## LEKTION 16  Verkehrsunfall

# 交通事故のニュース

**CD** A32

❶ Heute gegen zehn Uhr <u>ereignete</u> sich auf der A5 ein schwerer <u>Unfall</u>, in den mehrere <u>Fahrzeuge verwickelt</u> wurden.
<sub>※1</sub>   <sub>※2</sub>

❷ Es <u>entstand</u> erheblicher <u>Sachschaden</u>.
<sub>※3 ※1</sub>

❸ Zum Glück gab es nur vier <u>Verletzte</u>.

❹ Die Autobahn musste drei Stunden einseitig <u>gesperrt werden</u>.
<sub>※4</sub>

❺ Die <u>Ursache</u> des Unfalls war die <u>Geschwindigkeitsüberschreitung</u> eines <u>LKW-Fahrers</u>.
<sub>※5</sub>

### ! 重要事項

☐☐ ※1 **ereignete, entstand**
規則動詞の過去形にはte (ereignen→ereignete) が付き、不規則動詞の過去形は母音が変化します (entstehen→entstand)。

☐☐ ※2 **Unfall, in den ...**
denはUnfallにかかる関係代名詞です。verwickelt in「〜に巻き込まれる」が4格をとるので、男性4格のdenになっています。

☐☐ ※3 **Es entstand**
esは形式上の主語です。意味上の主語はSachschaden「物的損害」です。

☐☐ ※4 **musste ... gesperrt werden.**
「閉鎖されなければならなかった」の意味。gesperrt werdenは受動態の不定詞で、助動詞musste があるので、werdenが文末に来ています。

☐☐ ※5 **eines LKW-Fahrers**
eines—sの形は男性名詞の2格で、「〜の」という意味になります。

交通事故のニュース | LEKTION **16**

## ▶▶ 全訳

① 今日10時頃、高速道路A5で大きな事故が起きました。そしてその事故に数台の車両が巻き込まれました。
② 相当な物的損害が生じました。
③ 幸運なことに、ただ4人の負傷者のみが出ました。
④ 高速道路は一車線が2時間、閉鎖されなければなりませんでした。
⑤ 事故の原因はトラック運転手の速度超過です。

### コラム　事故渋滞に巻き込まれないために"gesperrt"に注意！

料金所がないドイツの高速道路では、自然渋滞はめったにありません。しかし、いったん事故が起こると、徹底的に事故原因の究明がなされるので、長時間高速道路が閉鎖されてしまいます。そうすると、高速道路上で何時間も身動きができない状態になります。事故渋滞を回避する方法は、定期的にラジオを聞き、gesperrtという単語を聞いたら、すぐに事故の場所を突き止めることです。

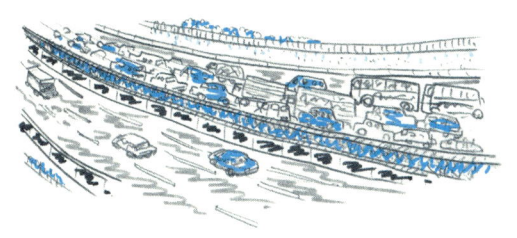

## ereignen (sich)
エアアイグネン

**動 起こる**  源 er（結果）+ eignen（所有する〈古い意味〉）
→目の前に置く  過分 ereignet

Der Unfall ereignete sich in der Nacht.
その事故は夜に起こった。

[関連] das Ereignis  事件

## der Unfall
デア ウンファル

**男 事故**  源 un（悪い）+ Fall（ケース）

Die Zahl der Autounfälle hat sich verringert.
自動車事故の数は減った。

[関連] der Verkehrsunfall  交通事故

## das Fahrzeug
ダス ファールツォイク

**中 車両**  源 fahr(en)（走る）+ Zeug（道具）

Die Produktion von Fahrzeugen ist gestiegen.
車両の生産は増えた。

＊自動車、自転車など、機械で場所を移動するものすべてを意味します。

## verwickeln
フェアヴィッケルン

**動 巻き込む**  源 ver（強）+ wickeln（巻く）
過分 verwickelt

Er ist in einen Skandal verwickelt.
彼はスキャンダルに巻き込まれている。

[関連] hineinziehen  引きずり込む

## entstehen
エントシュテーエン

**動 (完s) 生じる**  源 ent（生じる）+ stehen（立つ）
過/過分 entstand, entstanden

Es entstand kein Personenschaden.
人的損害は生じなかった。

[別] 発生する

## der Sachschaden
デア ザッハシャーデン

**男 物的損害**  源 Sach(e)（物）+ Schaden（損害）

Es gab nur Sachschaden.
物的損害だけだった。

[関連] der Schadensersatz  損害賠償

## Verletzte
フェアレッツテ

**形名 負傷者**

Es muss viele Verletzte gegeben haben.
たくさんの負傷者が出たはずだ。

[関連] die Verletzung  けが

交通事故のニュース | LEKTION **16**

## sperren
シュペレン
**動** 閉鎖する

Die Grenzen sind gesperrt.
国境は閉鎖された。

[関連] die Sperrstunde　法定閉店時刻

## die Ursache
ディー　ウーアザヘ
**女** 原因　　[源] ur（発端）+ Sache（事柄）　本来は裁判ごとのきっかけ

Die Polizei ermittelt die Ursache des Unfalls.
警察が事故の原因を調査している。

[関連] der Grund　理由

## die Geschwindigkeit
ディー　ゲシュヴィンディヒカイト
**女** 速度

Geschwindigkeitsüberschreitung ist kein Kavaliersdelikt.
速度超過は微罪ではない。

[関連] die Geschwindigkeitsbeschränkung　速度制限

## der LKW(Lastkraftwagen)
デア　エルカーヴェー
**男** トラック　　[源] Last（荷物）+ Kraft（力）+ Wagen（車）

Dieser LKW kann 30 Tonnen transportieren.
このトラックは30トン運べる。

[関連] der PKW(Personenkraftwagen)　乗用車

## der Fahrer
デア　ファーラー
**男** 運転手　　[源] fahr(en)（運転する）+ er（人）

Der Fahrer ist ums Leben gekommen.
運転手は死んだ。

[関連] der Führerschein　運転免許

### 合わせて覚えよう

| | | |
|---|---|---|
| die Kurve<br>ディー　クルベ | **女** カーブ | [英] curve |
| die Panne<br>ディー　パネ | **女** パンク | [英] puncture |
| das Tempo<br>ダス　テンポ | **中** スピード | [伊] tempo |
| die Umleitung<br>ディー　ウムライトゥング | **女** 迂回路 | [源] um（回って）+ Leitung（導き） |
| der Zusammenstoß<br>デア　ツザンメンシュトース | **男** 衝突 | [源] zusammen（一緒に）+ Stoß（突き） |

PART 2　社会生活

## LEKTION 17　Werbung eines Hotels

# リゾートホテルの広告

**CD** A34

① Hotel Hirschhof liegt direkt am Bodensee und **bietet** viel **Komfort**. ※1
② Eine **großzügig** angelegte Restaurant**terrasse** heißt den **Gast** herzlich **willkommen**. ※2　※3
③ Von allen Zimmern hat man eine schöne **Aussicht** auf den Bodensee. ※4
④ Es gibt ein Hallenbad mit Sauna, eine Bar, ein Café and eine Diskothek.
⑤ Das **Personal** ist **ausgesprochen hilfsbereit**.
⑥ Der **Aufenthalt** in unserem Hotel ist ein **Erlebnis**.

### ! 重要事項

☐☐ ※1 **viel Komfort**
　　Komfort「快適」は男性名詞で4格なので、本来はvielenとなるはずですが、vielが単数の抽象名詞を修飾するときは、無語尾となります。

☐☐ ※2 **großzügig angelegte Restaurantterrasse**
　　angelegteは「テラス」にかかり、「広くゆったりと造られたテラス」の意味です。angelegteは他動詞anlegenの過去分詞なので受動の意味「造られた」になります。

☐☐ ※3 **heißt ... herzlich willkommen**
　　「～を心から歓迎申し上げます」の意味。客を歓迎するときの定番表現です。

☐☐ ※4 **Aussicht auf ...**
　　「～への見晴らし」というときは、前置詞aufを使います。

リゾートホテルの広告 | LEKTION **17**

## ▶▶ 全訳

① ホテル、ヒルシホーフは直接ボーデン湖に面していて、多くの快適を提供しています。
② 広くゆったりと造られたレストランのテラスは、お客様を心から歓迎します。
③ すべての部屋からボーデン湖の美しい見晴らしを楽しめます。
④ サウナ付きの室内プールとバーと喫茶店とディスコテークがあります。
⑤ 従業員は非常に協力的です。
⑥ 私たちのホテルでの滞在は（大変感銘深い）体験になります。

### コラム　快適な保養地「ボーデン湖」Bodensee

日本ではあまり知られていませんが、ドイツ、スイス、オーストリアとの国境にあるボーデン湖は、ドイツ人にとても好まれている保養地です。花の島マイナウ（Mainau）、落ち着いたホテルがボーデン湖に面して並んでいるメールスブルク（Meersburg）、バロック建築で有名なリンダウ（Lindau）、ローマ時代以来の長い歴史を持ち、芸術活動も活発な大学街コンスタンツ（Konstanz）があります。

## bieten
ビーテン

**動** 提供する　過/過分 bot, geboten

Das Hotel bietet eine wunderschöne Aussicht aufs Meer.
ホテルは素晴らしく美しい眺めを提供しています。

[別] 示す

## der Komfort
デア　コンフォーア

**男** 快適　源 kom（共に）+ fort（強い）
英 comfort

Das Hotel Steigenberger ist mit allem Komfort ausgestattet.
シュタイゲンベルガーホテルはあらゆる快適な設備を備えている。

[関連] komfortabel　快適な

## großzügig
グロースツューギヒ

**形** 広くゆったりと　源 groß（大きい）+ Zug（勢い）+ ig（形）

Alle Zimmer sind großzügig gestaltet.
すべての部屋は広くゆったりと造られている。

[別] 気前のよい

## die Terrase
ディー　テラッセ

**女** テラス　英 terrace

Ich sitze gern auf der Terrasse.
私はテラスに座るのが好きです。

＊テラスは地上階にあり、バルコニーは2階以上にあります。

## der Gast
デア　ガスト

**男** 客　英 guest

Gäste mit Tieren sind unerwünscht.
動物を連れたお客様はお断りします。

[関連] bei + 人（3格）zu Gast sein　～の客になっている

## willkommen
ヴィルコメン

**形** 歓迎している　源 will(nach Willen 意志に従って) + (ge)kommen（来た）→望まれて来た

Willkommen in unserem Hotel!
私たちのホテルにようこそ！

[関連] die Begrüßung　あいさつ、歓迎

## die Aussicht
ディー　アオスズィヒト

**女** 見晴らし　源 aus（外へ）+ Sicht（眺め）

Die Aussicht aus dem Fenster ist sehr schön.
窓からの眺めはとても素晴らしい。

[別] 見込み

リゾートホテルの広告 | LEKTION **17**

## das Personal
ダス　ペルゾナール

中 従業員　英 personnel

Das Personal des Hotels ist gut geschult.
ホテルの従業員はよく教育されている。
＊単数形で複数の従業員を意味する集合名詞です。

## ausgesprochen
アオスゲシュプロッヘン

副 非常に　源 aus（外に）+ gesprochen（話された）→口に出して言うほど（aussprechenの過去分詞）

Das Hotel Hirschhof ist ausgesprochen luxuriös.
ホテルヒルシホーフは非常に豪華だ。

[関連] außerordentlich, besonders　特別に

## hilfsbereit
ヒルフスベライト

形 協力的な　源 Hilf(e)（助け）+ bereit（準備した）

Meine Frau ist überhaupt nicht hilfsbereit.
私の妻はまったく協力的でない。

[関連] die Hilfsbereitschaft　協力

## der Aufenthalt
デア　アオフエントハルト

男 滞在　源 auf（上に）+ enthalten（抵抗する）　本来は長くとどまって城を守る

Der Aufenthalt in Köln lohnt sich.
ケルンに滞在する価値はある。

[関連] sich（4格）aufhalten　とどまる

## das Erlebnis
ダス　エアレープニス

中 体験　源 er（獲得）+ leb(en)（生きる）+ nis（事柄）

Die Reise nach Griechenland war ein großartiges Erlebnis.
ギリシャ旅行は素晴らしい体験だった。

[関連] erleben　体験する

### 合わせて覚えよう

| | |
|---|---|
| **bezaubernd**<br>ベツァオバーント | 形 魅惑的な　源 be（強意）+ zaubern（魔法をかける）+ d（現在分詞） |
| **die Erholung**<br>ディー　エアホールング | 女 休養　源 er（回復）+ hol(en)（持ってくる）+ ung（名） |
| **faszinierend**<br>ファスツィニーレント | 形 魅了する　英 fascinating |
| **renoviert**<br>レノヴィーアト | 形 修理された　英 renovated |
| **wunderschön**<br>ヴンダーシェーン | 形 素晴らしく美しい　源 Wunder（奇跡）+ schön（美しい） |

## LEKTION 18 240SL Baby Blue

# 夢の車 240SL Baby Blue

**CD** A36

❶ 240SL Baby Blue ist ein **schicker Wagen**. Man nennt ihn
　Roadster oder Sport**kabriolett**.
　※1

❷ Es ist ein Zweisitzer, das heißt das Auto hat nur zwei **Sitze** und
　※2
　ist **leicht**. Der **Motor** ist 180 **PS stark**.
　　　　　　　　　　　　　　　※3

❸ Der Wagen **beschleunigt** von 0 auf 100 Stundenkilometer in 5
　　　　　　　　　　　　　　　　　　　　　　　　　　　　　　　　※4
　Sekunden.

❹ Man kann das **Verdeck auf**- und zurück**klappen**.

❺ Aber es ist nicht so leicht, den Wagen mit **Kupplung** zu fahren,
　weil der Motor sehr sensibel reagiert.

❻ Das ist der Grund, warum man eine **Automatik** bevorzugt.
　　　　　　　　　　　※5

---

### ❗ 重要事項

☐☐ ※1 **nennt ihn Roadster**
　nenntは「〜を〜と名付ける」という意味です。「人はそれ（その車）をロードスターと呼ぶ」→「それはロードスターと名付けられている」となります。

☐☐ ※2 **Zweisitzer**
　「2人乗り」の意味で、自動車の専門用語です。「4人乗り」はViersitzer。

☐☐ ※3 **180 PS stark**
　「180馬力の出力です」。形容詞stark「強い」の前に馬力数を付けます。

☐☐ ※4 **in 5 Sekunden**
　「5秒の間に」。時間の長さを表す前置詞inです。

☐☐ ※5 **der Grund, warum ...**
　「なぜ〜かということに対しての理由」をいうときの表現です。

夢の車240SL Baby Blue | LEKTION **18**

## ▶▶ 全訳

❶ 240SLベイビーブルーはしゃれた車で、ロードスターもしくはスポーツカブリオレと名付けられています。

❷ それは2人乗り、ということは車には2つしか席がなくて軽いのです。エンジンは180馬力の出力です。

❸ 車はゼロから時速100kmまで5秒で加速します。

❹ ほろを開けて後ろに折り返すことができます。

❺ しかし、クラッチが付いた車を運転することは簡単なことではありません。エンジンがとても敏感に反応するからです。

❻ これがオートマチックが好まれている理由です。

### コラム ロードスター

風の動きを全身で感じることができるロードスターは、運転が好きな人にとって一度は乗ってみたい車のジャンルとして1950年代から確立していました。しかし、このような2人乗りの車の販売数は採算が取れるものではないという自動車メーカーの憶測から、販売価格は非常に高かったのです。マツダ・ロードスターはこの常識を破り、平均的な収入の人々にも永年の夢を実現させたのです。

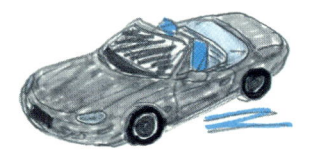

**CD** A37

### schick
シック
形 しゃれた

Er hat ein schickes Auto.
彼はしゃれた車を持っている。
[関連] gut aussehend　かっこいい

### der Wagen
デア　ヴァーゲン
男 車

Der Wagen fährt 260 km pro Stunde.
この車は時速260kmで走る。
[関連] das Auto　自動車

### das Kabriolett
ダス　カブリオレ
中 カブリ　　英 cabriolet

Jeder träumt davon, einmal im Leben ein Kabriolett zu besitzen.
だれもが、一生に一度カブリを所有したいと夢見る。
＊折りたたみ式屋根付きの乗用車。

### der Sitz
デア　ズィッツ
男 席　　英 seat

Ein Wagen mit 6 Sitzen ist selten.
6人乗りの車はめったにない。
[関連] sitzen　座っている

### leicht
ライヒト
形 軽い　　英 light

Japanische Autos haben eine leichte Karosserie.
日本の車は軽い車体をしている。
[別] 楽な

### der Motor
デア　モートア
男 エンジン　　英 motor

Das Auto hat einen Dieselmotor.
この車にはディーゼルエンジンが付いている。
[関連] das Motorrad　オートバイ

### PS (die Pferdestärke)
ペーエス
女 馬力　　源 Pferde (馬) + Stärke (力)

Der Motor einer F1-Maschine bringt eine Leistung von 800PS.
F1のレースカーのエンジンは800馬力の性能を発揮します。
＊単位として使う場合は中性名詞になります。

夢の車240SL Baby Blue | LEKTION **18**

## stark
シュタルク
**形** 強い　英 strong

- Der Motor des Autos ist nicht stark.
  車のエンジンは強くない。
  [関連] kräftig　力強い

## beschleunigen
ベシュロイニゲン
**動** 加速する　源 be(動)＋schleunig(急速に)＋en(動)　英 accelerate　過分 beschleunigt

- Sie dürfen in der Innenstadt nicht so sehr beschleunigen.
  市内ではそんなに加速してはいけません。
  [関連] die Beschleunigung　加速

## auf|klappen
アオフクラッペン
**分** (パタンと)開く　源 auf(開いて)＋klappen(パタンという音を出す)

- Er hat den Kofferraum aufgeklappt.
  彼はトランクを開けた。
  [関連] klappen　うまくいく

## die Kupplung
ディー クップルング
**女** クラッチ　英 coupling

- Die Kupplung klemmt.
  クラッチがはさまって動かない。
  [関連] kuppeln　つなぎ合わせる

## die Automatik
ディー アオトマーティク
**女** オートマチック　英 automatic

- Das nächste Mal kaufe ich mir ein Auto mit Automatik.
  次はオートマチックの車を買う。
  [関連] der Gang　ギアの位置

### 合わせて覚えよう

| | |
|---|---|
| **die Bremse**<br>ディー ブレムゼ | **女** ブレーキ　英 brake |
| **der Kombiwagen**<br>デア コンビヴァーゲン | **男** ワゴン　源 Kombi(複合)＋Wagen(車) |
| **das Lenkrad**<br>ダス レンクラート | **中** ハンドル　源 lenk(en)(かじをとる)＋Rad(輪) |
| **die Limousine**<br>ディー リムズィーネ | **女** セダン　＊英語のlimousineは「大型豪華車」。 |
| **die Motorhaube**<br>ディー モートアハオベ | **女** ボンネット　源 Motor(エンジン)＋Haube(帽子) |

PART 2　社会生活

## LEKTION 19 Entführung

# 誘拐事件

**CD** A38

❶ Heute Vormittag hat ein offenbar geistig **gestörter** Mann eine Bank **überfallen** und dabei 50.000 Euro **erbeutet**.
　　　　　　　　　　　　　※1　　　　　　※2

❷ Er hat auch einen Mitarbeiter **entführt**.
　※3　　　　　　　　　　　　　　※3

❸ Der Geiselnehmer ist mit seiner **Geisel** in einen griechischen Imbiss **geflüchtet**.
　　　　　　　　　　　　　　　　　　　※3
　　　　　※3

❹ Er hat die Geisel mit der **Pistole bedroht**.

❺ Die **Polizei** hat den Imbiss umzingelt.

❻ Die **Identität** des **Täters** konnte noch nicht **festgestellt** werden.
　　　　　　　　　　　　　　　　　　　　　　　※4

### ❗ 重要事項

□□ ※1 **ein ... Mann**
　　ドイツ語では、冠詞と名詞にはさまれた語句は、名詞を修飾します。文法用語では冠飾句といいます。

□□ ※2 **geistig gestörter Mann**
　　「精神的に錯乱している」の意味です。gestörtはstören「邪魔する、乱す」の過去分詞、ここでは形容詞としてMannにかかっているので、男性1格の形容詞語尾erが付いています。

□□ ※3 **hat ... entführt, ist geflüchtet**
　　ドイツ語の現在完了形は、場所の移動と状態の変化を表す動詞はsein＋過去分詞、それ以外はhaben＋過去分詞で作ります。

□□ ※4 **konnte noch nicht festgestellt werden.**
　　直訳は「まだ突き止められることがまだできていませんでした」です。

誘拐事件 | LEKTION **19**

### ▶▶ 全訳

① 今日の午前中に明らかに精神が錯乱した男が銀行を襲撃し、その際50,000ユーロを奪いました。
② 彼は1人の従業員も誘拐しました。
③ 誘拐犯は人質と共にギリシャの軽食堂に逃げ込みました。
④ 彼はピストルで人質を脅しました。
⑤ 警察は軽食堂を取り囲みました。
⑥ 犯人の身元はまだ突き止められていません。

#### コラム ケルン高級住宅連続襲撃事件

アメリカに比べれば、はるかに少ないとはいえ、ドイツでも犯罪は起き、一般市民が事件に巻き込まれることがあります。1994年ケルンで起きた高級住宅連続襲撃事件では、10人のコソボ人が強盗・婦女暴行・傷害犯罪を犯しました。数人の犯人が捕まったのですが、裁判の最中に仲間がピストルで裁判官を脅し、犯人と共に裁判所から逃亡したのです。

**CD** A39

## gestört
ゲシュテーアト

形 錯乱した　　英 disturbed

☐☐ Er ist geistig gestört.
彼は一時的に錯乱している。
[別] stören　邪魔する

## überfallen
ユーバーファレン

動 襲撃する　　源 über（人の上に）+ (her)fallen（襲いかかる）→ 奇襲する
過／過分 überfiel、überfallen

☐☐ Gestern wurde eine Bank überfallen.
昨日銀行が襲撃された。
[関連] der Überfall　襲撃

## erbeuten
エアボイテン

動 奪う　　源 er（獲得）+ Beute（略奪品）+ n（動）
過分 erbeutet

☐☐ Die Täter haben wertvolle Kunstschätze erbeutet.
犯人は高価な芸術品を奪った。
[関連] berauben　奪う

## entführen
エントフューレン

動 誘拐する　　源 ent（離脱）+ führen（導く）→ 連れ去る
過分 entführt

☐☐ Gestern wurde ein Kind entführt.
昨日子供が誘拐された。
[関連] die Entführung　誘拐

## die Geisel
ディー　ガイゼル

女 人質　　＊ケルト語が起源。本来は担保。

☐☐ Der Täter hat drei Frauen als Geiseln genommen.
犯人は3人の女性を人質に取った。
[関連] der Geiselnehmer　誘拐犯

## flüchten
フリュヒテン

動（完h/s）逃げる

☐☐ Der Täter versuchte, ins Ausland zu flüchten.
犯人は外国に逃げようとした。
[関連] die Flucht　逃亡　der Flüchtling　亡命者

## die Pistole
ディー　ピストーレ

女 ピストル　　英 pistol

☐☐ Er versteckt eine Pistole in der Tasche.
彼はピストルをポケットに隠している。
[関連] der Revolver　回転式拳銃

誘拐事件 | LEKTION **19**

## bedrohen
ベドローエン

**動**脅す 源 be（他動詞を作る）+ drohen（脅す）
過分 bedroht

Der Täter bedroht die Geisel.
犯人は人質を脅している。

［関連］die Bedrohung　脅し

## die Polizei
ディー ポリツァイ

**女**警察　英 police

Ich rufe die Polizei.
警察を呼びます。

＊die Polizeiは単数形で、「警察官たち」を意味します。

## die Identität
ディー イデンティテート

**女**身元　英 identity

Die Identität des Toten wurde festgestellt.
死者の身元が確認された。

［関連］identifizieren　身元を確かめる

## der Täter
デア テーター

**男**犯人　源 Tat（行為）+ er（人）

Gestern wurde der Täter festgenommem.
昨日犯人は逮捕された。

［関連］der Verbrecher　犯罪者

## fest|stellen
フェストシュテレン

**分**突き止める 源 fest（確実に）+ stellen（置く）
過分 festgestellt

Die Polizei hat den Aufenthaltsort des Täters festgestellt.
警察は犯人の居場所を突き止めた。

［関連］ermitteln　突き止める

### 合わせて覚えよう

| der Diebstahl<br>デア ディープシュタール | **男**盗み | 英 thief　泥棒<br>源 Dieb（泥棒）+ Stahl（=stehlen）（盗む） |
|---|---|---|
| stehlen<br>シュテーレン | **動**盗む | 英 steal<br>過/過分 stahl , gestohlen |
| die Körperverletzung<br>ディー ケルパーフェアレッツング | **女**傷害 | 源 Körper（身体）+ Verletzung（けが） |
| der Mord<br>デア モルト | **男**殺人 | 英 murder |
| der Verdächtige<br>デア フェアデヒティゲ | **男**容疑者 | 源 ver（悪く）+ dächt（=denken考える）+ ig（形）+ e（人） |

**LEKTION 20** Funktionen eines Computerprogramms

# ソフトプログラムの機能

**CD** A40

❶ In "Superworks" sind viele **Funktionen** integriert.
　　　　　　　　　　※1　　　　　　　　　　※1

❷ "Write" ist ein Textverarbeitungsprogramm. Sie können damit
　　※2
Schriftstücke **erstellen**.

❸ "Database" ist eine **Daten**bank. Darin können Sie **Informationen speichern** und ordnen.

❹ "Spreadsheet" ist ein **Tabell**en**kalkulation**sprogramm. Damit
　　　　　　　　　　　　　　　　　　　※3
können Sie Berechungen ausführen.

❺ "Communications" ist ein **Programm** für das **Internet**. Sie können **E-Mails** verschicken und empfangen.

❻ "Paint" ist ein Zeichen**modul**. Sie können **Grafiken** und Bilder erstellen.

## ❗ 重要事項

☐☐ ※1 **sind ... integriert**
　　　sind＋他動詞の過去分詞ですから、状態受動となり、「～されている」と状態の意味が付加され、「組み入れられている」となります。

☐☐ ※2 **Write**
　　　コンピューター関連のテキストでは、英語をそのまま使うことが多いです。

☐☐ ※3 **Tabellenkalkulationsprogramm**
　　　Tabelle, Kalkulation, Programmの3語から成り立っています。本来Kalkulationは「予算を算出、見積もる」の意味ですが、訳では日本語のコンピューター用語の「表計算プログラム」としています。

ソフトプログラムの機能 | LEKTION **20**

CD **A**
40-41

## ▶▶ 全訳

① スーパーワークスには多くの機能が組み入れられています。
② ライトは文書処理のプログラムです。文書を作成できます。
③ データベースはデータバンクです。この中に情報を記憶させて、整理することができます。
④ スプレッドシートは表計算のプログラムです。計算をすることができます。
⑤ コミュニケーションズはインターネットのためのプログラムです。電子メールを送ったり、受け取ったりすることができます。
⑥ ペイントは製図のためのモジュールです。グラフィックや絵を製作できます。

### コラム ドイツのプログラマー不足

ドイツでは1980年代に保守的な教育者が「コンピューターは日常生活に浸透しない」と主張し、プログラマーの育成はなおざりにされました。そのため、今日ではプログラマーが不足しています。2000年には約3,000人のプログラマーが外国から招待されました。日本の優秀なプログラマーの皆さん、今がチャンスです。大きな庭付きの豪邸と残業無しの生活がドイツであなたを待っています。

## die Funktion
ディー フンクツィオーン

**女** 機能　**英** function

- Superworks hat 5 Funktionen.
  スーパーワークスは5つの機能を持っている。

  [関連] funktionieren　機能する

## erstellen
エアシュテレン

**動** 作成する　**源** er（創造）＋stellen（置く）
**過分** erstellt

- Sie können Texte mit Bildern erstellen.
  絵の付いた文章を作成できます。

  ＊erstellenは文語です。

## die Daten
ディー ダーテン

**複** データ　**英** data

- Sie können Daten grafisch darstellen.
  データをグラフで描くことができます。

  [別] 日付　das Datum（単数形で使う）

## die Information
ディー インフォルマツィオーン

**女** 情報　**英** information

- Sie können Informationen auf der Festplatte speichern.
  情報をハードディスクに記憶することができます。

  [関連] informieren　情報を提供する

## speichern
シュパイヒェルン

**動** 記憶させる

- Auf der Festplatte lassen sich noch 200MB Daten speichern.
  ハードディスクにまだ200メガバイトのデータを記憶させることができる。

  [関連] sichern　保存する

## die Tabelle
ディー タベレ

**女** 表

- Sie gibt Daten in die Tabelle ein.
  彼女はデータを表に入力する。

  [関連] tabellarisch　表の形になった

## die Kalkulation
ディー カルクラツィオーン

**女** 算出　**英** calculation

- Die Kostenkalkulation stimmt nicht.
  費用の算出は合っていない。

  [関連] kalkulieren　算出する

ソフトプログラムの機能 | LEKTION 20

## das Programm
ダス　プログラム

中 プログラム　英 program

☐☐ Das Programm wurde in der C-Sprache geschrieben.
そのプログラムはC言語で書かれた。

[関連] programmieren　プログラムを作る

## das Internet
ダス　インターネット

中 インターネット　英 internet

☐☐ Der Computer wurde ans Internet angeschlossen.
コンピューターはインターネットにつながれた。

[関連] die E-Mail-Adresse　電子メールアドレス

## die E-Mail
ディー　イーメイル

女 電子メール　英 e-mail

☐☐ Sie wartet auf eine E-Mail von Michael.
彼女はミヒャエルの電子メールを待っている。

[関連] der Server　サーバー

## das Modul
ダス　モドゥール

中 モジュール　英 module

☐☐ Das Programm hat fünf Module.
そのプログラムには5つのモジュールがある。

＊モジュールとは、プログラムの中で独自の機能を持つ構成単位のことです。

## die Grafik
ディー　グラーフィック

女 グラフィック　英 graphic

☐☐ Sie können Grafiken in das Dokument einfügen.
書面にグラフィックを挿入できます。

[関連] der Grafiker　グラフィックデザイナー

### 合わせて覚えよう

| | | |
|---|---|---|
| der Anwender<br>デア　アンヴェンダー | 男 利用者 | 源 an（一定の方向に）＋wend(en)（向ける）＋er（人） |
| die Festplatte<br>ディー　フェストプラッテ | 女 ハードディスク | 源 fest（堅い）＋Platte（板） |
| kopieren<br>コピーレン | 動 コピーする | 英 copy<br>過分 kopiert |
| die Rechtschreibprüfung<br>ディー　レヒトシュライブプリューフング | 女 スペルチェック | 源 recht（正しい）＋schreib(en)（書く）＋Prüfung（検査） |
| die Software<br>ディー　ソフトウェア | 女 ソフト | 英 software |

PART 2　社会生活

# LEKTION 21　Numerus clausus

# 大学の入学制限

**CD** A42

① Vor etwa 15 Jahren stand ein Artikel über den Selbstmord eines Schülers in der Zeitschrift „der Spiegel".

② Er hatte in seinem Abitur einen Notendurchschnitt von 3,9 und konnte sich für sein gewünschtes Studienfach nicht immatrikulieren.
　※1

③ Viele Schüler mit besseren Noten hatten sich an der juristischen Fakultät beworben.
　※2　　　　　※2

④ Er war ein Opfer der beschränkten Zulassung (Numerus clausus).
　　　　　　　　　　　　　　　　　　　　　　　※3

⑤ In Deutschland wurde intensiv über den harten Konkurrenzkampf auf dem Bildungsweg diskutiert.
　　※4　　　　　　　　　　　　　　　　※4

## ❗ 重要事項

☐☐ ※1 **einen Notendurchschnitt von 3,9**
「3.9の平均点」。die Note「点数」にder Durchschnitt「平均」という言葉が加わったもの。ドイツの成績は1が最優秀、5が最低点となります。3.9では人気の学科には入れません。

☐☐ ※2 **hatten sich an ... beworben**
「〜に応募しました」。sich an ＋名詞（3格） bewerbenの過去完了形です。

☐☐ ※3 **Numerus clausus**
「入学許可者制限」。ラテン語でnumerusは「数」、claususはclaudere「鍵をおろす」の過去分詞です。「制限された数」が直訳です。

☐☐ ※4 **wurde ... diskutiert**
「議論された」。受動態の過去形です。

大学の入学制限 | LEKTION **21**

◎CD **A**
**42-43**

### ▶▶ 全訳

❶ 今から15年ほど前、ある生徒の自殺の記事が雑誌「デア シュピーゲル」に載りました。
❷ 彼は3.9という点数平均を大学入学資格試験で取り、希望の学科に入学することができませんでした。
❸ よりよい点数を取った多くの生徒たちが、法学部に応募していたのです。
❹ 彼は制限された入学許可（ヌメルス・クラオズス）の犠牲者でした。
❺ ドイツでは、学歴上の厳しい競争について集中的に議論されました。

### コラム　保育所もあるドイツの大学

ドイツの大学はほぼすべて州立です。しかも学費は「ただ」。例えば文学部の学生は入学手続きをし、数ある学科の中から1つの主専攻 ein Hauptfach と2つの副専攻 zwei Nebenfächer を決め、勉強を始めます。そして、その授業はとてもハード。毎週多くの文献を読み、発表の準備をし、知識を修得していきます。卒業するまでに平均で7年半かかり、学生時代に結婚して、家庭をもつ若者たちもいますから、保育所を備えた大学も多くあります。

## der Artikel
デア　アルティーケル
**男** 記事　**英** article

In diesem Artikel geht es um den Autounfall von gestern.
この記事には昨日の自動車事故について書かれています。

[別] 品物、品目

## der Selbstmord
デア　ゼルプストモルト
**男** 自殺　**源** selbst（自身の）＋ Mord（殺人）

Das Christentum verbietet den Selbstmord.
キリスト教は自殺を禁止しています。

[関連] Selbstmord begehen　自殺に走る

## der Schüler
デア　シューラー
**男** 生徒　**源** Schule（学校）＋ er（人）
**英** school boy

Er ist der beste Schüler in der Klasse.
彼はクラスでいちばん優秀な生徒です。

[関連] die Grundschule　小学校　der Lehrer　教師

## das Abitur
ダス　アビトゥーア
**中** 大学入学資格試験

Dieses Jahr macht sie das Abitur.
今年彼女はアビトゥーアを受けます。

[関連] die Prüfung　試験　＊高校卒業試験と同じです。

## das Fach
ダス　ファハ
**中** 学科

Das Fach Medizin ist sehr populär.
医学科はとても人気があります。

[別] 引き出し

## immatrikulieren(sich)
インマトリクリーレン
**動** 入学する　**過分** immatrikuliert
**英** matriculate

Er hat sich für Medizin immatrikuliert.
彼は医学部に入学手続きをしました。

[別] 入学させる

## die Note
ディー　ノーテ
**女** 点数　＊英語noteは「メモ」、「注」の意味。

Er bekam immer gute Noten.
彼はいつもいい点数を取っていました。

[関連] das Zeugnis　成績表

大学の入学制限 | LEKTION **21**

## die Fakultät
ディー ファクルテート
**女** 学部　**英** faculty

- Er studiert an der juristischen Fakultät.
  彼は法学部で勉強しています。
  [関連] die Wirtschaftsfakultät　経済学部

## die Zulassung
ディー ツーラスング
**女** 許可　**源** zulass(en)（許可する）+ ung（名）

- Er bekam keine Zulassung zum Studium.
  彼は学業許可をもらえませんでした。
  [関連] die Erlaubnis　許可　der Ausweis　証明

## diskutieren
ディスクティーレン
**動** 議論する　**過分** diskutiert　**英** discuss

- Über das pädagogische Problem wurde viel diskutiert.
  その教育的な問題については、たくさん議論がなされました。
  [関連] besprechen　議論する　reden　話す

## hart
ハルト
**形** 厳しい　**英** hard

- Das Studium in Deutschland ist hart.
  ドイツでの勉強は厳しい。
  [反] leicht, einfach　容易な、たやすい

## der Bildungsweg
デア ビルドゥングスヴェーク
**男** 学歴　**源** Bildung（教育）+ Weg（道）

- Man kann das Abitur auf dem zweiten Bildungsweg nachholen.
  アビトゥーアは（夜間学校などの）第2次教育システムで取り直すことができます。
  [関連] die Ausbildung　職業教育　die Karriere　キャリア、職歴

### 合わせて覚えよう

| | |
|---|---|
| **absolvieren**<br>アプゾルヴィーレン | **動** 卒業する　**過分** absolviert<br>**英** absolve（義務などを）免じる |
| **das Diplom**<br>ダス ディプローム | **中** 学位　**英** diploma |
| **der Kommilitone**<br>デア コミリトーネ | **男** 同級生 |
| **das Seminar**<br>ダス ゼミナール | **中** ゼミナール　**英** seminar |
| **die Vorlesung**<br>ディー フォーアレーズング | **女** 講義 |

PART 2 社会生活

## LEKTION 22　Kindererziehung in Deutschland

# ドイツ流子供のしつけ

**CD** A44

① Eines Tages, als ich mit einer deutschen Freundin eine Straße entlang ging, fing sie **plötzlich** an zu **laufen**.
　※1　　　　　　　　　　　　　　　　　　　　　　※2

② In der Sandkiste **quälte** ein **Junge** einen kleineren.
　　　　　　　　　　　　　　　　　　　　　※3

③ Sie sagte laut: „Nein, hör doch auf!", und **blickte** ihn **zornig** so lange **an**, bis er wegging.

④ Ich sagte danach zu ihr: „Du hättest sie einfach **lassen** können. Sie haben vielleicht nur miteinander **gescherzt**".
　　　　　　　　　　　　　　※4

⑤ Sie **erwiderte**: „Das glaube ich nicht. Man darf den Kindern so was nicht **nachsehen**, oder?"

⑥ In Deutschland **schimpfen** die Mütter auch mit den Kindern anderer **Familien**.

---

### ❗ 重要事項

☐☐ ※1 **eines Tages**
「ある日」。この例のように、2格名詞は副詞的に用いることができます。後のals以下はこのeines Tagesを説明する部分です。

☐☐ ※2 **eine Straße entlang**
「通りに沿って」。entlangは4格支配の前置詞で、名詞の後ろに来ます。

☐☐ ※3 **einen kleineren**
einen kleinerenの後にJungen「男の子」が省略されています。

☐☐ ※4 **Du hättest sie einfach lassen können**
hätte ... könnenは過去の非現実を表す接続法2式の過去形で、実際には起こらなかったことを表し、「(あの時、) 〜することができたのに」を意味します。

ドイツ流子供のしつけ | LEKTION **22**

### ▶▶ 全訳

① ある日、ドイツ人の女友達と通りに沿って歩いていると、突然走り出しました。
② 砂場で、少年が小さい男の子をいじめていました。
③ 彼女は大声で言いました「だめよ、やめなさい！」。そしてその少年が去って行くまで、彼を怒りながら見つめていました。
④ 後で私は彼女に言いました、「彼らをそのままほっておくこともできたのに。彼らはただお互いにふざけ合っていただけかもしれないわよ」。
⑤ 彼女は言い返しました。「私はそう思いません。子供たちに対してそんなことを大目に見てはいけません。そうでしょう？」
⑥ ドイツでは、お母さんはほかの家庭の子供もしかります。

**コラム**　ドイツでも日本のアニメが大人気！

ドイツの子供たちは日本のアニメーションが大好きです。古くは「ハイジ」「アタックナンバーワン」、最近では「セーラームーン」「ドラゴンボール」「ポケモン」などが大人気になっています。2002年のベルリン国際映画祭では、宮崎駿監督の「千と千尋の神隠し」が、「千尋の旅」"Chihiros Reise"という題で上映され、グランプリの金獅子賞を受賞しました。日本のアニメーション Zeichentrickfilme はドイツでも高く評価されています。

## CD A45

### plötzlich
ブレッツリヒ
形 突然に 源 plotz(en)（リンゴなどが音を立てて落ちる）+ lich（形）

Plötzlich klingelte das Telefon.
突然、電話が鳴りました。
[同] abrupt, auf einmal

### laufen
ラオフェン
動（完s）走る 過／過分 lief, gelaufen

Die Kinder laufen um den Brunnen.
子供たちが泉の周りを走っています。
[関連] gehen 行く　rennen 走る

### quälen
クヴェーレン
動 いじめる

Kinder quälen manchmal Tiere.
子供は時として動物をいじめます。
[関連] erleiden　こうむる

### der Junge
デア　ユンゲ
男 少年 源 jung（若い）が人称名詞化したもの

Der Junge liebt das Mädchen.
少年はその少女が好きです。
[関連] das Mädchen 少女　der Bub 男の子

### an|blicken
アンブリッケン
分 見つめる 源 an（〜に向かって）+ blicken（見る）
過分 angeblickt

Er blickte sie von der Seite an.
彼は彼女を横から見つめました。
[関連] ansehen 見つめる

### zornig
ツォルニヒ
形 怒って 源 Zorn（怒り）+ ig（形）

Sie ist sehr zornig auf den Jungen.
彼女はその少年に非常に腹を立てています。
[関連] der Ärger 怒り　die Trauer 悲しみ

### lassen
ラッセン
動 ほっておく 過／過分 ließ, gelassen
英 let

Lass mich in Ruhe!
私をほっておいてくれ！
[同] belassen

ドイツ流子供のしつけ | LEKTION **22**

## scherzen
シェルツェン
**動** ふざける

Sie scherzt immer über ihre Schwester.
彼女はいつも妹のことをからかいます。

[関連] sich (4格) unterhalten　談笑する、楽しむ

## erwidern
エアヴィーダーン
**動** 言い返す　　源 er (動) + wider (〜に逆らって) + n (動)
過分 erwidert

Der Vater konnte dem Sohn nichts erwidern.
父親は息子に言い返すことができませんでした。

[同] antworten

## nach|sehen
ナーハゼーエン
**分** 大目に見る　　源 nach (譲歩) + sehen (見る)
過/過分 sah nach, nachgesehen

Der Tennislehrer sah dem Schüler einige Fehler nach.
そのテニスの教師は練習者のミスを大目に見ました。

[関連] übersehen　見逃す　　ignorieren　無視する

## schimpfen
シンプフェン
**動** しかる

Der Lehrer schimpft streng mit dem Schüler.
教師はその生徒を厳しくしかります。

[反] loben　ほめる

## die Familie
ディー　ファミーリエ
**女** 家庭　　英 family

Sie hat eine große Familie.
彼女は大家族です。

[関連] die Eltern　両親

### 合わせて覚えよう

| | | |
|---|---|---|
| **ärgern**<br>エルゲルン | **動** 怒らせる | 英 (make) angry |
| **das Baby**<br>ダス　ベービー | **中** 赤ん坊 | 英 baby |
| **die Gesellschaft**<br>ディー　ゲゼルシャフト | **女** 社会 | |
| **verwöhnen**<br>フェアヴェーネン | **動** 甘やかす | 過分 verwöhnt |
| **die Zucht**<br>ディー　ツフト | **女** しつけ | |

## LEKTION 23 Wiedervereinigung

# ドイツ統一

**CD A46**

❶ Im Jahr 1949 wurden die **Bundesrepulik** Deutschland und die Deutsche Demokratische Republik gegründet.

❷ Am 3. Oktober 1990 wurden die beiden deutschen Staaten wieder zu einem **Staat vereinigt**.
 ※1                      ※2

❸ Aber die anfängliche **Euphorie** verflog **rasch**.

❹ Es gab viele **Probleme**, die man **bewältigen** musste.
 ※3

❺ Zum Beispiel verlor die **Stadt** Berlin über 150.000 Arbeitsplätze, weil die osteuropäischen Absatzmärkte **wegfielen**.

❻ Zu den guten **Nachrichten: seit** 1990 werden über 100.000 Firmen und Geschäfte neu gegründet. Sie **beleben** die Wirtschaft in Berlin.

---

### ! 重要事項

☐☐ ※1 **Am 3. Oktober 1990**
日にちを表す時は前置詞anを使い、amはanとdemの融合形です。3.は除数のdritt(en)を表し、「10月の3番目の日」が直訳です。

☐☐ ※2 **wurden ... vereinigt**
「統一された」。vereinigen「統一させる」の受動態の過去形です。

☐☐ ※3 **Probleme, die man bewältigen musste**
dieはProblemeにかかる関係代名詞です。die以降は関係文ですので、助動詞musste が文末に来ています。

ドイツ統一 | LEKTION **23**

CD **A**
46-47

### ▶▶ 全訳

❶ 1949年にドイツ連邦共和国（旧西ドイツ）とドイツ民主共和国（旧東ドイツ）が設立されました。

❷ 1990年10月3日にドイツの両国家が1つの国家に再び統一されました。

❸ しかし当初の興奮は急速に消え去りました。

❹ 片付けなければならない問題がたくさんありました。

❺ 例えば、ベルリン市は150,000以上の職場を失いました。東ヨーロッパの販売市場がなくなったからです。

❻ よいニュースとして、1990年以来100,000以上の会社や商店が新しくつくられてきました。それらはベルリンの経済を活気づけています。

### コラム 「BRD」という言葉にはご用心

BRDはBundesrepublik Dentschland（ドイツ連邦共和国）の非公式な略語です。統一したあとでは、この略語は全ドイツを意味しますので、旧西ドイツと旧東ドイツを区別して言いたい時は、BRDを使わずにdie neuen Bundesländer（旧東ドイツ）、die alten Bundesländer（旧西ドイツ）という言葉が一般的です。

## die Bundesrepublik
ディー ブンデスレプブリーク

**女** 連邦共和国　源 Bundes（連邦）＋ Republik（共和国）

BRD ist die Abkürzung für die Bundesrepublik Deutschland.
BRD はドイツ連邦共和国の略語です。

[関連] die Weimarer Republik　ヴァイマール共和国

## der Staat
デア シュタート

**男** 国家　英 state

China ist ein kommunistischer Staat.
中国は共産主義国家です。

[関連] die Republik　共和国　das Land　国

## vereinigen
フェアアイニゲン

**動** 統一させる　源 ver（強意）＋ einigen（1つにさせる）
過分 vereinigt

Die gegnerischen Parteien vereinigten sich im Widerstand.
敵対する政党は抵抗で一致しました。

[関連] einig　まとまった

## die Euphorie
ディー オイフォリー

**女** 興奮　英 euphoria

Bei diesem Konzert verfielen alle Zuschauer in Euphorie.
この演奏会ではすべての観客が酔いしれました。

[関連] das Glück　幸福感

## rasch
ラッシュ

**形** 急速に　＊英 rash は「急ぎすぎ」。

Die Wiedervereinigung verlief rasch.
再統一は速く進んだ。

[反] langsam　ゆっくり

## das Problem
ダス プロブレーム

**中** 問題　英 problem

Dieser Plan birgt viele Probleme.
この計画には多くの問題があります。

[関連] mit ＋名詞（3格）Probleme haben　～のことで悩んでいる

## bewältigen
ベヴェルティゲン

**動** 片付ける

Ich muss eine Arbeit bewältigen.
私は仕事を1つ片付けなければならない。

[別] 克服する

ドイツ統一 | **LEKTION 23**

## die Stadt
ディー シュタット

**女** 市

☐☐ Berlin ist die Hauptstadt.
ベルリンは首都です。

＊der Staatと混同しないようにしましょう。

## wegfallen
ヴェックファレン

**分**（完s）**なくなる**　源 weg（除去）＋fallen（落ちる）
過／過分 fiel weg, weggefallen

☐☐ Viele Arbeitsplätze sind weggefallen.
多くの職場がなくなった。

［関連］fortfallen　使われなくなる

## die Nachricht
ディー ナーハリヒト

**女** ニュース　源 nach（従って）＋richt(en)（向く）
本来は「従わなければならない知らせ」

☐☐ Er brachte eine gute Nachricht.
彼はよいニュースをもたらした。

［別］ニュース番組（複数形 Nachrichten で）

## seit
ザイト

**前** ～以来

☐☐ Seit 1998 regieren die SPD und die Grünen.
1998年以来社会民主党と緑の党が政権を握っている。

＊seitは現在までの継続を意味するので現在形の文章（英語では現在完了）。

## beleben
ベレーベン

**動** 活気づける　源 be（他）＋leben（生きる）
過分 belebt

☐☐ Die IT-Industrie belebt die Konjunktur.
IT産業は景気を活気づける。

［関連］lebhaft　活発な

### 合わせて覚えよう

| | |
|---|---|
| **die BRD**<br>ディー ベーエルデー | **女**「ドイツ連邦共和国」　Bundesrepublik Deutschlandの略。 |
| **die DDR**<br>ディー デーデーエル | **女**「ドイツ民主主義共和国」　Deutsche Demokratische Republikの略。 |
| **das Jubiläum**<br>ダス ユビレーウム | **中** 記念日　英 jubilee（～周年記念） |
| **die Mauer**<br>ディー マオアー | **女**（ベルリンの）壁 |
| **zerfallen**<br>ツェアファレン | **動**（完s）崩壊する　過／過分 zerfiel, zerfallen |

PART 2　社会生活

## LEKTION 24 Der Euro und der europäische Binnenmarkt

# ユーロとヨーロッパ広域市場

**CD** A48

❶ Seit 1993 kann ein Europäer seinen Arbeitsplatz in der EU frei wählen.
※1

❷ Man setzt hohe **Erwartungen** in den **einheitlichen** Binnenmarkt.

❸ Es entstand ein Riesen**markt** mit rund 340 Millionen Verbrauchern.
※2

❹ Er ist größer als der der USA und **dreimal** so groß wie der japanische.
※3

❺ 2002 wurde die **europäische Währung** "Euro" **eingeführt**.
※4

❻ Da das Währungs**risiko** nicht mehr besteht, können auch kleine
※5
und mittlere **Unternehmen** ihre **Geschäfte** in den **Nachbarländern** besser ausweiten.

---

### ! 重要事項

☐☐ ※1 **seit 1993 kann ...**
　　　物事が過去から現在に至り継続している場合、英語では現在完了を使いますが、ドイツ語では現在形の時制を使います。

☐☐ ※2 **mit rund 340 Millionen Verbrauchern**
　　　「〜を持った」付帯を表すmitです。

☐☐ ※3 **dreimal so groß wie der japanische**
　　　「日本の市場より３倍大きい」「〜倍〜だ」は-mal so... wieと表現します。

☐☐ ※4 **wurde ... eingeführt**
　　　「導入された」受動態の過去です。

☐☐ ※5 **Da ...**
　　　「実際〜なのだから」分かりきった事実を理由としていうときにdaを使います。

ユーロとヨーロッパ広域市場 | LEKTION **24**

CD A
48-49

### ▶▶ 全訳

① 1993年以来、ヨーロッパの人はEU内で自由に職場を選ぶことができます。
② 統一した域内市場に大きな期待がかけられています。
③ 3億4千万の消費者を持つ巨大市場ができました。
④ それはアメリカの市場より大きく、日本の市場より3倍大きいのです。
⑤ 2002年にヨーロッパ通貨ユーロが導入されました。
⑥ 実際、通貨リスクがもう存在しないので、中小企業でも隣国でビジネスをより容易に広げることができます。

### コラム 通貨リスクなき広域市場

通貨が違うと、為替レートが変動し、もし製品を売った国の通貨が下落すると、売上金を自国の通貨に変えたとき、目減りしてしまいます。このような危険を通貨リスク（Währungsrisiko）といいます。資本金が少ない中小企業にとってこのリスクは大きすぎました。しかし、ユーロの導入によって、このリスクはなくなり、ヨーロッパ諸国間の中小企業のビジネスが活発になると予想されています。

**CD** A49

## wählen
ヴェーレン
**動** 選ぶ

Er hat den falschen Beruf gewählt.
彼は間違った職業を選んだ。
[関連] die Wahl　選択

## die Erwartung
ディー　エアヴァルトゥング
**女** 期待　　源 er（他動詞を作る）+ wart(en)（待つ）+ ung（名）

Er war voller Erwartung.
彼は期待でいっぱいだった。
[別] 予想

## einheitlich
アインハイトリヒ
**形** 統一した　　源 Einheit（統一）+ lich（形）

Europa brauchte eine einheitliche Währung.
ヨーロッパは統一通貨が必要だった。
[関連] die Einheit　統一

## der Markt
デア　マルクト
**男** 市場　　英 market

Die Lage auf dem Arbeitsmarkt ist nicht günstig.
労働市場の状況はよくない。
[関連] die Marktwirtschaft　市場経済

## dreimal
ドライマル
**副** 3倍　　源 drei（3）+ mal（度）

Der europäische Absatzmarkt ist dreimal so groß wie der japanische.
ヨーロッパの販売市場は日本の市場より3倍大きい。

＊mal so ..... wie A　「Aより〜倍〜だ」となります。

## europäisch
オイロペーイッシュ
**形** ヨーロッパの　　源 Europa（ヨーロッパ）+ isch（形）

Der europäische Markt ist groß.
ヨーロッパ市場は大きい。
[関連] der Europäer　ヨーロッパ人

## die Währung
ディー　ヴェールング
**女** 通貨

Der Euro ist eine harte Währung.
ユーロは安定した通貨です。
[関連] die Währungsunion　通貨連合

ユーロとヨーロッパ広域市場 | LEKTION 24

## ein|führen
アインフューレン
分 導入する 源 ein（中へ）+ führen（導く） 英 introduce 過分 eingeführt

☐☐ 1948 wurde die Deutsche Mark eingeführt.
1948年にドイツマルクが導入された。
[別] 手ほどきをする

## das Risiko
ダス リーズィコ
中 リスク 英 risk

☐☐ Wir dürfen kein Risiko eingehen.
リスクを冒してはいけない。
[関連] riskieren 〜を危険にさらす

## das Unternehmen
ダス ウンターネーメン
中 企業 源 unter（手の間に）+ nehmen（取る）→企てる 英 undertake

☐☐ Er hat ein Unternehmen gegründet.
彼は企業を起こした。
[別] 企て

## das Geschäft
ダス ゲシェフト
中 ビジネス 源 ge（結果）+ schäft（schaffen 行う）→仕事

☐☐ Die Geschäfte gehen gut.
ビジネスはうまく進んでいる。
[関連] geschäftlich ビジネスで

## das Nachbarland
ダス ナッハバーラント
中 隣国 源 Nachbar（隣人）+ Land（国） 英 neighboring country

☐☐ Deutschland hat neun Nachbarländer.
ドイツは9つの隣国を持っている。
[同] der Nachbarstaat

### 合わせて覚えよう

| | |
|---|---|
| der Absatzmarkt<br>デア アップザッツマルクト | 男 販売市場 源 Absatz（売れ行き）+ Markt（市場） |
| das Defizit<br>ダス デーフィツィット | 中 赤字 英 deficit |
| die Devisen<br>ディー デヴィーゼン | 複 外国通貨 ＊英語の devise は「工夫する」。 |
| die Investition<br>ディー インヴェスティツィオーン | 女 投資 英 investment |
| die Währungsreserve<br>ディー ヴェールングスレゼルベ | 女 外貨保有高 源 Währung（通貨）+ Reserve（備蓄） |

## LEKTION 25 EU und Nationalgefühl

# EUと国民感情

**CD A50**

❶ Man schätzt, dass der wirtschaftliche Zusammenschluss in den
　※1
　EU-Ländern 5 Millionen neue Arbeitsplätze schaffen wird.
　　　　　　　　　　　　　　　　　　　　　　　※2
❷ Aber die Stimmung in Europa ist nicht eindeutig für eine
　　　　　　　　　　　　　　　　　　※3
　Weiterentwicklung der EU.

❸ Nur 42 % der Dänen sind pro EU eingestellt. Sie gelten als EU-
　Gegner.

❹ 55% der Briten und 50% der Deutschen sind gegen die EU.

❺ Sie fürchten, dass ihnen billigere Arbeitskräfte aus dem Ausland
　die vorhandenen Arbeitsplätze wegnehmen.

❻ Spanien, Portugal und Irland erhalten Subventionen von der EU.
　Dort wird die EU positiv eingeschätzt.

### ❗ 重要事項

☐☐ ※1 **Man**
「不特定の人（ひと）」を意味しますが、訳語では表現せず、「みなされている」と受動態で訳されることが多いです。

☐☐ ※2 **wird**
未来の助動詞werden「だろう」の3人称単数形です。

☐☐ ※3 **nicht eindeutig**
nichtがeindeutigを否定している部分否定の文章で、「明らかに～というわけではない」の意味になります。語順がeindeutig nichtであれば、「明らかに～ではない」という全面否定の文章になります。

EUと国民感情 | LEKTION **25**

CD A
50-51

### ▶▶ 全訳

❶ 経済での連合はEU諸国内に500万の新しい職場をつくり出すだろうとみなされています。
❷ しかし、ヨーロッパでの風潮はEUのさらなる発展に明らかに賛成というわけではないです。
❸ デンマーク人の42％だけがEUに賛成の立場をとっています。デンマーク人はEU反対者です。
❹ ブリテン人の55％、ドイツ人の50％がEUに反対です。
❺ 彼らは外国からの安い労働力が、彼らから今ある職場を奪うのではないかと懸念しています。
❻ スペイン、ポルトガル、アイルランドはEUから補助金を受けています。そこではEUは肯定的に評価されます。

#### コラム EUに関する市民感情

EUに関して政治家の考えと国民感情には大きな隔たりがあります。政治家は経済効果、安全保障、歴史に残る業績といった観点から議論しますが、一般市民は、自分たちの生活にEUが利益をもたらすことを具体的に実感できなければ、EUに賛成しません。補助金を受けていない国の労働者たちは、自分たちの職場が奪われるのではないかとおそれ、むしろEUの政策に反対なのです。

## der Zusammenschluss
デア　ツザンメンシュルス
**男** 連合　源 zusammen（一緒に）+ Schluss（結ぶこと）

- Der Zusammenschluss bringt nur Nachteile.
  連合は不利益をもたらす。
  [関連] zusammenschließen　連合する

## das Land
ダス　ラント
**中** 国　英 land（口語ではcountry）

- Er sucht eine Stelle in den anderen EU-Ländern.
  彼は他のEUの国でポストを探している。
  [別] 陸地

## der Arbeitsplatz
デア　アルバイトプラッツ
**男** 職場　源 Arbeit（仕事）+ Platz（場所）
英 workplace

- Neue Arbeitsplätze werden in der IT-Industrie erwartet.
  新しい職場がIT産業の中で期待されている。
  [別] 作業場

## schaffen
シャッフェン
**動** つくり出す　過/過分 schuf, geschaffen

- In Europa wurden gute Voraussetzungen für die Zusammenarbeit geschaffen.
  ヨーロッパでは協力のための前提がつくり出された。
  ＊規則動詞のschaffenは「成し遂げる」。

## die Stimmung
ディー　シュティムング
**女** 風潮　源 stimm(en)（～の気分にさせる）+ ung（名）

- Die Stimmung war gegen ihn.
  風潮は彼に不利だった。
  [別] 気分

## die Entwicklung
ディー　エントヴィックルング
**女** 発展　源 ent（取る）+ wickel(n)（巻く）→具体的になる+ ung（名）

- Die wirtschaftliche Entwicklung der EU-Länder geht schnell.
  EU諸国の経済発展は早い。
  [関連] sich（4格）entwickeln　発展する

## pro
プロ
**副** 賛成の　英 pro

- Die Mehrheit der Europäer ist pro EU eingestellt.
  ヨーロッパの多数はEUに賛成の立場にある。
  [反] kontra　反対の

EUと国民感情 | **LEKTION 25**

## eingestellt
アインゲシュテルト

**形** ～の立場にある　　源 ein（しかるべき状態の中に）+ gestellt（einstellenの過去分詞、立てられた）

Die Bevölkerung ist gegen den Krieg eingestellt.
国民は戦争反対の立場にある。

[関連] die Einstellung　立場

## der Gegner
デア　ゲーグナー

**男** 反対者　　源 gegen（逆らって）+ er（人）

Er ist Gegner der Atomenergie.
彼は原子力エネルギーの反対者だ。

[反] der Befürworter　支持者

## gegen
ゲーゲン

**前** ～に反対して　　英 against

Er war gegen die Währungsunion.
彼は通貨連合に反対だった。

[反] für　～に賛成して

## fürchten
フュルヒテン

**動** 懸念する

Ich fürchte, dass sie auf die Party kommt.
彼女がパーティーに押しかけるのではないかと懸念する。

[別] 恐れる

## die Subvention
ディー　ズプヴェンツィオーン

**女** 補助金　　源 sub（下に）+ vention（venire来る）→助けに来る
英 subvention, subsidy

Griechenland erhält hohe Subventionen von der EU.
ギリシャはEUから多くの補助金を得ている。

[関連] subventionieren　補助金を与える

### 合わせて覚えよう

| | | |
|---|---|---|
| ab\|lehnen<br>アップレーネン | **分** 拒否する | 源 ab（離れて）+ Lehne（ひじ掛け）本来は支えを取り除く意味。　過分 abgelehnt |
| der Austritt<br>デア　アオストリット | **男** 脱退 | 源 aus（外に）+ Tritt（歩み） |
| der Kompromiss<br>デア　コンプロミス | **男** 妥協 | 英 compromise |
| die Wahl<br>ディー　ヴァール | **女** 選択 | |
| zu\|stimmen<br>ツーシュティメン | **分** 賛成する | 源 zu（～に与える）+ stimmen（投票する）<br>過分 zugestimmt |

# Part 2 チェックテスト

CHECK TEST

## A ドイツ語の単語を日本語に訳してみましょう。

1. der Lebenslauf _____
2. der Unfall _____
3. willkommen _____
4. schick _____
5. überfallen _____
6. der Staat _____
7. das Fach _____
8. die Familie _____
9. die Währung _____
10. gegen _____

## B 日本語に当てはまるドイツ語を書いてみましょう。

1. 機能 _____
2. 市場 _____
3. 賛成の _____
4. 反対者 _____
5. 職場 _____
6. 点数 _____
7. ～させる _____
8. 問題 _____
9. 危険 _____
10. 突然 _____

### 解答

**A** 1. 履歴書 2. 事故 3. 歓迎 4. しゃれた 5. 襲撃する 6. 国家 7. 学科 8. 家庭 9. 通貨 10. 反対して

**B** 1. die Funktion 2. der Markt 3. pro 4. der Gegner 5. der Arbeitsplatz 6. die Note 7. lassen 8. das Problem 9. das Risiko 10. plötzlich

German listening & speaking

# PART 3
# ドイツ文化

| Lektion 26 | ドイツ・オペラ | 116 |
| Lektion 27 | ミヒャエル・エンデ | 120 |
| Lektion 28 | ドイツの食習慣 | 124 |
| Lektion 29 | シュタイナー教育 | 128 |
| Lektion 30 | ドイツのスポーツクラブ | 132 |
| Lektion 31 | ノイシュヴァンシュタイン城 | 136 |
| Lektion 32 | 復活祭 | 140 |
| Lektion 33 | マイセン磁器の発祥 | 144 |
| Lektion 34 | ハルツの魔女伝説 | 148 |

## LEKTION 26 Deutsche Opern

# ドイツ・オペラ

**CD** A52

❶ „Die Zauberflöte" ist das letzte **Opern**werk von Mozart. Er **komponierte** im Laufe seines Lebens 20 Opernstücke.
※1　　　　　　　　　　　　　　　　　　　　　　　　　　　　　　　※2
※3

❷ Die **Premiere** war 1791 und das Werk gewann gleich an **Popularität**.
　　　　　　　　　　　　　　　　　　　　　　※4　　　　　　　　　※4

❸ Die Musik ist vielseitig und viele **Märchen**-Motive stecken in der **Handlung**.

❹ Auf der **Bühne** treten der Held der Oper, Termino, ein **Fabel**wesen, Papageno und dann die Königin der Nacht auf.

❺ Ihre drei **Arien** sind **berühmt**.

❻ Heute wird „die Zauberflöte" **weltweit aufgeführt**.
　　　　　　　　※5　　　　　　　　　　　　　　　　　　　※5

---

### ! 重要事項

☐☐ ※1 **„Die Zauberflöte"**
「魔笛」は、Zauber（魔法）とFlöte（横笛）が組み合わさった言葉です。

☐☐ ※2 **von Mozart**
「モーツァルトの」の意味。vonはここでは所属「～の」の意味です。

☐☐ ※3 **im Laufe seines Lebens**
「彼の生涯の間に」の意味です。der Lauf(e)は「（ことの）進展、経過」の意味。

☐☐ ※4 **gewann ... an Popularität**
「人気を得る」の意味。Anに続く名詞は無冠詞で用いるのが一般的です。

☐☐ ※5 **wird ... aufgeführt**
aufführen「上演する」の受動形。「上演される」という意味です。

ドイツ・オペラ | LEKTION **26**

CD **A**
52-53

### ▶▶ 全訳

❶「魔笛」はモーツァルトの最後のオペラ作品です。彼は生涯の間に20のオペラ作品を作曲しました。

❷ 初演は1791年で、この作品はすぐに人気を得ました。

❸ 音楽は変化に満ち、多くのメルヘンモチーフがストーリーに含まれています。

❹ 舞台にはオペラの主人公タミーノ、寓話の人物パパゲーノ、そしてその後夜の女王が登場します。

❺ 彼らの3つのアリアは有名です。

❻ 今ではこのオペラは世界中で上演されます。

> コラム **オペラ座で社交界の雰囲気を味わう**
>
> オペラ座は、かつてのきらびやかな社交界の雰囲気を味わうのに格好の場所です。舞台に最も近い平土間 das Parkett、バルコニー席 die Loge などにいる華やかな観客たちが、オペラの雰囲気を一層盛り上げます。休憩になったら、ぜひ喫茶コーナーへ出掛けてみましょう。立食ですが、一流レストランの軽食、デザートが楽しめます。ドイツの発泡ワイン der Sekt を片手にエレガントな夜を過ごしてみてはいかがでしょうか。

## die Oper
ディー　オーバー
女 オペラ　英 opera

Er liebte Oper und Schauspiel.
彼はオペラと芝居を愛していました。
[別] オペラ座、オペラ劇場

## komponieren
コンポニーレン
動 作曲する　過分 komponiert

Mozart komponierte auch viel Kammermusik.
モーツァルトは室内楽もたくさん作曲しました。
[関連] die Note　音符　das Instrument　楽器

## die Premiere
ディー　プレミエーレ
女 初演

Die Premiere war ein großer Erfolg.
初演は大きな成果を収めました。
[同] die Uraufführung

## die Popularität
ディー　ポプラリテート
女 人気　源 populär（人気のある）+ tät（名）

Der Sänger genoß große Popularität.
その歌手は絶大な人気を博しました。
[同] die Beliebtheit

## das Märchen
ダス　メルヒェン
中 メルヘン

Kinder hören gerne Märchen.
子供たちはメルヘンを聞くのが好きです。
[関連] märchenhaft　メルヘンチックな

## die Handlung
ディー　ハンドルング
女 ストーリー　源 handeln（扱う）+ ung（名）

Diese Oper hat eine gute Handlung.
このオペラはいいストーリーです。
[関連] die Gliederung　筋立て　die Skizze　メモ、スケッチ

## die Bühne
ディー　ビューネ
女 舞台

Auf der Bühne war er allein.
舞台の上には彼１人がいました。
[関連] 名詞（4格）über die Bühne bringen　やり遂げる

ドイツ・オペラ | LEKTION **26**

## die Fabel
ディー　ファーベル
**女** 寓話

- Viele Tiere kommen in der Fabel vor.
  寓話にはたくさんの動物が登場します。
  [関連] die Sage　伝説　die Überlieferung　伝承

## die Arie
ディー　アーリエ
**女** アリア

- Alle waren von ihrer Arie begeistert.
  皆が彼女のアリアに感動しました。
  [関連] das Lied　歌　die Symphonie　交響曲

## berühmt
ベリュームト
**形** 有名な　[源] berüemen（中高ドイツ語）（自慢する）の過去分詞。動詞は消滅。

- Diese Musik ist sehr berühmt.
  この音楽はとても有名です。
  [関連] bekannt　知られている

## weltweit
ヴェルトヴァイト
**形** 世界中に　[源] Welt（世界）＋weit（広範に）

- Sein Ruhm verbreitete sich weltweit.
  彼の名声は世界中に広がりました。
  [関連] überall　至るところに

## auf|führen
アオフフューレン
**分** 上演する　[源] auf（上へ）＋führen（行う）

- Das Theaterstück wurde zum ersten Mal aufgeführt.
  この芝居は初めて上演されました。
  [関連] die Probe　練習　das Publikum　観客

### 合わせて覚えよう

| | |
|---|---|
| **der Dirigent**　デア ディリゲント | **男** 指揮者 |
| **die Operette**　ディー オペレッテ | **女** オペレッタ　[英] operetta |
| **das Orchester**　ダス オルヒェスター | **中** オーケストラ　[英] orchestra |
| **der Sänger**　デア ゼンガー | **男** 歌手　[英] singer |
| **das Theater**　ダス テアーター | **中** 劇場　[英] theater |

## LEKTION 27　Michael Ende

# ミヒャエル・エンデ

**CD** A54

① Michael Ende ist als **Autor** der Fantasy-Romane (**Phantasie**) „Momo" und „Die **unendliche Geschichte**" weltweit bekannt.

② Seine Bücher sind in etwa 40 Sprachen **übersetzt** worden. Er erhielt zahlreiche Literatur**preise**.
　　　※2　　　※1　　　　　　　　　※2

③ Seiner Literatur liegt die **Hoffnung** auf eine bessere **Zukunft** zugrunde.
　　　　　※3　　　　　　　　　　　　　　　※3

④ Er ist davon überzeugt, dass die Menschen jede schwierige Situation **überwinden** können.
　　※4

⑤ Im Kurohime-Märchen-**Museum** in Nagano wurden seine **Manuskripte** und Gegenstände aus seinem Nachlass gesammelt.

⑥ Dort kann man seine **Vorstellungswelt** hautnah erleben.

---

### ❗ 重要事項

☐☐ ※1 **in etwa 40 Sprachen**
　　「およそ40カ国語に」。in＋4格という形に注目してください。

☐☐ ※2 **sind ... übersetzt worden**
　　übersetzen「翻訳する」の受動態の現在完了形です。

☐☐ ※3 **liegt ... zugrunde**
　　「～は～の根底にある」という意味の構文です。本文では主語がHoffnung「希望が」（1格）で、Literaturが「～の」（3格）に当たります。

☐☐ ※4 **ist davon überzeugt, dass ...**
　　「～について確信している」の意味の構文です。

ミヒャエル・エンデ | LEKTION **27**

CD A
54-55

### ▶▶ 全訳

❶ ミヒャエル・エンデはファンタジー小説『モモ』と『はてしない物語』の作家として世界中で知られています。
❷ 彼の本は約40カ国語に翻訳されました。彼は多数の文学賞を受賞しました。
❸ 彼の文学には、よりよい未来への希望が根底にあります。
❹ 彼は、人間がどんな難しい状況も乗り越えることができると確信しています。
❺ 長野の黒姫童話美術館に、彼の原稿と彼の遺品の品々が集められました。
❻ そこで、彼の想像の世界を間近に体験することができます。

PART 3 ドイツ文化

### コラム 日本とミヒャエル・エンデ

ミヒャエル・エンデは老若男女に愛されているファンタジー作家です。彼の作品は、個性的な登場人物と、めくるめくストーリー展開で、決して飽きることなく興奮を与えてくれます。

そんな彼の私的な資料を保存し、常設展示しているのが、黒姫高原にある「黒姫童話館」です。彼の手書きの原稿や、ギムナジウムの落第の通知表などが見られるのは日本ではここだけ。定期的に収蔵品を使った企画展やエンデ講座なども開かれています。

**CD A55**

## der Autor
デア　アオトーア

**男 作者**　英 author

Goethe ist der Autor von „Faust".
ゲーテは『ファウスト』の作者です。
[関連] der Schriftsteller　作家　der Dichter　詩人

## die Phantasie
ティー　ファンタズィー

**女 ファンタジー**　英 fantasy　＊Fantasy-Romanはアメリカから来た文学ジャンルなので、英語のスペルを使います。

Er hat viel Phantasie.
彼はたくさんファンタジーを持っています。
[関連] phantastisch　空想的な

## unendlich
ウンエントリヒ

**形 はてしない**　源 un（否定）+ Ende（終わり）+ lich（形）
英 endless

Eine scheinbar unendliche Zeit ist vergangen.
一見はてしないように見える時が去っていきました。(小説の表現)
[同] endlos

## die Geschichte
ティー　ゲシヒテ

**女 物語**　源 geschiht（中高ドイツ語）(起こったこと)

Sie erzählte ihrem Kind die Geschichte einer Prinzessin.
彼女は子供にある王女様のお話を語りました。
[関連] die Erzählung　物語　die Novelle　小説

## übersetzen
ユーバーゼッツェン

**動 翻訳する**　源 über（超えて）+ setzen（置く）
過分 übersetzt

Dieses Buch wurde ins Japanische übersetzt.
この本は日本語に翻訳されました。
[別] übersetzen分　岸へ渡す

## der Preis
デア　プライス

**男 賞**　英 price

Ein Japaner bekam den Nobel-Preis.
日本人がノーベル賞を受賞しました。
[別] 値段

## die Hoffnung
ティー　ホフヌング

**女 希望**　源 hoffen（希望する）+ ung（名）
英 hope

Trotz des Kriegs hatte er immer noch Hoffnung.
戦争中でも、彼はずっと希望を持ち続けていました。
[関連] der Wunsch　望み

ミヒャエル・エンデ | LEKTION **27**

## die Zukunft
ディー ツークンフト

**女**未来　　源 zukommen（こちらに来る）の名詞形 zu（こちらへ）+ kommen（来る）

☐☐ Sie redeten miteinander über ihre Zukunft.
彼らは将来について互いに話しました。
[反] die Vergangenheit　過去

## überwinden
ユーバービンデン

**動**乗り越える　　源 über（超えて）+ winden（巻く）
英 overcome

☐☐ Er kann diese Situation sicher überwinden.
彼はきっとこの状況を乗り越えることができる。
[同] meistern

## das Museum
ダス ムゼウム

**中**美術館　　英 museum

☐☐ Das Kunst-Museum ist heute geschlossen.
芸術美術館は今日閉まっている。
[関連] die Galarie　画廊

## das Manuskript
ダス マヌスクリプト

**中**原稿　　英 manuscript

☐☐ Ich besitze ein Manuskript von Michael Ende.
私はミヒャエル・エンデの原稿を１つ所有している。
[関連] handgeschrieben　手書きの

## die Vorstellungswelt
ディー フォーアシュテルングスヴェルト

**女**想像の世界　　源 Vorstellung（想像）+ Welt（世界）

☐☐ In seiner Vorstellungswelt existiert der Tod nicht.
彼の想像の世界では死が存在しません。
[関連] das Vorstellungsvermögen　想像力

### 合わせて覚えよう

| | | |
|---|---|---|
| das Abenteuer<br>ダス アーベントイアー | **中**冒険 | 英 adventure |
| die Auszeichnung<br>ディー アオスツァイヒヌング | **女**賞 | |
| das Gedicht<br>ダス ゲディヒテ | **中**詩 | |
| der Verlag<br>デア フェアラーク | **男**出版社 | |
| veröffentlichen<br>フェアエッフェントリヒェン | **動**出版する | 過分 veröffentlicht |

## LEKTION 28 Die deutschen Essgewohnheiten

# ドイツの食習慣

**CD** A56

❶ „Morgens essen wie ein **Kaiser**, mittags wie ein König und abends wie ein **Bettler**", ist ein alter **Spruch** über deutsche Ess**gewohnheiten**.

❷ Aber heutzutage hat man morgens nicht so viel Zeit. Brot und Kaffee **genügen** den meisten Deutschen.

❸ Zu Mittag nimmt man sich jedoch genug Zeit für ein reichliches Essen mit **Fleisch** oder **Fisch**.

❹ Die Kinder kommen zum **Mittagessen** von der Schule zurück.

❺ Abends geht man manchmal ins **Restaurant** und dabei stehen viele Möglichkeiten zur **Auswahl**, von europäischen bis hin zu **asiatischen Gerichten**.

### 重要事項

☐☐ ※1 **wie**
　　ここでのwieは「～のように」の意味です。

☐☐ ※2 **über deutsche Essgewohnheiten**
　　前置詞überは「～についての」の意味です。Ess-はdas Essen「食事」の短縮形。

☐☐ ※3 **nimmt sich ... Zeit für ...**
　　「～のために時間をかける」という意味です。

☐☐ ※4 **stehen ... zur Auswahl**
　　前置詞zuは動作を表す名詞と結びつくと「～するため」と目的を意味します。「～が選択するためにある」が直訳です。

ドイツの食習慣 | LEKTION **28**

 CD A
56-57

### ▶▶ 全訳

❶ 朝は皇帝のように、昼は王のように、晩はこじきのように食べる。これがドイツの食習慣についての古い格言です。

❷ しかし今日では人々は朝あまり時間が多くはありません。パンとコーヒーが大抵のドイツ人を満足させます。

❸ それでも、お昼には肉か魚を使ったたっぷりとした食事のために十分な時間をかけます。

❹ 子供たちは昼食に学校から帰ってきます。

❺ 夕方にはしばしばレストランにも行きますが、その際ヨーロッパからアジア料理まで、多くの可能性を選択することができます。

#### コラム ドイツでの飲食店の選び方

食事もドイツではいろいろな体験ができます。旅行中でしたら駅のインビス Imbiss が使いやすいでしょう。カフェ Café で軽い食事をするのもよいでしょう。何百年も続く伝統的なカフェや文化人たちが集まるカフェなど、特徴的なカフェがありますから、探してみるのも楽しいもの。大衆的な居酒屋 Lokal も楽しいですが、きちんとした食事が取りたければ Restaurant、…keller、…stube と名のついた料理店がお勧めです。

PART 3 ドイツ文化

**CD** A57

## der Kaiser
デア　カイザー
男 皇帝

Der Kaiser regierte damals dieses Land.
皇帝が当時この国を治めていました。

[関連] der Herrscher　支配者　der Palast　宮殿

## der Bettler
デア　ベトラー
男 こじき　源 betteln（物請いする）+ er（人）

Der Bettler saß immer vor diesem Laden.
そのこじきはいつもこの店の前に座っていました。

[関連] arm　貧しい

## der Spruch
デア　シュプルフ
男 格言　源 sprechen（話す）の名詞形。もともとは「話された詩」の意味。

Jeder kennt diesen Spruch.
だれでもこの格言は知っています。

[別] スローガン

## die Gewohnheit
ディー　ゲヴォーンハイト
女 習慣　源 gewöhnen（慣れる）+ heit（名）

Er hat die Gewohnheit, erst den linken Schuh anzuziehen.
彼は最初に左の靴を履くという習慣がありました。

[関連] sich angewöhnen　～する習慣がつく

## genügen
ゲニューゲン
動 満足させる　源 genug（十分な）+ en（動）

Der Erfolg genügt ihr.
この結果は彼女を満足させています。

＊物が主語になり、人が3格の目的詞になります。

## das Fleisch
ダス　フライシュ
中 肉

Vegetarier essen kein Fleisch.
菜食主義の人々は肉を食べません。

[関連] das Rindfleisch　牛肉　das Schweinefleisch　豚肉

## der Fisch
デア　フィッシュ
男 魚　英 fish

Er fing heute viele Fische.
彼は今日たくさんの魚を捕まえました。

[関連] die Forelle　マス　der Lachs　サケ

ドイツの食習慣 | LEKTION **28**

## das Mittagessen
ダス　ミッタークエッセン
中 昼食　源 Mittag（正午）+ Essen（食事）

☐☐ Das Mittagessen schmeckt heute sehr gut!
今日の昼食はとてもおいしいですよ！
[関連] die Vorspeise　前菜　der Nachtisch　デザート

## das Restaurant
ダス　レストラーン
中 レストラン　源 restaurant（仏語）　英 restaurant

☐☐ Er geht gern ins Restaurant.
彼はレストランへ行くのが好きです。
[関連] die Speisekarte　メニュー　der Kellner　ウェーター

## die Auswahl
ディー　アオスヴァール
女 選択　源 aus（外に）+ Wahl（選択）

☐☐ Sie haben die freie Auswahl.
あなたは自由に選ぶことができます。
[関連] eine Auswahl treffen　選択する

## asiatisch
アズィアーティッシュ
形 アジアの　源 Asien（アジア）+ isch（形）　英 Asian

☐☐ Er hat ein asiatisches Gesicht.
彼はアジア的な顔をしています。
[関連] ostasiatisch　東洋の　japanisch　日本的な

## das Gericht
ダス　ゲリヒト
中 料理　源 ge（結果）+ richten（用意する）
→食事を用意したもの

☐☐ Sie kocht immer leckere Gerichte mit Fisch.
彼女はいつも魚でおいしい料理を作ります。
[別] 裁判

### 合わせて覚えよう

| | | |
|---|---|---|
| **backen**<br>バッケン | 動 オーブンで焼く | 過/過分 backte, gebacken　英 bake |
| **dämpfen**<br>デンプフェン | 動 蒸す | 英 damp（湿らせる） |
| **frittieren**<br>フリティーレン | 動 油で揚げる | 英 fry |
| **kochen**<br>コッヘン | 動 料理する | 英 cook |
| **die Küche**<br>ディー　キュヒェ | 女 台所 | |

## LEKTION 29 Die Steiner-Pädagogik

# シュタイナー教育

**CD A58**

① Die erste Steiner-Schule wurde auf der Basis der **pädagogischen** Gedanken des deutschen Denkers Rudolf Steiner in Stuttgart gegründet.

② Die Steiner-Pädagogik will die **kreativen** Kräfte der Kinder **entfalten**.

③ Vielseitige **künstlerische Unterricht**sarten wie „Eurythmie" werden den Schülern angeboten.

④ Außerdem **schaffen** die Steiner-Schulen das übliche Notensystem **ab**.

⑤ Man bekommt nur ein **Zeugnis** mit **schriftlichen** Charakterisierungen über sein **Schulleben**.

⑥ Das **Ziel** dabei ist, **freies** Denken und Handeln zu **fördern**.

---

### ! 重要事項

☐☐ ※1 **wurde ... gegründet**
　　　受動態の過去形「～設立されました」。

☐☐ ※2 **auf der Basis**
　　　「～を基礎にして」。der pädagogischen Gedanken des deutschen Denkers は Basis にかかる2格の部分。その後の Rudolf Steiner は Denker と並列の同格です。

☐☐ ※3 **will**
　　　助動詞 wollen は、ここでは物が主語なので「～の意図は…することにあります」となります。

☐☐ ※4 **Unterrichtsarten**
　　　「授業科目」。Unterricht「授業」に Art「方式」が加わった形です。

シュタイナー教育 | LEKTION **29**

## ▶▶ 全訳

❶ 最初のシュタイナー学校はドイツの思想家、ルドルフ・シュタイナーの教育学の思想を基礎にして、シュトゥットガルトに設立されました。

❷ シュタイナー教育の意図は、子供たちの創造的な力を伸ばすことにあります。

❸ 「オイリュトミー」などの多様な芸術的授業方式が生徒たちに提供されています。

❹ そのうえ、シュタイナー学校は通常の成績制度を廃止しています。

❺ ただ、学校生活についての筆記の描写が付いた証明書だけをもらいます。

❻ その際、目標は自由な思考と行動を促進することです。

### コラム 創造的な力を伸ばすシュタイナー教育

シュタイナー教育は、学歴偏重、知識重視の詰め込み教育ではなく、年齢に合わせて感性を磨き、体をスムーズに動かすことを鍛錬していくことを主眼に置いた教育です。また、感性を磨くために芸術の時間を多く割いていることが、シュタイナー学校の特徴のひとつとなっています。

日本でも、子安美知子氏の『ミュンヘンの小学生』（中公新書）によって、シュタイナー教育の具体例が話題になりました。現在、特に幼児教育の世界でシュタイナー教育は大きな支持を得ています。

PART 3 ドイツ文化

## pädagogisch
ペダゴーギッシュ
形 教育学の　英 pedagogical

Sie studiert Pädagogik in Berlin.
彼女はベルリンで教育学を専攻しています。
[関連] erzieherisch　教育上の

## kreativ
クレアティーフ
形 創造的な　英 creative

Künstler ist ein kreativer Beruf.
芸術家は創造的な職業です。
[同] schöpferisch

## entfalten
エントファルテン
動 伸ばす　源 ent（復源）＋ falten（折り畳む）
過分 entfaltet

Seine Fähigkeiten entfalteten sich erst spät.
彼の才能は遅くになってやっと開花しました。
[関連] sich entfalten　開花する

## künstlerisch
キュンストレリッシュ
形 芸術的な　源 Künstler（芸術家）＋ isch（形）

Die Zeichnungen von Kindern sind manchmal künstlerisch.
子供のスケッチは時として芸術的だ。
[関連] ästhetisch　美的な

## der Unterricht
デア ウンターリヒト
男 授業　源 unter（～の間に）＋ richt(en)（整える）の名詞形

Nach dem Unterricht geht er sofort ins Kino.
彼は授業後すぐに映画に行きます。
[関連] die Hausaufgabe　宿題

## ab|schaffen
アップシャッフェン
分 廃止する　源 ab（除去）＋ schaffen（やり遂げる）
過分 abgeschafft

In Deutschland hat man die Todesstrafe abgeschafft.
ドイツでは死刑が廃止された。
[同] aufheben

## das Zeugnis
ダス ツォイクニス
中 成績証明書　源 zeugen（証言する）＋ nis（名）

Die Mutter war stolz auf das Zeugnis ihres Sohnes.
母親は息子の成績を誇りに思いました。
[別] 証言

# シュタイナー教育 | LEKTION 29

## schriftlich
シュリフトリヒ
形 筆記の　源 Schrift（記述物）+ lich（形）

Er hat die schriftliche Prüfung bestanden.
彼は筆記試験に合格しました。
[関連] mündlich　口述の

## das Schulleben
ダス　シュールレーベン
中 学校生活　源 Schule（学校）+ Leben（生活）

Er verbrachte ein wunderschönes Schulleben.
彼は素晴らしい学校生活を過ごしました。
[関連] die Schulzeit　学校時代

## das Ziel
ダス　ツィール
中 目標

Er verfolgt konsequent sein Ziel.
彼は首尾一貫して目標を追求している。
[関連] der Zweck　目的

## frei
フライ
形 自由な

Die Menschen sind von Geburt frei.
人間は生まれたときは自由である。
[関連] die Freiheit　自由

## fördern
フェルダーン
動 促進する

Grüner Tee fördert die Gesundheit.
緑茶は健康を促進する。
[関連] die Förderung　助成

### 合わせて覚えよう

| | |
|---|---|
| die Anthroposophie<br>ディー　アントロポゾフィー | 女 人智学　英 anthroposophy |
| die Erziehung<br>ディー　エアツィーウング | 女 教育 |
| das Lehrbuch<br>ダス　レーアブーフ | 中 教科書 |
| übersinnlich<br>ユーバーズィンリヒ | 形 超感覚的な |
| die Waldorfschule<br>ディー　ヴァルドルフシューレ | 女 ヴァルドルフ学校 |

PART 3　ドイツ文化

## LEKTION 30 Sportvereine

# ドイツのスポーツクラブ

**CD** A60

❶ Sport**vereine tragen** zur deutschen Sport-**Kultur** viel **bei**.
❷ Es gibt jetzt in Deutschland mehr als 86.000 Sportvereine.
　　　　　　　　　　　　　　　※1　　　　※2
❸ Die Finanzbasis der Vereine besteht aus Mitglieds**beiträgen**, staatlichen Zuschüssen und privaten Spenden.
❹ **Die** größte Sport**organisation** ist der deutsche Fußball**bund**(DFB).
　※3
❺ Etwa 5.600.000 Menschen sind **Mitglieder** des DFB.
　※4
❻ Der deutsche **Fußball** hat eine lange **Tradition**, und die deutsche **Nationalmannschaft bereitet** sich auf die **Weltmeisterschaft** 2006 in Berlin **vor**.

---

### ❗ 重要事項

□□ ※1 **mehr als ...**
「～以上」という意味です。mehrはvielの比較級。alsは比較級とともに用いると「～よりも」の意味になります。

□□ ※2 **86.000**
sechsundachtzig tausendと読みます。

□□ ※3 **die größte Sportorganisation**
「最も大きなスポーツ組織は」という意味です。groß「大きい」の最上級größtが用いられていることに注意してください。

□□ ※4 **Etwa 5.600.000 Menschen**
数字はfünf millionen sechshundert tausendと読みます。

ドイツのスポーツクラブ | LEKTION **30**

CD **A**
60-61

### ▶▶ 全訳

❶ ドイツのスポーツ文化にはスポーツクラブが大きく貢献しています。

❷ ドイツには86,000以上のスポーツクラブがあります。

❸ クラブの財政基礎は会費と国からの補助金と個人の寄付から成り立っています。

❹ 最大のスポーツ組織はドイツサッカー連盟（DFB）です。

❺ 約560万人の人々がDFBの会員になっています。

❻ ドイツのサッカーは長い伝統を持っており、ドイツのナショナルチームは2006年のベルリンでのワールドカップに向けて準備をしているところです。

### コラム ドイツで人気のスポーツ

サッカー以外に、ドイツ語圏ではウインタースポーツも大変盛んです。特に、スキーSkilaufやジャンプSkisprungなどでは毎年ドイツの選手が世界大会などで好成績を収めており、人気があります。

ほかにハンドボールHandballや卓球Tischtennisなどでも世界で競える優秀な選手がいますし、カーレースAutorennenではドイツ出身のミヒャエル・シューマッハが独り勝ち状態です。乗馬Reitenや柔道Judo、水泳Schwimmenなどにも熱烈な支持者がいます。

PART **3** ドイツ文化

**CD** A61

### der Verein
テア　フェアアイン
**男クラブ**　源 ver（動）+ ein（1つ）+ en（動）→ vereinen の名詞形

□□　Sie ist Mitglied in mehreren Vereinen.
彼女は多くの協会の会員です。
[同] die Organisation

### bei|tragen
バイトラーゲン
**分貢献する**　源 bei（助力）+ tragen（担う）
過/過分 trugbei, beigetragen

□□　Seine Erfindung wird zur Entwicklung der Chemie viel beitragen.
彼の発明は化学の発展に大いに貢献するだろう。
[関連] der Beitrag　貢献

### die Kultur
ディー　クルトゥーア
**女文化**　英 culture

□□　Ich bewundere die Kultur der Griechen.
私は古代ギリシャ人の文化に感心します。
[関連] die Zivilisation　文明　die Gemeinschaft　共同体

### der Beitrag
デア　バイトラーク
**男会費**

□□　Ich kann meinen Beitrag nicht bezahlen.
私は会費を払えない。
[別] 寄稿（論文）

### die Organisation
ディー　オルガニザツィオーン
**女組織**　英 organization

□□　Der Turnerbund ist die zweitgrößte Sport-Organisation.
体育協会は2番目に大きなスポーツ組織です。
[関連] die Assoziation, die Union　連合

### der Bund
デア　ブント
**男連盟**　源 binden（結ぶ）の名詞形

□□　Die beiden Länder schloßen einen Bund.
両国は連盟を結びました。
[同] die Vereinigung

### das Mitglied
ダス　ミットグリート
**中会員**　源 mit（ともに）+ Glied（成員）

□□　Er ist Mitglied des DFB.
彼はドイツサッカー連盟の会員です。
[関連] der Teilnehmer　参加者　der Mitgliedsbeitrag　会費

ドイツのスポーツクラブ | LEKTION **30**

## der Fußball
デア　フースバル

男 サッカー　　源 Fuß（足）＋ Ball（ボール）
英 football

- Man spielt in Japan auch gern Fußball.
  日本でもサッカーをするのが好まれています。
  [関連] das Tor　ゴール　der Spieler　選手

## die Tradition
ディー　トラディツィオーン

女 伝統　　英 tradition

- Diese Organisation hat eine alte Tradition.
  この組織は古い伝統があります。
  [関連] mit der Tradition brechen　伝統を打ち破る

## die Nationalmannschaft
ディー　ナツィオナールマンシャフト

女 ナショナルチーム　　源 national（国民の）＋ Mannschaft（チーム）
英 national team

- An der Olympiade nehmen viele Nationalmannschaften teil.
  オリンピックには多くのナショナルチームが参加します。
  [関連] international　国際的な　der Sportler　スポーツ選手

## vor|bereiten(sich)
フォーアベライテン

分 準備する　　源 vor（前もって）＋ bereit（用意のできた）＋ en（動）

- Er hat sich auf das Examen gut vorbereitet.
  彼は試験の準備を十分にしていました。
  [関連] sich（4格）auf ＋名詞（4格）vorbereiten　〜に向けて準備する

## die Weltmeisterschaft
ディー　ヴェルトマイスターシャフト

女 ワールドカップ　　源 Welt（世界）＋ Meister（チャンピオン）＋ schaft（地位）

- Die Fußballweltmeisterschaft findet alle vier Jahre statt.
  サッカーのワールドカップは4年ごとに行われます。
  [関連] die Liga　リーグ　der Wettkampf　戦い

### 合わせて覚えよう

| | | |
|---|---|---|
| **gewinnen**　ゲヴィネン | 動 勝つ | 過/過分 gewann, gewonnen　英 win |
| **die Olympiade**　ディー　オリュンピアーデ | 女 オリンピック | 英 Olympic |
| **trainieren**　トレニーレン | 動 トレーニングする | 英 train |
| **verlieren**　フェアリーレン | 動 負ける | 過/過分 verlor, verloren |
| **der Wettbewerb**　デア　ヴェットベヴェルプ | 男 競争 | |

PART 3　ドイツ文化

## LEKTION 31 Das Schloss Neuschwanstein

# ノイシュヴァンシュタイン城

**CD** A62

① Das Schloss im Disneyland ist eine Nachahmung des Schlosses Neuschwanstein in Bayern.

② Ludwig der Zweite, König von Bayern, ließ das Schloss bauen.
　　　　　　　　　　　　　　　　　　　　　※1　　　　　　※1

③ Er liebte die Musik von Wagner leidenschaftlich und wollte die Traumwelt von Wagners Opern verwirklichen.

④ Aber die Staatskasse wurde dadurch sehr strapaziert.
　　　　　　　　　　　　※2　※3　　※2

⑤ Die Minister erklärten den König als geisteskrank und sperrten
　　　　　　　　　　　　　　　　　※4
ihn im Schloss Berg ein, bis zu seinem mysteriösen Ertrinken im Starnberger See.

⑥ Heutzutage empfangen im Schloss die Gemälde von Wagners Opern die Touristen aus der ganzen Welt.

### ❗ 重要事項

☐☐ ※1 **ließ ... bauen**
「建てさせました」。lassenはこの場合、使役の動詞で「～させる」の意味です。

☐☐ ※2 **wurde ... strapaziert**
strapazieren「無理をしいる」の受動態です。

☐☐ ※3 **dadurch**
「それによって」。それまでの内容「城を建設させたこと」を受けています。

☐☐ ※4 **als geisteskrank**
alsのあとの単語は、宣言する内容を表します。ここでは「精神病である」の意味になります。

ノイシュヴァンシュタイン城 | LEKTION **31**

CD **A**
62-63

## ▶▶ 全訳

❶ ディズニーランドにある城はバイエルンにあるノイシュヴァンシュタイン（新しい白鳥石）城の模倣です。

❷ バイエルンの王、ルートヴィヒ2世がその城を建てさせました。

❸ 彼は情熱的にワーグナーの音楽を愛し、ワーグナーのオペラの夢の世界を実現したかったのです。

❹ しかし、国庫はそれによってとても無理をしいられました。

❺ 大臣は王を精神病だと宣言し、シュタルンベルク湖でミステリアスな溺死をするまで、彼をベルク城に監禁しました。

❻ 今日では、この城でワーグナーのオペラをえがいた絵画が世界中の観光客たちを迎えます。

PART **3** ドイツ文化

### コラム 旅のお勧め、ドイツの街道

ドイツのお勧め観光ルートといえば、まずロマンチック街道 die romantische Straße があります。ヴュルツブルク Würzburg から南下し、中世の雰囲気が色濃く残るローテンブルク Rotenburg やアウクスブルク Augsburg を通って、ノイシュヴァンシュタイン城があるフュッセン Füssen へ至る道は定期バスが通り、古城を巡る旅を満喫することができます。このほかにもグリム童話の史跡を巡るメルヘン街道 die Märchenstraße などがあります。

**CD** A63

### das Schloss
ダス　シュロス
**中** 城

Sie besichtigen auf dieser Reise ein Schloss.
彼らは旅行中に城を見学します。

[関連] die Burg　とりで

### der Schwan
デア　シュヴァーン
**男** 白鳥　**英** swan

Der Prinz füttert gern Schwäne.
王子は白鳥にえさをやるのが好きでした。

[関連] die Ente　カモ　der Rabe　カラス

### der König
デア　ケーニヒ
**男** 王　**英** king

Früher herrschte der König in diesem Land.
かつては王様がその国を治めていました。

[関連] die Königin　女王

### bauen
バオエン
**分** 建てる

Ich habe ein Haus gebaut.
私は家を建てた。

[関連] konstruieren　建築する

### verwirklichen
フェアヴィルクリヒェン
**動** 実現させる　**源** ver (結果) + wirklich (本当の) + en (動)
**過分** verwirklicht

Sie hat ihren Traum endlich verwirklicht.
彼女は自分の夢をとうとう実現させました。

[同] realisieren

### die Kasse
ディー　カッセ
**女** 金庫

Der Direktor selbst öffnet jeden Morgen diese Kasse.
社長自身が毎朝この金庫を開けます。

[別] レジ、銀行窓口

### geisteskrank
ガイステスクランク
**形** 精神病の　**源** Geist (精神) + krank (病気の)

Er tat so, als ob er geisteskrank wäre.
彼は精神病であるように振る舞いました。

＊als obは英語のas ifと同じで「あたかも〜のように」を意味します。

ノイシュヴァンシュタイン城 | LEKTION **31**

## mysteriös
ミュステリエース

形 ミステリアスな　英 mysterious

☐☐ Sein Tod war mysteriös.
彼の死はミステリアスでした。

[関連] geheimnisvoll　秘密に満ちた

## ertrinken
エアトリンケン

動 (完s) 溺死する　源 er (破滅) + trinken (飲む)
過/過分 ertrinkt

☐☐ Beim Hochwasser ertranken viele Haustiere.
洪水で多くの家畜がおぼれ死にました。

[関連] betrunken　酔っ払いの

## heutzutage
ホイトツターゲ

副 今日では　源 heute (今日) + zu (時に) + Tag (日)

☐☐ Heutzutage besuchen nur wenige Leute diese Stadt.
今では、この町を訪れる人々はごくわずかです。

[関連] zur Zeit　このごろ　neulich　最近

## empfangen
エンプファンゲン

動 迎える　源 emp (対向) + fangen (捕らえる)
過/過分 empfing, empfangen

☐☐ Der Wirt empfing freundlich die Gäste.
その主人は客たちを温かく迎えました。

[反] sich (4格) verabschieden　別れのあいさつをする

## das Gemälde
ダス　ゲメールデ

中 絵画　源 ge (結果) + malen (絵を描く)

☐☐ Im Schloss gibt es viele Gemälde schöner Frauen.
城にはたくさんの女性絵画があります。

[関連] die Malerei　絵画　das Bild　絵、写真、映像

### 合わせて覚えよう

| | | |
|---|---|---|
| die Dynastie<br>ディー デュナスティー | 女 王朝 | 英 dynasty |
| der Kronprinz<br>デア クローンプリンツ | 男 皇太子 | 英 the Crown Prince |
| regieren<br>レギーレン | 動 支配する | 過分 regiert<br>英 reign (君臨する) |
| schwärmerisch<br>シュヴェルメリシュ | 形 夢中な | |
| der Untertan<br>デア ウンターターン | 男 家臣 | 英 underling |

## LEKTION 32　Ostern

# 復活祭

**CD** A64

❶ In den **christlichen** Ländern ist **Ostern** der wichtigste Feiertag im
　※1
　**Frühling**.

❷ Am Ostersonntag **feiern** die Christen die **Auferstehung** Christi.

❸ In der **Bibel** steht, dass er am vorhergehenden Freitag auf dem
　※2
　Hügel „Golgatha" den **Kreuz**estod erlitt.

❹ Deswegen nennt man diesen Tag „den Karfreitag" und isst an
　diesem Tag kein Fleisch.

❺ Zu Ostern schenkt man oft nach altem **Brauch** bemalte **Eier** oder
　　　　　　　　　　　　　　　　　　　※3　　　　　　　　※4
　**Hasen** aus Schokolade.

❻ Ei und Hase sind **Symbole** für Fruchtbarkeit und neues Leben.

---

## ❗ 重要事項

☐☐ ※1 **der wichtigste Feiertag**
　　「最も重要な祝日」。形容詞wichtigの最上級wichtigstが使われています。

☐☐ ※2 **In der Bibel steht, dass ...**
　　「本に載っている」はstehenを使います。

☐☐ ※3 **nach altem Brauch**
　　nachはここでは「〜に従って」という意味です。

☐☐ ※4 **bemalte Eier**
　　bemalteはbemalten「絵を描く」の過去分詞で、Eierににかかっているので「絵の描かれた卵」の意味になります。語尾の-eは複数4格の形容詞の格変化です。

復活祭 | LEKTION **32**

CD A
64-65

### ▶▶ 全訳

❶ キリスト教の国々では、復活祭は春のもっとも重要な祝日です。
❷ 復活祭の日曜日には、キリスト教徒たちがキリストの復活を祝います。
❸ 聖書には、その前の金曜日にキリストはゴルゴタの丘の上で十字架にかけられて死んだ、と載っています。
❹ だからこの日を「キリスト受難の聖金曜日」と呼んで、肉を食べません。
❺ 復活祭にはしばしば古い習慣に従って、絵のかかれた卵やチョコレートでできたウサギを贈ります。
❻ 卵やウサギは、豊饒と蘇生の象徴なのです。

### コラム 復活祭名物、ホワイトアスパラガス

復活祭に飾られる卵やウサギのデコレーションだけではなく、食べ物にも春の到来が感じられます。名物は何といってもホワイトアスパラガス Weiße Spargel。旬のアスパラガスはどっしりと太くて大きく、とてもおいしいです。このアスパラガスを、ドイツの人々はこの時期、メインディッシュとして食べることもあるほど。オランダ風ソース（Holländische Soße）という黄色のソースをかける食べ方が代表的です。アスパラガスでぜひ、ドイツの春をご賞味あれ。

## christlich
クリストリヒ

**形** キリスト教の　源 Christ（キリスト）+ lich（形）
英 christian

In der christlichen Kirche gibt es jeden Sonntag eine Messe.
キリスト教会では日曜日ごとにミサがあります。

[関連] buddhistisch　仏教の　islamisch　イスラム教の

## das Ostern
ダス　オースターン

**中** 復活祭　英 Easter

Zu Ostern feiern sie immer zu Hause.
復活祭には彼らはいつも家でお祝いをします。

[関連] der Frühlingsanfang　春分の日

## der Feiertag
デア　ファイアーターク

**男** 祝日　源 Feier（祝い）+ Tag（日）

Morgen ist Feiertag!
明日は祝日だ！

[関連] der Geburtstag　誕生日　das Jubiläum　記念日

## der Frühling
デア　フリューリング

**男** 春　源 früh（早い）+ ling（人）

Der Frühling kommt bald.
春が間もなくやってきます。

[関連] der Sommer　夏　der Herbst　秋　der Winter　冬

## feiern
ファイアーン

**動** 祝う

Alle feierten seine Hochzeit.
皆彼の結婚を祝いました。

[関連] festlich　華々しく　die Party　パーティー

## die Auferstehung
ディー　アオフエアシュテーウング

**女** 復活　源 auf（上へ）+ erstehen（よみがえる）+ ung（名）

Christen glauben an die Auferstehung der Toten.
キリスト教徒の人々は死者の復活を信じています。

[関連] auferstehen　復活する

## die Bibel
ディー　ビーベル

**女** 聖書　英 Bible

Er bekam von seinem Vater eine Bibel.
彼は父親から聖書をもらいました。

[関連] die Messe　ミサ

復活祭 | LEKTION **32**

## das Kreuz
ダス　クロイツ
中 十字架

Er arbeitet beim Roten Kreuz.
彼は赤十字で働いています。
［関連］der Kreuzzug　十字軍

## der Brauch
デア　ブラオホ
男 習慣

Im Haus die Schuhe auszuziehen ist japanischer Brauch.
家の中で靴を脱ぐのは日本の習慣です。
［関連］die Sitte　風習

## das Ei
ダス　アイ
中 卵　英 egg

Auf dem Markt kauft sie Eier.
市場で彼女は卵を買います。
［関連］das Spiegelei　目玉焼き

## der Hase
デア　ハーゼ
男 ウサギ　英 hare

Man soll nicht zwei Hasen auf einmal jagen.
二兎追うものは一兎も得ず。
［関連］ein alter Hase　（比喩）ベテラン

## das Symbol
ダス　ズュンボール
中 象徴　英 symbol

Der Berg Fuji ist das Symbol Japans.
富士山は日本の象徴です。
［同］das Sinnbild

### 合わせて覚えよう

| | | |
|---|---|---|
| der Engel<br>デア　エンゲル | 男 天使 | 英 angel |
| das Evangelium<br>ダス　エヴァンゲーリウム | 中 福音 | |
| der Glaube<br>デア　グラオベ | 男 信仰 | |
| heilig<br>ハイリヒ | 形 聖なる | 英 holly |
| die Religion<br>ディー　レリギオーン | 女 宗教 | 英 religion |

# LEKTION 33 Entstehung des Meißener Porzellans

# マイセン磁器の発祥

**CD** A66

❶ Im 17. Jahrhundert konnten die Europäer noch nicht **Porzellan brennen**. Sie mussten Produkte aus China **importieren**.

❷ **Kurfürst** Friedrich August II. von Sachsen, der als **leidenschaftlicher** Porzellan**sammler** galt, befahl dem Alchemisten Böttger, die **Technik** zu erforschen.

❸ 1709 **entdeckte** dieser Kaolin, das in hoher Temperatur **schmilzt**. Es gelang ihm, Porzellan **herzustellen**.

❹ 1710 errichtete Friedrich August II. in Meißen eine Porzellan**manufaktur**. Dort begann die glanzvolle Geschichte des Meißener Porzellans.

❺ Böttger selbst wurde von seinem Herrn **eingesperrt** und starb an den Folgen des Alkoholismus.

## ！重要事項

☐☐ ※1 **Kurfürst ... , der als ... galt**
　　　der は Kurfürst にかかる男性1格の関係代名詞で、「～で通っていたザクセン選帝侯」となります。

☐☐ ※2 **befahl dem Alchemisten, ... zu ...**
　　　「錬金術師に～することを命じた」となります。

☐☐ ※3 **Es gelang ihm, ... zu ...**
　　　es は非人称主語で zu 不定詞を受けます。直訳は「～することが彼にうまくいった」になります。

# マイセン磁器の発祥 | LEKTION 33

## ▶▶ 全訳

❶ 17世紀にはヨーロッパ人は磁器を焼くことはまだできませんでした。彼らは製品を中国から輸入しなければなりませんでした。

❷ 情熱的な磁器のコレクターで通っていたザクセン選帝侯フリードリヒ・アウグスト2世は、錬金術師ベトガーに技術を研究するように命じました。

❸ 1709年に彼は高温で溶けるカオリンを発見し、磁器を製造するのに成功しました。

❹ 1710年にフリードリヒ・アウグスト2世はマイセンに磁器製作所を建設しました。そこでマイセン磁器の輝かしい歴史が始まります。

❺ ベトガー自身は主人に監禁され、アルコール中毒がもとで死にました。

### コラム　輝かしいマイセン磁器に隠された悲劇

日本の有田町と姉妹都市となっているマイセン市は、ヨーロッパ磁器の発祥の地です。アウグスト2世はアルブレヒト城内に磁器製作所を造り、錬金術師のベトガーを幽閉して、白磁を焼かせました。製作所は1864年まで、稼働しました。あわれなのはベトガーで、製法の漏えいを恐れた王にとらわれ続け、自由の身になることなく38歳で死にました。

## das Porzellan
ダス　ポルツェラーン
中 磁器　英 porcelain

Die Vase ist aus Porzellan.
花瓶は磁器製です。
[関連] das Porzellangeschirr　磁器製の食器

## brennen
ブレネン
動 焼く　過/過分 brannte, gebrannt　英 burn

Sie brennen Ziegel.
彼らはかわらを焼く。
[関連] der Brennstoff　燃料

## importieren
インポルティーレン
動 輸入する　過分 importiert　英 import

Japan importiert Erdöl.
日本は石油を輸入しています。
[関連] exportieren　輸出する

## der Kurfürst
デア　クーアフュルスト
男 選帝侯　源 Kur（選ぶ）+ Fürst（侯）

Es gab nur vier Kurfürsten.
4人の選帝侯だけがいた。
＊選帝侯とは、神聖ローマ帝国の皇帝を選定する資格を持っていた侯です。

## leidenschaftlich
ライデンシャフトリヒ
形 情熱的な　源 Leidenschaft（情熱）+ lich（形）

Er ist ein leidenschaftlicher Bergsteiger.
彼は情熱的な登山家だ。
[関連] begeistert　熱狂的な

## der Sammler
デア　ザンムラー
男 コレクター

Er ist ein Sammler seltener Briefmarken
彼は珍しい切手のコレクターです。
[関連] sammeln　集める

## die Technik
ディー　テヒニック
女 技術　英 technology

Porzellan ist ein Wunder der Technik.
磁器は技術の奇跡です。
[関連] technisch　技術の

マイセン磁器の発祥 | LEKTION **33**

## entdecken
エントデッケン

**動** 発見する　[源] ent（離す）+ decken（かぶせる）→覆いを取る　[英] discover　[過分] entdeckt

Columbus entdeckte Amerika.
コロンブスがアメリカを発見した。

［関連］die Entdeckung　発見

## schmelzen
シュメルツェン

**動**（完h/s）**溶ける**　[過／過分] schmolz, geschmolzen　[英] melt

Quecksilber schmilzt bei –38 Grad.
水銀は零下38度で溶ける。

［関連］der Schmelzpunkt　融解点

## her|stellen
ヘーアシュテレン

**分** 製造する　[源] her（仕上げて）+ stellen（置く）　[過分] hergestellt

Seine Firma hat Autos hergestellt.
彼の会社は自動車を製造していた。

［関連］der Hersteller　製造者

## die Manufaktur
ディー　マヌファクトゥーア

**女** 製作所　＊英語のmanufactureは「製品」の意味です。

In einer Manufaktur werden Produkte in Handarbeit hergestellt.
製作所では手作業で製品が製造される。

［関連］die Fabrik　工場

## ein|sperren
アインシュペレン

**分** 監禁する　[源] ein（中に）+ sperren（閉鎖する）　[過分] eingesperrt

Er wurde in ein kleines Zimmer eingesperrt.
彼は小さい部屋に監禁された。

［関連］sperren　（道路などを）閉鎖する

### 合わせて覚えよう

| | | |
|---|---|---|
| **die Drehscheibe**　ディー　ドレーシャイベ | **女** 回転盤 | [源] dreh(en)（回る）+ Scheibe（盤） |
| **handgemalt**　ハントゲマールト | **形** 手で描かれた | [英] hand-painted |
| **die Mühle**　ディー　ミューレ | **女** 製粉機 | [英] mill |
| **der Ofen**　デア　オーフェン | **男** 釜 | [英] oven |
| **der Porzellanmaler**　デア　ポルツェラーンマーラー | **男** 磁器画家 | |

PART **3**　ドイツ文化

## LEKTION 34　Sagen über Hexen aus dem Harz-Gebirge

# ハルツの魔女伝説

**CD** A68

❶ Aus der Gegend des Harz-Gebirges sind zahlreiche Sagen über Hexen überliefert.
❷ In der Walpurgisnacht am 30. April sollen sich die Hexen, die auf einem Besen reiten, auf dem Hexentanzplatz versammeln.
❸ Dann findet dort ein dämonisches Fest statt.
❹ Sie singen unheimliche Lieder und trinken einen Zaubertrank.
❺ Sie tanzen die ganze Nacht hindurch.
❻ Auch ein Zauberkraft-Wettbewerb wird veranstaltet.
❼ Zudem bringen sie dem Teufel Opfer.

## ❗ 重要事項

☐☐ ※1 **sind ... überliefert**
　　sind + überliefert（他動詞の過去分詞）なので、状態受動の「伝承されている」の意味になります。

☐☐ ※2 **sollen**
　　普通sollenは他者からの強制「～すべきだ」を表しますが、ここでは疑わしい主張「～といわれている」「～だそうだ」を表します。

☐☐ ※3 **Hexen, die ... reiten**
　　die は Hexen にかかる複数1格の関係代名詞です。

☐☐ ※4 **findet ... statt**
　　分離動詞のstattfinden「催される」です。催されることが主語になる自動詞です。

ハルツの魔女伝説 LEKTION **34**

CD **A**
**68-69**

### ▶▶ 全訳

❶ ハルツ山脈の地域から数多くの魔女に関する伝説が伝承されています。

❷ 4月30日のヴァルプルギスの夜にほうきにまたがった魔女たちは魔女踊り広場に集まるといわれています。

❸ その後、そこでは魔的な宴会が催されます。

❹ 彼女たちは不気味な歌を歌い、魔法の飲み物を飲みます。

❺ 彼女たちは一晩じゅう踊ります。

❻ 魔法のコンテストも開かれます。

❼ そのうえ、彼女たちは悪魔にいけにえをささげます。

PART **3** ドイツ文化

### コラム 魔女伝説の地、ハルツ地方のターレ市

ターレ（Thale）市の近くには魔女伝説にまつわる名所が数多くあります。ロープウェイに乗って山頂に登ると、荒涼としたハルツ山地の風景が広がります。頂上にはヴァルプルギスホールや魔女踊り広場などがあり、子供を連れた家族がピクニックを楽しみます。この同じ場所で、実際に魔女の火あぶりが行われていたのです。いかに中世が暗黒時代であったかが分かります。

## CD A69

### die Sage
ディー　ザーゲ
**女**伝説　**英** saga

☐☐ Brentano hat alte Sagen gesammelt.
ブレンターノは古い伝説を集めた。

[関連] sagenhaft　伝説のような

### die Hexe
ディー　ヘクセ
**女**魔女　**英** hag

☐☐ Die Hexen können fliegen.
魔女は空を飛ぶことができます。

[関連] der Hexenschuss　ぎっくり腰

### überliefern
ユーバーリーファーン
**動**伝承する　**源** über〔(時を) 越えて〕+ liefern（引き渡す）　**過分** überliefert

☐☐ Diese Fabel ist mündlich überliefert.
この寓話は口伝えで伝承された。

[関連] die Überlieferung　伝承

### sollen
ゾレン
**助**～といわれている

☐☐ Sie soll sehr reich sein.
彼女はとても金持ちだそうだ。

＊sollenにはいろいろな意味があるので注意しましょう。

### der Besen
デア　ベーゼン
**男**ほうき　**英** besom

☐☐ Sie fegt die Küche mit dem Besen.
台所をほうきで掃く。

[関連] die Besenkammer　物置

### reiten
ライテン
**動**(完 h/s) またがる　**過／過分** ritt, geritten　**英** ride

☐☐ Sie reitet auf einem Pferd.
彼女は馬にまたがっている。

[関連] der Reiter　騎手

### versammeln (sich)
フェアザンメルン
**動**集まる　**源** ver（強意）+ sammeln（集まる）　**過分** versammelt

☐☐ Viele Schaulustige versammeln sich um ihn.
多くの見物人が彼の周りに集まる。

[関連] die Versammlung　集会

ハルツの魔女伝説 | LEKTION **34**

## dämonisch
デモーニッシュ

形 魔的な　源 Dämon（悪魔）+ isch（形）
英 demonic

☐☐ Die Hexen üben dämonische Kräfte aus.
魔女たちは魔的な力を使う。

[関連] der Dämon　悪魔

## unheimlich
ウンハイムリヒ

形 不気味な　源 un（非）+ heim（自宅で）+ lich（形）
＊本来はなじみがないという意味。

☐☐ Er erzählt uns eine unheimliche Geschichte.
彼は私たちに不気味な話を語った。

[関連] gruselig　ぞっとするような

## der Zauber
デア　ツァオバー

男 魔法

☐☐ Er wusste nicht, wie man den Zauber löst.
彼はどうやって魔法を解くか知らなかった。

[別] 魅力

## der Teufel
デア　トイフェル

男 悪魔　英 devil（d→t）
ラテン語 diabolus

☐☐ Wir müssen den Teufel austreiben.
悪魔を追い払わなければならない。

[関連] der Teufelskreis　悪循環

## das Opfer
ダス　オプファー

中 いけにえ

☐☐ Früher hat man Menschen als Opfer dargebracht.
以前は人間をいけにえとしてささげた。

[別] 犠牲者

### 合わせて覚えよう

| | |
|---|---|
| **der Aberglaube**<br>デア　アーバーグラオベ | 男 迷信　源 aber（間違った）+ Glaube（信仰） |
| **heidnisch**<br>ハイドニッシュ | 形 異教的な　英 heathenish |
| **die Hexenverbrennung**<br>ディー　ヘクセンフェアブレヌング | 女 魔女の火あぶり　源 ver（消滅）+ brennen（燃やす）+ ung（名） |
| **die Legende**<br>ディー　レゲンデ | 女 （奇跡についての）伝説　英 legend |
| **der Satan**<br>デア　ザータン | 男 サタン　英 Satan |

# Part 3 チェックテスト

CHECK TEST

## A ドイツ語の単語を日本語に訳してみましょう。

1. entdecken _____
2. herstellen _____
3. der Sammler _____
4. die Hexe _____
5. der Zauber _____
6. feiern _____
7. die Hoffnung _____
8. das Fleisch _____
9. der Verein _____
10. die Geschichte _____

## B 日本語に当てはまるドイツ語を書いてみましょう。

1. 情熱的な _____
2. 焼く _____
3. 集まる _____
4. 悪魔 _____
5. お城 _____
6. 料理 _____
7. はてしない _____
8. 十字架 _____
9. レストラン _____
10. 会員 _____

---

### 解答

**A** 1. 発見する 2. 製造する 3. コレクター 4. 魔女 5. 魔法 6. 祝う 7. 希望 8. 肉 9. クラブ 10. 歴史

**B** 1. leidenschaftlich 2. brennen 3. sich versammeln 4. der Teufel 5. das Schloss 6. das Gericht 7. unendlich 8. das Kreuz 9. das Restaurant 10. das Mitglied

## PART 4
# 文学・音楽

| | | |
|---|---|---|
| Lektion 35 | グリム童話『赤ずきん』 | 154 |
| Lektion 36 | グリム童話『カエルの王様』 | 158 |
| Lektion 37 | グリム童話『ブレーメンの音楽隊』 | 162 |
| Lektion 38 | ヨハンナ・シュピリ『ハイジ』 | 166 |
| Lektion 39 | フランツ・カフカ『変身』 | 170 |
| Lektion 40 | 野ばら | 174 |
| Lektion 41 | ローレライ | 178 |
| Lektion 42 | 君を愛す | 182 |
| Lektion 43 | 魔　王 | 186 |
| Lektion 44 | 歓喜に寄す | 190 |

## LEKTION 35 „Rotkäppchen"

# グリム童話『赤ずきん』

**CD B02**

❶ Da lag die Großmutter und hatte die **Haube** tief ins Gesicht gesetzt, und **sah** so **wunderlich aus**.

❷ „Ei, Großmutter, was hast du für große **Ohren**!" „Dass ich dich
　　　　　　　　　※1　　　　　※1　　　　　　※2
**besser** hören kann."

❸ „Was hast du für große **Augen**!" „Dass ich dich besser sehen kann."

❹ „Was hast du für große Hände." „Dass ich dich besser **packen** kann."

❺ „Aber Großmutter, was hast du für ein entsetzlich großes **Maul**!" „Dass ich dich besser **fressen** kann."

❻ Kaum hatte der **Wolf** das gesagt, so tat er einen Satz aus dem Bette
　　※3
und **verschlang** das **arme** Rotkäppchen.

### ❗ 重要事項

☐☐ ※1 **was ... für große Ohren**
　　ここでは「なんて～な」という感嘆文になります。

☐☐ ※2 **Dass ...**
　　接続詞dassは普通「～と（that）」の意味ですが、ここでは「～するために」と目的の意味で使われています。

☐☐ ※3 **Kaum hatte der Wolf das gesagt**
　　副詞kaum「ほとんど～ない」を前に出した文の形で「～するやいなや」という意味です。

グリム童話『赤ずきん』 LEKTION **35**

◎ CD B
02-03

### ▶▶ 全訳

❶ そこにはおばあさんが横たわり、頭巾を顔まで深々とかぶっており、とても奇妙に見えました。

❷ 赤:「あら、おばあさん、なんて大きな耳を持っているんでしょう!」
オ:「おまえの声をもっとよく聞けるようにね」

❸ 赤:「なんて大きな目を持っているんでしょう!」 オ:「おまえをもっとよく見ることができるようにね」

❹ 赤:「なんて大きな手を持っているんでしょう!」 オ:「おまえをもっとよくつかめるように」

❺ 赤:「でもおばあさん、なんて恐ろしく大きな口を持っているんでしょう!」 オ:「おまえをもっとよく食えるようにさ」

❻ オオカミはこう言うやいなや、一瞬にしてベッドから飛び出して、かわいそうな赤ずきんを飲み込んでしまいました。

**コラム** 赤ずきんちゃんの秘密

『赤ずきん Das Rotkäppchen』はグリム童話の中の代表的な話ですが、実はこの主人公の女の子、ごく初期には、赤いずきんをかぶっていなかったようです。童話が語り継がれる途中で、女の子をより印象深くするためにかぶせた赤ずきんが、いつの間にかこの物語のシンボルマークとなりました。メルヘンとは口伝えに語り継がれるもの。歳月を経て少しずつ変化していくものなのでしょう。

PART **4** 文学・音楽

## die Haube
ティー　ハオベ

**女**頭巾

Die Tochter nahm die Haube ab.
その娘は頭巾を脱ぎました。

[関連] der Hut　帽子

## aus|sehen
アオスゼーエン

**分**〜のように見える

源 aus（外へ）+ sehen（見る）
過／過分 sah...aus, ausgesehen

Er sieht gesund aus.
彼は健康そうに見えます。

[同] scheinen

## wunderlich
ヴンダーリヒ

**形**奇妙に

源 Wunder（奇跡）+ lich（形）
英 wondrous

Seine Kleidung war wunderlich.
彼の服は妙でした。

[関連] wunderbar　素晴らしい

## das Ohr
ダス　オーア

**中**耳　英 ear

Der Hund hat lange Ohren.
その犬は長い耳を持っています。

[関連] der Mund　口（くち）　die Nase　鼻

## besser
ベッサー

**形**もっとよく　英 better

Er spricht besser Deutsch als sie.
彼は彼女よりもうまくドイツ語を話します。

[反] schlechter　より悪い

## das Auge
ダス　アオゲ

**中**目　英 eye

Sie hat blaue Augen.
彼女は青い目を持っています。

[関連] große Augen machen　驚いて目を丸くする

## packen
パッケン

**動**つかむ　英 pack

Er packt sie am Arm.
彼は彼女の腕をぐっとつかむ。

[別] 詰める

グリム童話『赤ずきん』 | LEKTION **35**

## das Maul
ダス　マオル
中（動物の）口

Der Löwe machte sein Maul auf.
そのライオンは口を大きく開けました。
[関連] der Schwanz　しっぽ

## fressen
フレッセン
動（動物が）食べる　過/過分 fraß, gefressen

Der Hund frisst heute nicht so viel.
その犬は今日あまりたくさんえさを食べません。
[関連] das Futter　えさ　die Nahrung　食料

## der Wolf
デア　ヴォルフ
男オオカミ　英 wolf

Wölfe sind in der Fabel meistens böse.
寓話の中のオオカミは大抵悪者です。
[関連] ein Wolf im Schafspelz　羊の皮をかぶったオオカミ

## verschlingen
フェアシュリンゲン
動飲み込む　源 ver（強意）+ schlingen（飲み込む）
過/過分 verschlang, verschlungen

Die Schlange verschlang ein Ei.
その蛇は卵を飲み込んでしまいました。
[別] 絡み合わせる

## arm
アルム
形かわいそうな　＊英語のarmは「腕」です。

Das arme Mädchen verlor die Mutter.
そのかわいそうな少女はお母さんを失ってしまいました。
[別] 貧しい

### 合わせて覚えよう

| | |
|---|---|
| gehorsam<br>ゲホーアザーム | 形従順な |
| der Jäger<br>デア イェーガー | 男狩人 |
| listig<br>リスティヒ | 形ずる賢い　＊英語のlistは「表、リスト」です。 |
| schlucken<br>シュルッケン | 動飲み込む |
| wild<br>ヴィルト | 形野生の　英 wild |

PART 4　文学・音楽

## LEKTION 36 „Der Froschkönig"

# グリム童話『カエルの王様』

**CD** B04

① Als die Königs**tochter** im Bette lag, kam der **Frosch gekrochen**
　※1
und sprach: „Ich will schlafen so gut wie du."
　　　　　　　　　　　　　　　※2
② „Heb mich hinauf, oder ich sag's deinem Vater!"
　　※3　　　　　※4
③ Da wurde sie sehr **böse**, holte ihn **herauf** und **warf** ihn gegen die Wand. „Du, **garstiger** Frosch!" ‚sagte sie.
④ Als er aber **herabfiel**, war er ein Königs**sohn** mit schönen **freundlichen** Augen.
⑤ Er erzählte ihr, er wäre von einer bösen Hexe verwünscht worden, und
　　　　　　　　　　※5　　　　　　　　　　　　　　※5
niemand hätte ihn aus dem Brunnen **erlösen** können als sie allein.
　　　※5　　　　　　　　　※5
⑥ Am nächsten Tag gingen sie **zusammen** in sein Reich.

## ❗ 重要事項

☐☐ ※1 **als**
　　alsは従属接続詞。過去を表す文を伴って「〜したとき」という意味になります。
☐☐ ※2 **so gut wie du**
　　so 〜 wie … の構文で、「…と同じくらい〜」という意味です。
☐☐ ※3 **Heb mich hinauf**
　　duに対する命令形で、「ここから上へ私を持ち上げてくれ」という意味です。
☐☐ ※4 **oder**
　　oder「あるいは」は、命令文に続くときは「そうでなければ」となります。
☐☐ ※5 **wäre ... verwünscht worden, hätte ... erlösen können**
　　間接話法には、普通は接続法１式を使いますが、会話調の文章では２式を使います。ほかの誰かが過去に言った内容を伝える間接話法です。

グリム童話『カエルの王様』 LEKTION **36**

◎ CD B
04-05

### ▶▶ 全訳

❶ 王女様がベッドに寝ていたとき、カエルがはってやってきて言いました、「僕もおまえのようにいいところで眠ることにしよう」。
❷ 「僕を持ち上げてくれ、そうしなければおまえの父上に言ってしまうよ」。
❸ すると彼女はすっかり腹を立てて、彼をつかみ上げて、壁に投げつけました。「醜いカエルのくせに！」と彼女は言いました。
❹ しかしカエルが落ちてきたとき、美しく優しそうな目をした王子様がいました。
❺ 彼は彼女に、自分はある悪い魔女に魔法をかけられて、彼女以外だれも自分をあの泉から解放することができなかったのだ、と語りました。
❻ 次の日、彼らは一緒に彼の国に行きました。

PART 4 文学・音楽

コラム グリム兄弟について

『カエルの王様』、『ヘンゼルとグレーテル』など、日本でもおなじみの童話の多くは、ヤーコプとヴィルヘルムのグリム兄弟が集めた中部ドイツの民話などがもとになっています。彼らの初めての本『子供と家庭のための童話集』がドイツで出版されたのは1830年。明治時代に訳されたこの童話集が広まり、グリムの童話は日本の家庭になくてはならないものになりました。グリム兄弟は後に大学で教鞭を執りましたが、童話の分野以外でも、初のドイツ語辞典などを編纂した学者でもありました。

## die Tochter
ディー トホター
女娘　英 daughter

Der Mann hat eine Tochter.
その男性には娘が1人います。

[関連] die Schwiegertochter　義理の娘

## der Frosch
デア フロッシュ
男カエル　英 frog

Der Flosch sprang in den Brunnen.
そのカエルは泉の中へ飛び込みました。

[関連] die Eidechse　トカゲ

## kriechen
クリーヒェン
動 (完s) はって進む　過/過分 kroch, gekrochen
英 creep

Soldaten kriechen auf dem Bauch.
兵士たちはほふく前進しています。

[別] へつらう、こびる

## böse
ベーゼ
形 怒っている　英 bad

Die Königin war böse und neidisch.
その女王様は意地悪でねたみ深い人でした。

[反] gut　よい

## herauf
ヘラオフ
副 こちらの上に

Er holte einen guten Wein herauf.
彼はよいワインを下から持ってきました。

＊heraufは動詞と結びついて分離動詞を作ります。

## werfen
ヴェルフェン
動 投げる　過/過分 warf, geworfen

Die Braut warf den Blumenstrauß.
新婦は花束を投げました。

[関連] schmeißen　投げつける

## garstig
ガルスティヒ
形 醜い

Die garstige Hexe schenkte ihr einen giftigen Apfel.
その醜い魔女は彼女に毒りんごをプレゼントしました。

[別] 無作法な

グリム童話『カエルの王様』 LEKTION **36**

## herabfallen
ヘラップファレン

分(完s) 落ちてくる　源 herab（下へ）+ fallen（落ちる）
過／過分 fielherab, herabgefallen

Die Äpfel fallen von dem Baum herab.
リンゴは木から落ちてきました。

＊herは「こちらに」を意味し、abは「下に」を意味します。

## der Sohn
デア　ゾーン

男 息子　英 son

Sein Sohn arbeitet schon.
彼の息子はもう働いています。

[関連] der verlorene Sohn　ほうとう息子

## freundlich
フロイントリヒ

形 優しそうな　源 Freund（友人）+ lich（形）
英 friendly

Die Dame macht eine freundliche Miene.
彼女は優しそうな表情をしていました。

[反] feindlich　敵対している

## erlösen
エアレーゼン

動 解放する　源 er（到達）+ lösen（解く）

Der Gefangene wurde endlich erlöst.
その捕虜はやっと解放されました。

[関連] auflösen　解く

## zusammen
ツザンメン

副 一緒に　英 together

Sie reist mit den Eltern zusammen nach Japan.
彼女は両親とともに日本へ旅行します。

[反] getrennt　分離して

### 合わせて覚えよう

| | | |
|---|---|---|
| der Fluch<br>デア　フルーフ | 男 のろい | |
| das Glück<br>ダス　グリュック | 中 幸福 | |
| hässlich<br>ヘスリヒ | 形 醜い | |
| heiraten<br>ハイラーテン | 動 結婚する | |
| das Königreich<br>ダス　ケーニックライヒ | 中 王国 | |

PART 4　文学・音楽

## LEKTION 37 „Die Bremer Stadtmusikanten"

# グリム童話『ブレーメンの音楽隊』

**CD B06**

❶ Die Tiere sahen schönes Essen und Trinken, und Räuber saßen wohl am Tisch.

❷ Da ratschlagten die Tiere, wie sie es anfangen müssten, um die Räuber hinauszujagen.
※1 ※2

❸ Dann legte der Esel seine Vorderfüße auf das Fenster, der Hund sprang auf des Esels Rücken, die Katze kletterte auf den Hund, und der Hahn flog auf die Katze.
※3

❹ Sie fingen dann an ihre Musik zu machen.

❺ Der Esel schrie, der Hund bellte, die Katze miaute, und der Hahn krähte.

❻ Die Räuber flohen bei dem entsetzlichen Geschrei in den Wald hinaus.

### ❗ 重要事項

□□ ※1 **wie sie es anfangen müssten**
ratschlagenの目的語としての副文。müssenは現在形と接続法１式が同形なので、間接話法であることを示すため、接続法２式müsstenを使います。

□□ ※2 **um die Räuber hinauszujagen**
「どろぼうたちを追い払うために」の意味。um＋zu不定詞句で「～するために」です。

□□ ※3 **auf des Esels Rücken**
des EselsはRücken「背中」にかかる２格の名詞。２格は通常、名詞の後ろにきますが、例外的に名詞の前にくることもあります。「ロバの背中の上へ」という意味。

グリム童話『ブレーメンの音楽隊』 LEKTION **37**

CD **B**
06-07

## ▶▶ 全訳

❶ 動物たちはおいしそうな食べ物や飲み物を見ました。そして、どろぼうたちが居心地よさそうにテーブルについていました。
❷ そこで動物たちはどろぼうたちを追い払うためにどう事を始めなければならないかと相談しました。
❸ そこで、ロバは前足を窓に掛け、そのロバの背中に犬が跳び上がり、その犬の上に猫がよじ登り、その猫の上にオンドリが飛び乗りました。
❹ 彼らはそれから音楽を奏で始めました。
❺ ロバは叫び、犬はほえ、猫は鳴き、オンドリはかん高い声を出しました。
❻ どろぼうたちは恐ろしい叫び声のために、家をとび出して森の中へと逃げ去っていきました。

### コラム メルヘン街道はグリム童話街道

グリム兄弟がメルヘンを集めた町をつないだ観光ルートをメルヘン街道 die Märchenstraße と呼びます。兄弟の生まれ故郷、中部ドイツの小都市ハーナウ Hanau を出発し、マールブルク Marburg やカッセル Kassel を北上し、ブレーメンへと至る道々には古い町並みや雑木林が点在し、メルヘンの世界に入り込んだような気持ちになります。ゲッティンゲン Göttingen では「ガチョウ少女の像」と「ブレーメンの音楽隊像」が、愛くるしい姿で私たちを迎えてくれます。

## das Tier
ダス ティーア
中 動物

Sie liebt Tiere.
彼女は動物が好きです。
[関連] ein Tier sein （比喩）粗野な人間だ

## der Räuber
デア ロイバー
男 どろぼう　源 rauben（奪い取る）+ er（人）
英 robber

Der Räuber wurde festgenommen.
その強盗は逮捕されました。
[関連] die Gewalt　暴力　der Mord　殺人

## ratschlagen
ラートシュラーゲン
動 相談する　源 Ratschlag（助言）+ en（動）

Sie ratschlagten miteinander, wie sie ihm helfen können.
彼らはどうすれば彼を助けられるかと相談しました。
[同] beratschlagen

## jagen
ヤーゲン
動（完 h/s）追い立てる

Er ging in den Wald Hirsche jagen.
彼はシカ狩りに森へ行きました。
[関連] fangen　捕らえる　verfolgen　追う

## der Esel
デア エーゼル
男 ロバ

Der Bauer hatte einen alten Esel.
その農夫は1頭の年老いたロバを飼っていました。
[別] 薄のろ

## springen
シュプリンゲン
動（完 s）跳ぶ　過/過分 sprang, gesprungen
英 spring

Er ist auf die Bühne gesprungen.
彼は舞台の上へ跳び上がりました。
[関連] der Sprung　ジャンプ

## klettern
クレッターン
動（完 s）よじ登る

Er kletterte den steilen Abhang hinauf.
彼はこの急ながけをよじ登りました。
[関連] aufsteigen　登る

グリム童話『ブレーメンの音楽隊』 LEKTION **37**

## der Hahn
デア　ハーン

男 オンドリ

Der Hahn kräht laut.
オンドリがうるさく鳴いています。
[関連] das Huhn　鶏

## schreien
シュライエン

動 叫ぶ　過/過分 schrie, geschrien
英 scream

Das Kind schrie vor Angst.
その子供は不安のあまり叫び声を上げました。
[反] flüstern　ささやく

## bellen
ベレン

動 吠える

Der Hund bellt immer.
犬はいつも吠えるのです。
[関連] jaulen　細い声を上げる　beißen　かむ

## fliehen
フリーエン

動 (完s) 逃げる　過/過分 floh, geflohen

Der Täter floh ins Ausland.
犯人は外国に逃げた。
[関連] flüchten　逃亡する

## der Wald
デア　ヴァルト

男 森

Im Wald wohnte ein Jäger.
森の中に1人の狩人が住んでいました。
[別] 林

### 合わせて覚えよう

| | |
|---|---|
| der Geselle<br>デア　ゲゼレ | 男 仲間 |
| das Gespenst<br>ダス　ゲシュペンスト | 中 幽霊 |
| der Hauptmann<br>デア　ハオプトマン | 男 首領 |
| kratzen<br>クラッツェン | 動 引っかく |
| die Stube<br>ディー　シュトゥーベ | 女 居間 |

## LEKTION 38 Johanna Spiri: „Heidis Wanderjahre"

# ヨハンナ・シュピリ『ハイジ』

**CD** B08

❶ So **kam** der Abend **heran**.

❷ Es fing stärker an zu rauschen in den alten Tannen. Ein **mächtiger**
※1
Wind fuhr daher und sauste durch die **dichten Wipfel.**

❸ Das tönte Heidi so schön, und sie wurde ganz fröhlich darüber und
※2
**hüpfte** unter den **Tannnen** umher, als hätte sie eine **unerhörte**
※3
Freude erlebt.

❹ Der Großvater stand unter der Schopftür und **schaute** dem Kind **zu**.

❺ Jetzt ertönte ein **schriller Pfiff**.

❻ Von oben herunter kamen **Ziegen**, und **mittendrin** der Peter.

## ! 重要事項

☐☐ ※1 **Es**
形式主語esは、その後のzu不定詞句「モミの木々の間でざわざわと音がする」を受けます。動詞はanfangen「始まる」の過去形fing ... an。

☐☐ ※2 **Das tönte Heidi**
dasは木々の間から聞こえてくる風の音を指しており、「それが」と訳します。tönenは3格の名詞Heidiを伴って「〜の耳に響く」という意味になります。

☐☐ ※3 **als hätte sie eine unerhörte Freude erlebt**
接続法2式の過去を用いた非現実話法の構文。als obは「まるで〜のように」という従属接続詞の文章です。通常、定動詞（この場合はhätte）は後置されますが、obを省くと動詞が前に移動します。

ヨハンナ・シュピリ『ハイジ』 LEKTION **38**

CD **B**
08-09

### ▶▶ 全訳

❶ そうして夜がやってきました。

❷ 古いモミの木々の間ではざわざわという音が一層強くなり始め、強力な風が吹いてきて、葉の茂った木々の先端を音を立てました。

❸ それはハイジにとても素晴らしい音に聞こえたので、彼女はそのことにとても嬉しくなり、まるで途方もないこの喜びを体験したかのように、モミの木の下を飛び跳ね回っていました。

❹ おじいさんは屋根のドアの下に立ち、子供の様子を見ていました。

❺ そこにけたたましいピーという音が響きました。

❻ 上から羊たちが下りてきました、その真ん中にはあのペーターがいました。

### コラム　壮大な景色が味わえる登山鉄道の旅

スイスやオーストリアでもドイツ語は話されています。映画「サウンド・オブ・ミュージック」や『ハイジ』の世界に見られるような、壮大で美しい景色を味わいながら、ドイツ語を使って登山鉄道の旅をするのもいいでしょう。この辺りはペンションや長期滞在用ホテルのような長旅向けの施設が充実しています。景色をたんのうしながらのトレッキング、ケーブルカーや蒸気機関車での旅も楽しいもの。日本人の比較的少ない、穴場のルートです。

**CD B09**

## heran|kommen
ヘランコメン

分 (完s) やってくる　源 heran（こちらへ）+ kommen（来る）
過／過分 kamheran, herangekommen

Der Polizist kommt heran.
警官がやってきます。

[関連] hingehen （ある所へ）行く

## mächtig
メヒティッヒ

形 強力な　源 Macht（力）+ ig（形）

Diese Waffe ist mächtig.
その武器は威力があります。

[関連] kräftig　力強い

## dicht
ディヒト

形 密集した　英 thick（ドイツ語では th が d に変化）

Er wurde im dichten Verkehr nervös.
彼は交通の込みように神経質になりました。

＊本文では「葉が密集した」の意味で使われています。

## der Wipfel
デア　ヴィプフェル

男 （木の）先端

Ein Vogel flog auf den Wipfel des Baums.
鳥が1羽木の先端に飛んできました。

[関連] der Baum　木

## hüpfen
フュプフェン

動 (完s) 飛び跳ねる

Die Kinder hüpfen über Pfützen.
子供たちは水たまりの上を飛び跳ねている。

[関連] der Grashüpfer　キリギリス

## die Tanne
ディー　タンネ

女 モミの木

Unter der Tanne stand eine Hütte.
モミの木の下に、小屋が1軒立っていました。

[関連] der Stamm　幹　der Zweig　枝

## unerhört
ウンエアヘールト

形 途方もない　源 un（否定）+ erhört（erhören「聞き知る」の過去分詞形）

Das ist eine unerhörte Summe.
それは途方もない額です。

[同] ungeheuer

ヨハンナ・シュピリ『ハイジ』 | LEKTION **38**

## zu|schauen
ツーシャオエン

分 〜の様子を見る　源 zu（方向）＋schauen（見る）

☐☐ Sie schaute ihrem kranken Sohn zu.
彼女は病気の息子の様子を見ていました。

[関連] anschauen　じっと見る　das Schaufenster　ショーウインドー

## schrill
シュリル

形 けたたましい　英 shrill

☐☐ Sie lachte schrill.
彼女はけたたましく笑いました。

[関連] leise　静かに　stumm　無言の

## der Pfiff
デア　プフィフ

男 ピーという音

☐☐ Auf einen Pfiff rennt der Hund zurück.
ピーという音を合図に犬が走って戻ってきます。

[関連] pfeifen　口笛を鳴らす

## die Ziege
ディー　ツィーゲ

女 ヤギ

☐☐ Die Ziege bekam 6 Zicklein.
そのヤギは6匹の子ヤギを授かりました。

[関連] der Hirt　羊飼い

## mittendrin
ミッテンドリン

副 真ん中に　源 mitten（真ん中に）＋drin（中に）

☐☐ Unter den Frauen stand mittendrin der Sänger.
女性たちの真ん中に、その歌手が立っていました。

[同] in der Mitte

### 合わせて覚えよう

| der Bauer<br>デア　バオアー | 男 農夫 |
| --- | --- |
| die Birke<br>ディー　ビルケ | 女 シラカバの木　英 birch |
| die Hütte<br>ディー　ヒュッテ | 女 小屋 |
| die Kuh<br>ディー　クー | 女 牛 |
| der Stadel<br>デア　シュターデル | 男 家畜小屋 |

PART 4　文学・音楽

## LEKTION 39 　Franz Kafka:„Die Verwandlung"

# フランツ・カフカ『変身』

**CD** B10

❶ Als Gregor Samsa eines Morgens aus **unruhigen Träumen erwachte**, fand er sich in seinem Bett zu einem **ungeheueren** Ungeziefer verwandelt.
※1　　　　　　　　　　　　　　　　※2　　　　　　　　　　　※2

❷ Er lag auf seinem **panzer**artig harten **Rücken** und sah seinen gewölbten, braunen **Bauch**.
※3

❸ Seine vielen dünnen Beine flimmerten ihm hilflos vor den Augen.
　　　　　　　　　　　　　　　　　　　※4　　　　※4

❹ „Was ist mit mir **geschehen**?", **dachte** er.

❺ Es war kein Traum.

❻ Sein **Zimmer**, ein richtiges, nur etwas zu kleines Menschenzimmer, lag ruhig zwischen den vier **wohlbekannten Wänden**.

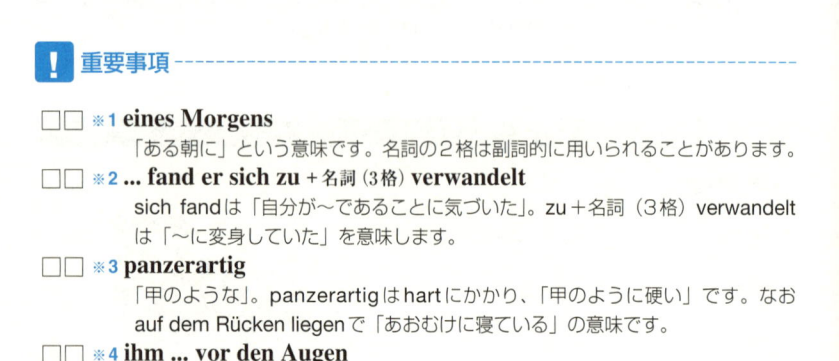

## ! 重要事項

☐☐ **※1 eines Morgens**
　　「ある朝に」という意味です。名詞の2格は副詞的に用いられることがあります。

☐☐ **※2 ... fand er sich zu + 名詞（3格）verwandelt**
　　sich fandは「自分が〜であることに気づいた」。zu＋名詞（3格）verwandeltは「〜に変身していた」を意味します。

☐☐ **※3 panzerartig**
　　「甲のような」。panzerartigはhartにかかり、「甲のように硬い」です。なおauf dem Rücken liegenで「あおむけに寝ている」の意味です。

☐☐ **※4 ihm ... vor den Augen**
　　このihmは付属を表す3格です。後のvor den Augenと結びついて「彼の目の前で」の意味です。

フランツ・カフカ『変身』 | LEKTION **39**

◎CD **B**
**10-11**

### ▶▶ 全訳

❶ ある朝、グレゴール・ザムザが落ち着かない夢から目覚めたとき、自分がベッドの中で薄気味悪い虫に変身していることに気づきました。

❷ 彼は甲のように硬い背中の上であおむけに横たわり、丸まった茶色の腹が見えていました。

❸ たくさんの細い足は彼の目の前で、無力にゆらめいていました。

❹ 「私に何が起こったのか？」と彼は考えました。

❺ それは夢ではありませんでした。

❻ 彼の部屋、幾らか小さすぎるものの、きちんとした人間の部屋は、よく知られた4面の壁に囲まれて静かに横たわっていました。

---

**コラム** お勧めの現代ドイツ小説

ドイツの作家といえば、ゲーテ Wolfgang Goethe とシラー Friedrich Schiller、少し時代が下がったところではカフカ Franz Kafka やヘッセ Hesse など、日本人にもおなじみの作家がたくさんいます。こうした有名な作家だけでなく、現代作家の作品の中にも日本語に訳されて話題になっているものがあります。ドイツの戦争の歴史を背景にした、悲しくも美しい小説『朗読者 Der Vorleser』はお勧めですし、ミステリアスな小説『香水 Perfüm』も読み応えのある作品です。小説を通してドイツを知るのもまた面白いものです。

## der Traum
デア　トラオム
男 夢

Ich hatte einen schrecklichen Traum.
私は恐ろしい夢を見た。

[関連] träumen　夢を見る

## unruhig
ウンルーイヒ
形 落ち着かない　　源 un（否定）+ ruhig（穏やかな）

Er spürte eine unruhige Stimmung.
彼は不穏な雰囲気を感じていました。

[反] ruhig　穏やかな

## erwachen
エアヴァッヘン
動 (完s) 目覚める　　源 er（動）+ wach（目が覚めている）+ en（動）
英 awake

Er erwachte früh morgens.
彼は朝早く目覚めました。

[関連] aufstehen　起床する　der Wecker　目覚まし時計

## ungeheuer
ウンゲホイアー
形 薄気味悪い　　源 un（否定）+ geheuer（なじんだ）

Sie hat ungeheuere Schmerzen.
彼女は途方もない痛みを感じました。

[関連] das Ungeheuer　怪物

## der Panzer
デア　パンツァー
男 甲

Der Panzer der Schildkröte ist hart.
カメの甲はかたい。

[別] 戦車

## der Rücken
デア　リュッケン
男 背中

Sie können den Rücken anlehnen.
あなたは背中をもたれさせることができます。

[関連] hinter seinem Rücken　彼に隠れて

## der Bauch
デア　バオホ
男 腹

Die Frau hat einen dicken Bauch.
その女性は大きなおなかをしています。

[関連] das Bein　足　die Hüfte　腰

フランツ・カフカ『変身』 | LEKTION 39

## geschehen
ゲシェーエン

動 (完s) 起こる　過/過分 geschah, geschehen

Etwas Entsetzliches wird bald geschehen.
何か恐ろしいことがやがて起こるだろう。

[同] passieren

## denken
デンケン

動 考える　過/過分 dachte, gedacht
英 think (ドイツ語ではthがdに変化)

Er muss logisch denken.
彼は論理的に考えなければなりません。

[関連] an＋名詞（4格）denken ～について思う

## das Zimmer
ダス　ツィンマー

中 部屋　英 room

Der Schüler kam ins Zimmer herein.
その生徒が部屋に入ってきました。

[関連] der Raum 空間　die Wohnung 住居

## wohlbekannt
ヴォールベカント

形 よく知られた　源 wohl（よい）＋bekannt（知られた）

Er hörte eine wohlbekannte Stimme.
彼は聞き覚えのある声を聞きました。

[反] fremd 未知の

## die Wand
ディー　ヴァント

女 壁　英 wall

Er hängt ein Bild an die Wand.
彼は絵を1枚壁に掛けます。

[関連] die Decke 天井

### 合わせて覚えよう

| | |
|---|---|
| der Alptraum<br>デア　アルプトラオム | 男 悪夢 |
| erschrecken<br>エアシュレッケン | 動 驚愕させる |
| das Insekt<br>ダス　インゼクト | 中 昆虫　英 insect |
| der Schmetterling<br>デア　シュメッターリング | 男 チョウ |
| der Wurm<br>デア　ヴルム | 男 ミミズ　英 worm |

PART 4　文学・音楽

## LEKTION 40　Heidenröslein : Johann Wolfgang Goethe

# 野ばら

**CD** B12

❶ <u>Sah ein Knab' ein Röslein stehn</u>, / Röslein auf der Heiden,
　※1
❷ War so jung und morgenschön, / Lief er schnell, es nah zu sehn,
　　　　　　　　　　　　　　　　　　　　　　　　　　　※2
　Sah's mit vielen Freuden.
❸ Röslein, Röslein, Röslein rot, / Röslein auf der Heiden.

❹ Knabe sprach : Ich breche dich, / Röslein auf der Heiden!
　　　　※3
❺ Röslein sprach : Ich steche dich, / Daß du ewig denkst an mich,
　　　　　　　　　　　　　　　　　　　　　　※4
　Und ich will's nicht leiden.
❻ Röslein, Röslein, Röslein rot, / Röslein auf der Heiden.

---

**! 重要事項**

☐☐ ※1 **Sah ein Knab' ein Röslein stehn**
　文頭は、Ein Knabe sahの倒置されたもの。Sah（sehenの過去形）は、不定詞（ここではstehn = stehen）とともに使われており、「～が…するのを見た」という意味です。

☐☐ ※2 **...es nah zu sehn**（= sehen）
　このzu不定詞句は、目的を表していますが、結果的にも訳せます。「それ（ばら）を近くで見るために」あるいは「（急いで駆け寄り）近くでそれを見た」。

☐☐ ※3 **sprach**
　sprach < sprechen. ここでは「言葉を発する、言う」という意味で使われています（基本語彙の意味としては「話す」を取り上げました）。

☐☐ ※4 **Daß ...**
　ここでのdaß（新正書法ではdass）は、「～するために」という目的の意味を表します。

野ばら | LEKTION **40**

## ▶▶ 全訳

❶ 少年がばらが咲いているのを見た、／野辺のばらを、

❷ ばらは非常に若く朝のみずみずしさのように美しかった、／彼は近くで見るために、急いで駆け寄り、喜びに満ちてばらを見た。

❸ ばら、ばら、赤いばら、／野辺のばら。

❹ 少年は言った：君を折るよ、／野辺のばらよ！

❺ ばらは言った：私あなたを刺すわよ、／あなたが私のことをいつまでも忘れないように、（折られることを）我慢するつもりはありません。

❻ ばら、ばら、赤いばら、／野辺のばら。

### コラム 野ばらの誕生

『野ばら』はドイツの文豪ゲーテ（1749〜1832）の詩で、シューベルトやヴェルナーなどによる歌曲としても有名です。この詩はドイツの民謡（口頭で伝承された歌）をもとにしていますが、同時に、ゲーテ自身の苦い恋愛経験から生まれたものでもあります。シュトラースブルクの大学に在学中、21歳のゲーテは牧師の娘フリーデリケ・ブリオンと恋に落ちますが、やがて恋愛に縛られることを嫌い、彼女から去ります。この時の自責の念と苦悩は、この詩のみならず、のちの彼の様々な作品に通底するテーマとなりました。

**CD** B13

## sehen
ゼーエン

**動** 見る、見える  　過/過分 sah, gesehen　英 see

☐☐ Siehst du morgen den Film?
君は明日その映画を見るのかい。
[同] schauen

## das Röslein
ダス　レースライン

**中** 小さいバラ　源 Rös(e)（バラ）＋lein（縮小詞）

☐☐ ＊通常、バラは **女** die Rose（ディー ローゼ）で表す。
Eine rote Rose symbolisiert die Liebe.
赤いバラは愛を象徴する。　[関連] die Blüte （樹木・果樹の）花

## stehen
シュテーエン

**動** （立った状態で）ある、いる　過/過分 stand, gestanden　英 stand

☐☐ Die Weinflasche steht auf dem Tisch.
そのワインの瓶はテーブルの上にある。
[関連] liegen（横たわった状態で）ある、いる

## auf
アオフ

**前** ～の上に

☐☐ Er legte das Hemd auf das Sofa.
彼はそのシャツをソファーの上に置いた。
＊aufは3・4格支配の前置詞。3格と結びつけば「場所」を、4格と結びつけば「動作の方向」を表す。

## so
ゾー

**副** 非常に　英 so

☐☐ Heute bin ich so müde.
今日私は非常に疲れている。
[別] そのように

## jung
ユング

**形** 若い（若く）　英 young

☐☐ Seine Mutter sieht sehr jung aus.
彼の母は非常に若く見える。
＊sieht ... aus(<aus|sehen) は分離動詞。

## schnell
シュネル

**形** 速い
＊本文では「急いで、速く」という副詞的意味で用いられている。

☐☐ Ich muss schnell zum Bahnhof gehen.
私は急いで駅に行かなければならない。
[反] langsam　ゆっくり

176

野ばら | LEKTION **40**

## nahe
ナーエ

形 近い（近く） 英 near
＊本文では音節の関係で-eが落ちている。

☐☐ Das Hotel steht nahe am Strand.
そのホテルは浜辺の近くに建っている。

[反] fern 遠い

## rot
ロート

形 赤い 英 red

☐☐ Sie hatte rote Augen vom Weinen.
彼女は目を真っ赤に泣きはらしていた。（泣いたことにより真っ赤な目をしていた。）

[関連] das Rot 赤色

## sprechen
シュプレッヒェン

動 話す 過/過分 sprach, gesprochen 英 speak

☐☐ Er spricht fließend Deutsch.
彼はりゅうちょうにドイツ語を話す。

[関連] die Sprechstunde （相談のための）面会時間

## brechen
ブレッヒェン

動 折る 過/過分 brach, gebrochen 英 brake
＊「折れる」の意味のときは（完s）。

☐☐ Ihr Bruder brach einen Zweig vom Baum.
彼女の弟は木の枝を折り取った。

[別] （障害・限界などを）突破する

## wollen
ヴォレン

助 〜するつもりだ 過/過分 wollte, wollen（本動詞のときgewollt）

☐☐ Sie will Schauspielerin werden.
彼女は女優になろうと思っている。

＊英語のwillとは意味も発音も異なります。

### 合わせて覚えよう

| | |
|---|---|
| blühen<br>ブリューエン | 動 （花が）咲いている |
| die Blume<br>ディー ブルーメ | 女 花（草花） |
| können<br>ケンネン | 助 〜することができる 過/過分 konnte, können（本動詞gekonnt） 英 can |
| müssen<br>ミュッセン | 助 〜しなければならない 過/過分 musste, müssen（本動詞gemusst） 英 must |
| die Sprache<br>ディー シュプラーヘ | 女 言葉 |

PART 4 文学・音楽

## LEKTION 41　Lorelei : Heinrich Heine

# ローレライ

**CD** B14

❶ Ich weiß **nicht**, **was** soll es **bedeuten**, / **Daß** ich so traurig bin;
　※1　　　　　　　　　　　　　　　　※1
　Ein Märchen aus **alten** Zeiten, / Das kommt mir nicht aus dem **Sinn**.
　　　　　　　　　　　　　　　　※2

❷ Die **Luft** ist kühl und es dunkelt, / Und ruhig **fließt** der Rhein;

　Der Gipfel des Berges funkelt / Im Abendsonnenschein.

❸ Die **schönste** Jungfrau sitzet / **Dort** oben wunderbar, Ihr goldnes
　※3
　Geschmeide blitzet, / Sie kämmt ihr goldenes Haar.

❹ Sie kämmt es mit goldenem Kamme, / Und **singt** ein **Lied** dabei;

　Das hat eine wundersame, / Gewaltige Melodei.
　　　　　　　　　　　　　　　※4

---

### ❗ 重要事項

☐☐ ※1 **Ich weiß nicht, was soll es bedeuten, / Daß ich so traurig bin**
　　ここでは es = daß...bin. es は was 以下の疑問文中で1格（主語）として使われており、daß 以下を指しています。sollen は、ここでは疑念を表します。

☐☐ ※2 **Das kommt mir nicht aus dem Sinn.**
　　「それ（das Märchen aus alten Zeiten：昔からの伝説）が私の頭から離れない」という意味で、熟語的表現。人3格 aus dem Sinn kommen は「人3格の頭から離れる」という意味です。

☐☐ ※3 **Die schönste Jungfrau**
　　schönst は schön の最高級ですが、ここでは「極めて美しい」という意味です。schönste の -e は、形容詞の格語尾。

☐☐ ※4 **Melodei**
　　Melodie のことです。dabei と語尾をそろえる（韻を踏む）ために語尾が変えられています。

ローレイ | LEKTION 41

## ▶▶ 全訳

❶ 私には分からない、それが何を意味するのか、／私がこんなに悲しいということが；古い時代（昔）からの伝説が、／私の頭から離れない。

❷ 空気は冷たく日は暮れ、／ライン川は静かに流れる；
山の頂がまぶしく輝いている／夕日の光の中で。

❸ 極めて美しい乙女が座っている／あそこの上に素晴らしく、
金のアクセサリーが光を放ち、／彼女は金色の髪をとかしている。

❹ 彼女は髪を金のくしでとかし、／その時歌を歌う；
それは不思議な、／強力なメロディーを持っている。

### コラム　ローレライの伝説

ライン川はドイツ西部を流れる中央ヨーロッパ最大の河川です。ローレライは、語源的には「待ち伏せする岩」という意味で、ライン川右岸にそびえる岩のことです。また、そこに座って、不思議な歌の力で船乗りたちを惑わしたという美しい水の精のことでもあります。ライン川はこの岩の辺りで大きく曲がり、川幅も狭まり急流となります。そのため昔から事故が頻発し、この伝説が生まれたといわれています。
ブレンターノがこの言い伝えを物語にし、さらにハイネの詩にズィルヒャーが曲をつけることによって、有名になりました。

PART 4　文学・音楽

## nicht
ニヒト
副 ～ない　英 not

Mein Vater versteht mich nicht.
父は私を理解していない。
[関連] nicht mehr　もはや～ない

## was
ヴァス
疑代 何を、何が　英 what

Was machen Sie dieses Wochenende?
あなたは今週末何をしますか。
[関連] wer　だれが　wessen　だれの　wem　だれに　wen　だれを

## bedeuten
ベドイテン
動 意味する　源 be（強意）＋deuten（解釈する、意味する）
過分 bedeutet

Dieses Schild bedeutet "Parken verboten!"
この標識は「駐車禁止」を意味する。
[関連] die Bedeutung　意味

## dass
ダス
接 ～ということ　＊旧正書法ではdaß。
英 that（ドイツ語ではthがdに変化）

Sie weiß, dass er krank ist.
彼女は彼が病気だということを知っている。
[関連] so～, dass...　非常に～なので、…

## alt
アルト
形 古い　英 old

Ich lese gern alte Sagen.
私は古い伝説を読むのが好きだ。
[別] 年とった、～歳の

## der Sinn
デア　ズィン
男 意味

Er hat den Sinn meiner Worte nicht erfasst.
彼は私の言葉の意味（私が言っていること）を理解しなかった。　　[別] 感覚

＊本文中では「考え、意識」の意味ですが、「意味、感覚」を優先的に覚えることをお勧めします。

## die Luft
ディー　ルフト
女 空気

Ich möchte gern frische Luft atmen.
私は新鮮な空気を吸いたい。
[関連] der Wind　風

## ローレライ | LEKTION 41

### fließen
フリーセン
動 (完s) (川・液体などが) 流れる
過/過分 floss, geflossen
英 flow

Durch den Garten fließt ein Bach.
その庭園を（通って）小川が流れている。
[関連] der Fluss　川

### schön
シェーン
形 美しい

Seine Tochter hat schöne Augen.
彼の娘は美しい目をしている。
[関連] die Schönheit　美しさ

### dort
ドルト
副 あそこに（で）

Dort stand früher unser Haus.
あそこに以前私たちの家があった。
[関連] dort drüben　向こう側に

### singen
ズィンゲン
動 歌う
過/過分 sang, gesungen
英 sing

Er singt den ganzen Tag.
彼は一日中歌っている。
[関連] der Sänger　歌手（男性）　die Sängerin　歌手（女性）

### das Lied
ダス　リート
中 歌

Das Lied wird mehrstimmig gesungen.
その歌は混声で歌われる。
[関連] wird ... gesungen　歌われる（werden＋...過去分詞：受動態）

#### 合わせて覚えよう

| der Berg<br>デア　ベルク | 男 山 |
| --- | --- |
| das Haar<br>ダス　ハール | 中 髪　英 hair |
| kämmen<br>ケンメン | 動 (髪を) とかす　英 comb |
| kühl<br>キュール | 形 涼しい　英 cool |
| strömen<br>シュトレーメン | 動 (完s、まれにh) (川・大量の水などが) 流れる　英 stream |

PART 4　文学・音楽

## LEKTION 42 　Ich liebe dich : Karl Friedrich Wilhelm Herrossee

# 君を愛す

**CD B16**

❶ Ich liebe dich, so wie du mich, / Am Abend und am Morgen,
　※1
　Noch war kein Tag, wo du und ich / Nicht teilten unsre Sorgen.
　※2

❷ Auch waren sie für dich und mich / Geteilt leicht zu ertragen;
　　　　　　　　　　　　　　　　　　　　※3
　Du tröstetest im Kummer mich, / Ich weint in deine Klagen.
　　　　　　　　　　　　　　　　　　※4

❸ Drum Gottes Segen über dir, / Du, meines Lebens Freude.
　Gott schütze dich, erhalt dich mir, / Schütz und erhalt uns beide.

---

### ❗ 重要事項

☐☐ ※1 **so wie du mich**
　so wie ... は、「～と同じように」という一種の比較表現です。wie du michは、ここではwie du mich liebstの意味。「君が私を愛するのと同じように」。

☐☐ ※2 **Noch war kein Tag, wo du und ich ... Sorgen**
　woはTagにかかる関係副詞。wo以下がTagを説明します。「君と私が自分たちの心配を分かち合わなかった日はいまだに1日もなかった」という意味です。

☐☐ ※3 **waren ... zu ertragen**
　sein +... zu不定詞の形で「～されうる、～されなければならない」という意味を表します。ここでは「耐えられた」という意味になります。

☐☐ ※4 **Ich weint**
　ich weintとなっていますが、過去形です。ich weinteとなるところ、音節数の関係で最後の-eが落ちたものです。

君を愛す | LEKTION **42**

◎CD B
16-17

### ▶▶ 全訳

❶ 私は君を愛する、君が私を愛するように、／晩も朝も、
いまだに1日もなかった、君と私が／自分たちの心配を分かち合わなかった日は。
❷ 実際にまた心配は君と私にとって／分かち合うことで容易に耐えられた；
君は心痛の中で私を慰めた、／私は君の嘆きに泣いた。
❸ それゆえ神の祝福が君にありますように、／君よ、私の命の喜びよ。
神が君を守ってくださいますよう、私のために君を守ってくださいますよう、／私たち両方（2人）をお守りくださいますように。

### コラム 接続法

テキストの最終行で使われている動詞（schütze, erhalt(e), Schütz(e) und erhalt(e)）は皆、接続法という動詞の形で、主語のGott「神」に対する願望を表しています。「神が〜してくださいますように」という意味です。
「接続法」とは、他人が言ったことや、想像したこと、心に浮かんだことなどを表す動詞の形で、文法の教科書では大抵最後の章で説明されます。それに対して、事実を事実としてありのままに伝えるとき使う動詞の形は「直説法」といいます。「接続法」の用法には、「間接話法」、第三者に対する要求・願望を表す「要求話法」、仮定や願望を表す「非現実話法」（英語の仮定法に当たる）があります。

## lieben
リーベン
**動 愛する**

Er liebt sie leidenschaftlich.
彼は彼女を情熱的に愛している。
[関連] die Liebe　愛

## der Abend
デア　アーベント
**男 晩**　＊日暮れから就寝時まで。

Guten Abend!
こんばんは！
[関連] gestern Abend　昨晩　heute Abend　今晩

## der Morgen
デア　モルゲン
**男 朝**　英 morning

Guten Morgen!
おはようございます！
[関連] morgen　副 明日

## noch
ノッホ
**副 まだ**

Sie ist noch nicht zurück.
彼女はまだ戻っていない。
[別] さらに

## der Tag
デア　ターク
**男 日**

Guten Tag!
こんにちは！
[関連] jeden Tag　毎日

## teilen
タイレン
**動 分かち合う**

Wir haben Freude und Leid geteilt.
私たちは喜びと苦しみを分かち合った。
[別] 分ける

## ertragen
エアトラーゲン
**動 耐える**　源 er（去って・上へ）+ tragen（運ぶ）
過/過分 ertrug, ertragen

Wir können seine Launen nicht mehr ertragen.
私たちは彼の気まぐれにもう耐えられません。
[関連] erträglich　耐えうる

184

君を愛す | LEKTION **42**

## trösten
トレーステン
**動** 慰める

Ihre Worte trösteten ihren Vater.
彼女の言葉は父を慰めた。
[関連] der Trost　慰め

## der Kummer
デア　クンマー
**男** 心痛

Vor Kummer konnte sie nicht schlafen.
心痛のあまり彼女は眠れなかった。
[関連] die Sorge　心配

## weinen
ヴァイネン
**動** 泣く

Jemand weint draußen auf der Straße.
誰かが外の道で泣いている。
[反] lachen　笑う

## der Gott
デア　ゴット
**男** 神　[英] God
＊形容詞などの規定を伴わないときは無冠詞。

Gott weiß alles.
神はすべてを知っている。
[関連] Gott sei Dank!　（ほっとして）やれやれ！

## beide
バイデ
**不代** 両方（2人、2つ）
＊本文ではuns（4格）と同格で使われている。

Sie sprechen beide Spanisch.
彼らは2人ともスペイン語を話す。
[関連] mit beiden Händen　両手で　＊形容詞的にも使われます。

### 合わせて覚えよう

| | |
|---|---|
| die Klage<br>ディー　クラーゲ | **女** 苦情、嘆き（雅語） |
| mögen<br>メーゲン | **動** 好む　**助** ～かもしれない　過/過分 mochte, mögen（本動詞 gemocht） |
| die Nacht<br>ディー　ナハト | **女** 夜　＊就寝から日の出まで。 |
| der Schmerz<br>デア　シュメルツ | **男** 痛み |
| schützen<br>シュッツェン | **動** 守る |

PART 4　文学・音楽

## LEKTION 43　Erlkönig : Johann Wolfgang Goethe

# 魔　王

**CD** B18

❶ Mein Vater, Mein Vater, und hörest du nicht,

　Was Erlenkönig mir leise verspricht? –
　※1
❷ Sei ruhig, bleibe ruhig, mein Kind!
　※2
　In dürren Blättern säuselt der Wind. –

❸ „Willst, feiner Knabe, du mit mir gehn?

　Meine Töchter sollen dich warten schön;
　※3
　Meine Töchter führen den nächtlichen Reihn

　Und wiegen und tanzen und singen dich ein."

❹ Mein Vater, mein Vater, und siehst du nicht dort

　Erlkönigs Töchter am düstern Ort? –

❺ Mein Sohn, mein Sohn, ich seh' es genau;

　Es scheinen die alten Weiden so grau. –

---

### ❗ 重要事項

☐☐ ※1 **Was ... verspricht**
　　wasは不定関係代名詞で、「～すること（もの）」という意味。従属の接続詞と同様、不定関係代名詞の節でも、動詞が最後に置かれます。

☐☐ ※2 **Sei ruhig, bleibe ruhig**
　　seiもbleibeも、2人称親称du（ここでは子供のこと）に対する命令形です。

☐☐ ※3 **Meine Töchter sollen dich warten schön**
　　sollenは第三者（ここでは魔王）の意志を表し、「私の娘たちに～させよう」という意味です。wartenはここでは「世話をする」の意味です。

魔　王 | LEKTION **43**

## ▶▶ 全訳

❶ お父さん、お父さん、お父さんには聞こえないの？／魔王が僕に小さな声で約束していることが。—

❷ 落ち着きなさい、落ち着いたままでいなさい、わが子よ！／枯れ葉の中で風がざわめいているんだよ。—

❸ （魔王）「いい子だ、私と一緒に行きたくないか？／私の娘たちにおまえの世話をきちんとさせよう；／私の娘たちは夜の輪舞をリードしてくれるし／おまえを揺り動かして、踊りながら歌で寝かしつけてくれるよ」

❹ お父さん、お父さん、お父さんにはあそこに見えないの？／暗い所にいる魔王の娘たちが。—

❺ わが息子よ、わが息子よ、私には正確に見える；／古い柳の枝がそんなふうに灰色に（鈍く）光っているのだよ。—

### コラム　民衆にはぐくまれた魔王

シューベルト作曲の歌曲『魔王』は有名ですが、彼のドラマチックな曲の形式をゲーテは気に入りませんでした。『魔王』はもとはデンマークの民謡的な物語詩です。このような詩に対する伝統的な作曲法では、『野ばら』のように各詩節で同じメロディーが反復されるのですが、シューベルトはそうした形式からは全く自由に旋律を作りました。ゲーテは、彼の曲ではこの詩が本来持っている緊張の高まりは表現できないと評価したようです。

**CD B19**

## der Vater
デア ファーター
男 父  英 father

Mein Vater ist Polizist und sehr streng.
私の父は警察官で、非常に厳格だ。
[関連] der Onkel　おじ

## hören
ヘーレン
動 聞こえる、聞く  英 hear

Hören Sie den leisen Laut?
あなたにはそのかすかな音が聞こえますか。
[関連] das Ohr　耳

## versprechen
フェアシュプレッヒェン
動 約束する　源 ver（公に）＋sprechen（話す）
過/過分 versprach, versprochen

Ich verspreche Ihnen meine Unterstützung.
私はあなたに援助をお約束します。
[関連] das Versprechen　約束

## ruhig
ルーイヒ
形 落ち着いた

Sie erzählte ruhig.
彼女は落ち着いて語った。
[別] 静かな

## bleiben
ブライベン
動 (完s) 〜のままである　過/過分 blieb, geblieben

Das Fenster bleibt offen.
その窓は開いたままである。
[別] とどまる

## das Blatt
ダス ブラット
中 葉

Die Blätter fallen ab.
葉（複数）が落ちる。
＊fallen ... ab(<ab|fallen) は分離動詞。

## der Wind
デア ヴィント
男 風  英 wind

Ein heftiger Wind kam von Osten.
激しい風が東から吹いて来た。
[関連] windig　（強い）風の吹く

魔 王 | LEKTION **43**

## warten
ヴァルテン

**動** 待つ  　英 wait

☐☐ Ich warte seit vorgestern auf ihn.
私は一昨日から彼を待っています。　　［関連］auf 4格 warten （4格）を待つ

＊本文中では「世話をする」(雅語)という意味ですが、「待つ」を優先的に覚えることをお勧めします。

## führen
フューレン

**動** 導く

☐☐ Sie führt morgen ihre Tante durch die Stadt.
彼女は明日、おばに町を案内する。

＊本文中では「リードする」という意味ですが、「導く、案内する」を優先的に覚えることをお勧めします。

## genau
ゲナオ

**形** 正確な（に）　＊本文では「正確に」という副詞的意味で使われている。

☐☐ Geht deine Uhr genau?
君の時計は正確（に動いている）かい？

［関連］die Genauigkeit　正確さ

## scheinen
シャイネン

**動** 光る　　[過/過分] schien, geschienen

☐☐ Die Lampe schien matt.
電灯はほの暗く光っていた。

［別］（～であるように）見える［普通は zu 不定詞とともに］

## grau
グラオ

**形** 灰色の　英 gray　＊本文では「灰色に」という副詞的意味で使われている。

☐☐ Wie gefällt dir dieser graue Anzug?
この灰色のスーツはどう（君にとって気に入りますか）？

＊人3格 gefallen（人3格）にとって気に入る。

### 合わせて覚えよう

| | | |
|---|---|---|
| der Bruder<br>デア ブルーダー | **男** 兄（弟）　英 brother | |
| düster<br>デュースター | **形** 薄暗い | |
| die Mutter<br>ディー ムッター | **女** 母　英 mother | |
| die Schwester<br>ディー シュヴェスター | **女** 姉（妹）　英 sister | |
| der Tanz<br>デア タンツ | **男** ダンス　英 dance | |

PART 4　文学・音楽

## LEKTION 44　An die Freude : Friedrich Schiller

# 歓喜に寄す

**CD B20**

❶ Freude, Schöner Götterfunken, / Tochter aus Elysium,
　　　　　　　　　　　　　　　　　　　　　　　※1
　Wir betreten feuertrunken, / Himmlische, dein Heiligtum.
　　　　　　　　　　　　　　　※2
❷ Deine Zauber **binden wieder**, / Was die Mode **streng** geteilt,

　**Alle Menschen** werden Brüder, / Wo dein sanfter **Flügel** weilt.
　　　　　　　　　　　　　　　　　　※3
　　　　　　　　　　　　Chor

❸ Seid umschlungen, Millionen! / Diesen **Kuß** der **ganzen Welt**!

❹ Brüder – überm Sternenzelt / Muß ein lieber Vater wohnen.


❺ Wem der **große** Wurf **gelungen**, / Eines Freundes Freund zu sein,

　Wer ein holdes Weib errungen, / Mische seinen Jubel ein!

❻ Ja–wer auch nur eine **Seele** / Sein nennt auf dem Erdenrund!

❼ Und wer's nie gekonnt, der stehle / Weinend sich aus diesem Bund!


### ❗ 重要事項

☐☐ ※1 **Elysium**
　　ギリシャ神話における「楽園、天国（死者の国）」のことです。

☐☐ ※2 **Himmlische, dein Heiligtum.**
　　Himmlischeは「天上のものよ」、という呼びかけで、Freudeと同格。dein Heiligtumは「あなたの（＝喜びの）聖域（へ）」。ここでは4格でbetretenの目的語。

☐☐ ※3 **Wo dein sanfter Flügel weilt.**
　　woは関係副詞。「あなたのやさしい翼が休らう所で」。

歓喜に寄す | LEKTION **44**

## ▶▶ 全訳

❶ 喜びよ、美しい神々の火花よ、／楽園の娘よ、我々は火のように酔いしれながら踏み入る、／天上のものよ、あなたの聖域へ。

❷ あなたの魔力は再び結ぶ、／時流が厳しく分けたものを、すべての人間は兄弟となる、／あなたの優しい翼が休らう所で。

合　唱

❸ さあ抱き合え、何百人もの人々よ！／全世界にこのキスを与えよ！

❹ 兄弟よ──星空の上に、／愛する父が住んでいるに違いない。

❺ 1人の友の友となるという大きな仕事に成功した者は、優美な女性をかちえた者は、／歓喜の声を交えよ！

❻ そうだ──たとえ1つの魂でも／地上において自分のものだと言う者は！

❼ そしてそれが1度もできなかった者は、こっそり逃げ出すがよい／泣きながらこの結束から！

### コラム 『歓喜に寄す』

この詩は1785年にシラーが、封建的社会制度への反抗と自由を求める思想に基づき書いたものです。フランス革命の4年前でした。ベートーベンは1824年、この詩を交響曲第九番の合唱曲へと作り上げます。1989年12月、壁の崩壊直後の旧東ベルリン。この歌は自由と平和の象徴として、バーンスタイン指揮のもと、"Freude"（喜び）を"Freiheit"（自由）に変えて歌われました。

## binden
ビンデン

**動 結ぶ** 過/過分 band, gebunden
英 bind

Sie hat Blumen zu einem Strauß gebunden.
彼女は花束を作った（花を結び合わせて花束にした）。
[関連] der Bund　結束、同盟

## wieder
ヴィーダー

**副 再び**

Ich will bald wieder nach Frankreich fahren.
私は近いうちに再びフランスへ行くつもりです。
[関連] immer wieder　再三再四

## streng
シュトレング

**形 厳しい**　英 strong　＊本文では「厳しく」という副詞的意味で使われている。

Seine Mutter tadelte ihn streng.
彼の母親は彼を厳しくしかった。
[関連] die Strenge　厳しさ

## all
アル

**不代 すべての**　英 all
＊不定代名詞、定冠詞類のdies-と同じ語尾変化。

Alle Studenten hier kommen aus Österreich.
ここにいる学生たちは皆オーストリアの出身です。

＊der Student（複数：die Studenten）は男性弱変化名詞。単数1格以外にはすべて語尾-enが付きます。

## der Mensch
デア　メンシュ

**男 人間**　＊男性弱変化名詞。

Er ist ein sympathischer Mensch.
彼は感じのよい（好感の持てる）人間だ。
[関連] menschlich　人間らしい

## der Flügel
デア　フリューゲル

**男 翼**

Der Schwan breitete seine schönen Flügel aus.
白鳥が美しい翼を広げた。　＊schönenの語尾-enは形容詞の格語尾。
[別] グランドピアノ

## der Kuss
デア　クス

**男 キス**　英 kiss
＊旧正書法ではKuß

Die Mutter drückte dem Kind einen Kuss auf die Stirn.
母は子供の額にキスをした。
[関連] küssen　キスする

歓喜に寄す | LEKTION **44**

## ganz
ガンツ
形 全部の

- Das ist mein ganzes Vermögen.
  これは私の全財産です。

  [別] 全く

## die Welt
ディー ヴェルト
女 世界　英 world

- Sie wollten die Welt verändern.
  彼らは世界を変えようとした。

  [関連] die Umwelt　環境

## groß
グロース
形 大きい

- In dem großen Haus wohnt ein seltsamer Mann.
  その大きな家には風変わりな男が住んでいる。

  [反] klein　小さい

## gelingen
ゲリンゲン
動 (完s) (〜にとって) 成功する　過/過分 gelang, gelungen
*人3格を目的語にとる。

- Es wird ihr nicht gelingen, ihn zu überreden.
  彼女には彼を説得することができないだろう。

  [関連] es = ihn zu überreden　esは形式主語。

## die Seele
ディー ゼーレ
女 魂、心　英 soul

- Mein Bruder hat eine empfindliche Seele.
  私の弟は感じやすい心を持っている。

  [反] der Leib　肉体

### 合わせて覚えよう

| | |
|---|---|
| **das Band**<br>ダス バント | 中 テープ |
| **die Menschheit**<br>ディー メンシュハイト | 女 人類　源 Mensch（人間）+ heit（名） |
| **verbinden**<br>フェアビンデン | 動 結合する　源 ver（周りに）+ binden（結ぶ）<br>[別] 包帯をする　過/過分 verband, verbunden |
| **der Vogel**<br>デア フォーゲル | 男 鳥 |
| **wiederholen**<br>ヴィーダーホーレン | 動 繰り返す　源 wieder（反復）+ holen（行って持って来る）<br>過分 wiederholt |

PART 4　文学・音楽

# Part 4 チェックテスト

CHECK TEST

## A ドイツ語の単語を日本語に訳してみましょう。

1. der Wolf ＿＿＿＿＿
2. der Frosch ＿＿＿＿＿
3. jagen ＿＿＿＿＿
4. mächtig ＿＿＿＿＿
5. brechen ＿＿＿＿＿
6. das Lied ＿＿＿＿＿
7. weinen ＿＿＿＿＿
8. warten ＿＿＿＿＿
9. binden ＿＿＿＿＿
10. unruhig ＿＿＿＿＿

## B 日本語に当てはまるドイツ語を書いてみましょう。

1. 目 ＿＿＿＿＿
2. 醜い ＿＿＿＿＿
3. 森 ＿＿＿＿＿
4. 農民 ＿＿＿＿＿
5. 考える ＿＿＿＿＿
6. 若い ＿＿＿＿＿
7. 意味する ＿＿＿＿＿
8. 神 ＿＿＿＿＿
9. 約束する ＿＿＿＿＿
10. 人間 ＿＿＿＿＿

---

### 解答

**A** 1. 狼　2. カエル　3. 狩りをする　4. 力強い　5. 折る　6. 歌　7. 泣く　8. 待つ　9. 結ぶ　10. 落ち着きのない

**B** 1. das Auge　2. böse　3. der Wald　4. der Bauer　5. denken　6. jung　7. bedeuten　8. der Gott　9. versprechen　10. der Mensch

German listening & speaking

# PART 5
# 環 境

| Lektion 45 | 原子力発電 | 196 |
| Lektion 46 | ドイツ式ゴミを出さない生活 | 200 |
| Lektion 47 | 健康食品店「レフォルムハウス」 | 204 |
| Lektion 48 | 騒音なき生活 | 208 |
| Lektion 49 | リサイクル | 212 |

## LEKTION 45 Atomkraftwerke

# 原子力発電

**CD** B22

❶ Der Bundesumweltminister betont: „Es ist die konsequente Ant-
  ※1
wort auf Tschernobyl, die Atomkraftwerke abzuschalten".
※2                                ※3

❷ Die entsetzliche Reaktorkatastrophe in Russland war der Wende-
punkt der Energiepolitik.

❸ Man schätzt die Gefahr der Kernenergie nicht mehr gering.
                                           ※4

❹ Im April 2002 trat das neue Atomausstiegsgesetz in Kraft.
                                ※5                    ※5

❺ Das Gesetz verbietet, neue Atomkraftwerke zu bauen.

❻ 2035 wird der Betrieb des letzten Kraftwerks eingestellt.
     ※6                                          ※6

### ! 重要事項

☐☐ ※1 **der Bundesumweltminister**
Bundesは「連邦の」という意味。Umwelt「環境」という言葉を挟んで、「連邦環境大臣」という意味になります。

☐☐ ※2 **Antwort auf + 名詞（4格）**
「〜に対する答え」の意味です。

☐☐ ※3 **die Atomkraftwerke abzuschalten**
この文の仮主語esにかかるzu不定詞句。分離動詞をzu不定詞句にするときには、前綴りと基礎となる動詞の間にzuを挟みます。

☐☐ ※4 **nicht mehr ...**
「もはや〜ない」を意味します。

☐☐ ※5 **in Kraft treten**
「発効する」の意味です。

☐☐ ※6 **wird ... eingestellt**
受動態の形で、「停止させられる」の意味です。

原子力発電 | LEKTION **45**

◎CD B
22-23

### ▶▶ 全訳

❶ 連邦環境大臣は強調しています、「原子力発電所を止めることは、チェルノブイリに対して論理にかなった答えです。」と。
❷ ロシアでの恐ろしい原子炉の大災害は、エネルギー政策の転換点でした。
❸ 核エネルギーの危険性はもはや小さくは評価されないのです。
❹ 2002年4月には、新しい原子力発電所撤廃法案が発効しました。
❺ この法案は新しい原子力発電所を建設することを禁じています。
❻ 2035年には、最後の発電所の操業が停止させられます。

PART 5 環境

> コラム 原子力エネルギー廃止を打ち出したドイツ
>
> 「環境先進国」として、ドイツは世界中の関心の的になっています。なかでも世界の注目を集めたのが、この原子力エネルギー使用の順次廃止に関する法律でしょう。この法律は、「次世代に環境不安を残さないために」というドイツの人々の意識の表れとなっています。原子力を廃止するためには、たくさんの課題を克服していかなくてはならないということもドイツの人々は分かっています。それでも、何十年か先の世界のために決断したドイツのこの姿勢は、世界中の人々の環境意識に一石を投じるものでした。

## konsequent
コンゼクヴェント

形 論理にかなった
源 con(一致して)+Sequenz(連続)
英 consequent(〜の結果として)

Ich muss konsequent handeln.
私は論理にかなったように行動しなければならない。
[同] folgerichtig

## das Atomkraftwerk
ダス　アトームクラフトヴェルク

中 原子力発電所
源 Atom(核)+Kraft(力)+Werk(作業所)

Im Atomkraftwerk darf es keine Unfälle geben.
原子力発電所では事故があってはなりません。
[同] das Kernkraftwerk

## ab|schalten
アップシャルテン

分 止める
源 ab(除去)+schalten(切り替える)
過分 abgeschaltet

Sie schaltet die Maschine ab.
彼女は機械のスイッチを切って止める。
[同] abstellen, ausschalten

## entsetzlich
エントゼッツリヒ

形 恐ろしい
源 entsetzen(驚愕させる)+lich(形)

Das war ein entsetzliches Unglück.
それは恐ろしい不幸な出来事でした。
[同] fürchterlich

## der Reaktor
デア　レアクトーア

男 原子炉
英 reactor

Durch Reaktoren wird Energie erzeugt.
原子炉によってエネルギーが生産されています。
[関連] radioaktiv　放射能の

## die Katastrophe
ディー　カタストローフェ

女 大災害
英 catastrophe

Das war eine Katastrophe für uns.
それは私たちにとって大災難でした。
[関連] das Unglück　不幸、事故

## die Energiepolitik
ディー　エネルギーポリティーク

女 エネルギー政策
源 Energie(エネルギー)+Politik(政治、政策)
英 energy policy

In Deutschland diskutiert man intensiv über Energiepolitik.
ドイツでは集中的にエネルギー政策について議論されています。
[関連] die Energiekrise　エネルギー危機

原子力発電 | LEKTION **45**

## die Gefahr
ディー　ゲファー

**女**危険　源 Gevare（中高ドイツ語）（待ち伏せ）

- Betreten der Baustelle auf eigene Gefahr!
  建築現場立ち入り注意（自己責任で）！
  [関連] die Gefährlichkeit　危険性

## der Kern
デア　ケルン

**男**核　源 Reaktorkern（放射能核）の略
＊英語のcoreは「話の核心」の意味。

- Der Kern des Atoms wurde dort gespalten.
  原子の核がそこで分裂されたのです。
  [別] 話の核心、本質

## der Ausstieg
デア　アオスシュティーク

**男**撤廃　源 aus（外へ）＋ steig(en)（乗り込む）

- Man hat den Ausstieg aus der Kernenergie beschlossen.
  核エネルギーの撤廃が決定されました。
  [反] der Einstieg　乗車、アプローチ

## der Betrieb
デア　ベトリープ

**男**操業　源 betreiben（操業する）の名詞形。be（強意）＋ treiben（従事する）

- Er gründete einen Computer-Betrieb.
  彼はコンピューター会社を設立しました。
  [別] 会社

## ein|stellen
アインシュテレン

**分**停止する　源 ein（静止）＋ stellen（置く）
過分 eingestellt

- Die Produktion wird eingestellt.
  その生産は停止されます。
  [別] 格納する、採用する、購入する

### 合わせて覚えよう

| | | |
|---|---|---|
| die Bodenschätze<br>ディー　ボーデンシェッツェ | **複**地下資源 | |
| das Energiesparen<br>ダス　エネルギーシュパーレン | **中**エネルギー節約 | |
| das Heizkraftwerk<br>ダス　ハイツクラフトヴェルク | **中**火力発電所 | |
| die Umweltverschmutzung<br>ディー　ウムヴェルトフェアシュムッツウング | **女**環境汚染 | |
| das Windkraftwerk<br>ダス　ヴィントクラフトヴェルク | **中**風力発電所 | 英 wind power station |

PART 5　環境

## LEKTION 46 ein umweltfreundliches Leben

# ドイツ式ゴミを出さない生活

**CD** B24

❶ Die meisten Deutschen führen ein **umweltfreundliches** Leben.

❷ In Deutschland ist man daran gewöhnt, beim **Einkaufen** eine **Tüte** mitzubringen.
※2　　　　　※1　　　　　　　　※2

❸ Viele Leute **vermeiden** es, **Waren** in überflüssigem Packpapier zu kaufen.
※3

❹ Die Umwelt-Erziehung fängt schon im **Kindergarten** an. Die Kinder reden mit den **Eltern** über das Sortieren der **Flaschen**.

❺ Für die Deutschen gehört die **Ökologie** zu einem Teil des Lebens.

❻ Sie **denken** darüber **nach**, wie man **Müll reduzieren** kann.
※4　　　　　　　　　　※5

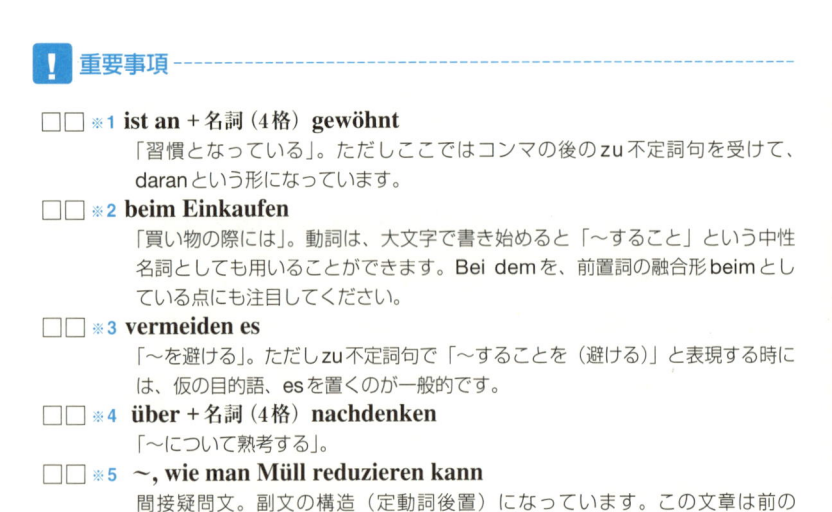

### ❗ 重要事項

□□ ※1 **ist an + 名詞（4格）gewöhnt**
「習慣となっている」。ただしここではコンマの後のzu不定詞句を受けて、daranという形になっています。

□□ ※2 **beim Einkaufen**
「買い物の際には」。動詞は、大文字で書き始めると「～すること」という中性名詞としても用いることができます。Bei demを、前置詞の融合形beimとしている点にも注目してください。

□□ ※3 **vermeiden es**
「～を避ける」。ただしzu不定詞句で「～することを（避ける）」と表現する時には、仮の目的語、esを置くのが一般的です。

□□ ※4 **über + 名詞（4格）nachdenken**
「～について熟考する」。

□□ ※5 **～, wie man Müll reduzieren kann**
間接疑問文。副文の構造（定動詞後置）になっています。この文章は前のdarüberを説明しています。

# ドイツ式ゴミを出さない生活 | LEKTION 46

## ▶▶ 全訳

❶ ほとんどのドイツ人は、環境に優しい生活を実践しています。

❷ ドイツでは、買い物の際に袋を持っていくことが習慣となっています。

❸ 多くの人々は、過剰な包装紙に包まれた品物を買うことを避けています。

❹ 環境教育はすでに幼稚園から始まっています。子供たちは、両親と瓶の分別について話すのです。

❺ ドイツ人にとってはエコロジーは生活の一部になっています。

❻ 彼らはどうやってゴミを減らせるかについて、熟考しています。

### コラム　買い物袋を持って市場へ行こう！

ドイツに行ったら、せっかくですから地元の人々に交じって、市場で買い物をしてみたいもの。ドイツの町には必ず市場 der Markt があり、さまざまな新鮮な食料品がそろっています。例えば野菜のお店では、木箱に入った色とりどりの食材が店を取り巻くように置かれて、食欲をそそります。粒の小さなものは紙製の三角袋 die Tüte に入れてくれますが、通常カゴや布袋などを持って行きます。プラスチックのゴミをできるだけ出さないようにという配慮です。

## umweltfreundlich
ウムヴェルトフロイントリヒ

形 環境に優しい
源 Umwelt（環境）+ freundlich（優しい）
英 ecofriendly

Es ist umweltfreundlich, mit dem Fahrrad zu fahren.
自転車で行くことは環境に優しいことです。
[反] umweltfeindlich

## das Einkaufen
ダス　アインカオフェン

中 買い物
源 einkaufen「買い物をする」の名詞形。
〈ein（こちらに）+ kaufen（買う）〉

Beim Einkaufen bezahlt Ihr Mann immer.
買い物のときには、いつもご主人が支払います。
[関連] kaufen （あるものを）買う　erwerben　取得する

## die Tüte
ディー　テューテ

女 袋

Sie steckt 100 Gramm Bonbons in die Tüte.
彼女は100グラムのキャンディーを袋に入れます。
[関連] die Papiertüte　紙袋　die Plastiktüte　ビニール袋

## vermeiden
フェアマイデン

動 避ける
源 ver（強調）+ meiden（よける、よけて通る）
過/過分 vermied, vermieden

Man mus Abfall vermeiden.
ゴミを出すことは避けなければなりません。
[関連] meiden　人との接触を避ける

## die Ware
ディー　ヴァーレ

女 品物
英 ware

Das ist eine teure Ware.
それは高い品物です。
[関連] das Gut　高価な品

## der Kindergarten
デア　キンダーガルテン

男 幼稚園
源 Kinder（子供たち）+ Garten（庭）
英 kindergarten

Ab 3 Jahren ging er in den Kindergarten.
3歳から彼は幼稚園に行きました。
[関連] die Kindergärtnerin　保母

## die Eltern
ディー　エルテルン

複 両親

Seine Eltern sind schon pensioniert.
彼の両親はもうすでに年金生活です。
[関連] die Schwiegereltern　義理の両親

ドイツ式ゴミを出さない生活 | LEKTION **46**

## die Flasche
ディー　フラッシェ

**女** ビン

Sie kaufte eine Flasche Bier.
彼女はビールを1ビン買いました。

[関連] das Glas　グラス　die Tasse　カップ

## die Ökologie
ディー　エコロギー

**女** エコロジー　英 ecology

Er studiert Ökologie an der Uni.
彼は大学でエコロジーを専攻しています。

[関連] Öko-　エコロジー、エコ

## nachdenken
ナーハデンケン

**分** 熟考する　源 nach（反復）+ denken（考える）
過/過分 dachte nach, nachgedacht

Er dachte über diesen Vorschlag gründlich nach.
彼はこの提案について熟考した。

[同] sich（3格）überlegen

## der Müll
デア　ミュル

**男** ゴミ

Der Müll stinkt.
そのゴミはにおいます。

[関連] wegwerfen, wegschmeißen　投げ捨てる

## reduzieren
レドゥツィーレン

**動** 減らす　過分 reduziert
英 reduce

Wir müssen Abfälle auf ein Minimum reduzieren.
私たちはゴミを最小限に減らさなければなりません。

[関連] sich（4格）reduzieren　減る

### 合わせて覚えよう

| | |
|---|---|
| der Abfall<br>デア　アップファル | **男** ゴミ |
| die Deponie<br>ディー　デポニー | **女** ゴミ集積場 |
| der Mülleimer<br>デア　ミュルアイマー | **男** ゴミバケツ |
| sauber<br>ザオバー | **形** 清潔な |
| schmutzig<br>シュムッツィヒ | **形** 汚い |

PART 5　環境

## LEKTION 47 Reformhäuser

# 健康食品店「レフォルムハウス」

**CD** B26

❶ Am Eingang einiger **Lebensmittel**geschäfte hängt ein grünes **Schild „Reformhaus"**.

❷ Das ist das **Marke**nzeichen des Unternehmensverbundes „die neuform".

❸ Dort werden **Agrarprodukte** aus dem **ökologischen** Landbau, **natürliche** Arzneimittel, Körperpflege und Kosmetik ohne **künstliche** Stoffe verkauft. ※1

❹ Besonders Allergiker und Sportler richten ihre große **Aufmerksamkeit** auf solche **Bio**-Produkte. ※2

❺ Immer mehr Leute haben **Interesse** an natürlicher Kost.
※3
❻ „Die neuform" hat ca. 2360 **Absatz**stellen in Deutschland und ungefähr 360 in Österreich.

---

### ❗ 重要事項

☐☐ ※1 **ohne künstliche Stoffe**
「人工的な材料」は「化学工場で作られた物質」を意味します。

☐☐ ※2 **richten ihre Aufmerksamkeit auf**
「注意を向ける」。die Aufmerksamkeit auf ＋名詞（4格）richten は「〜に注意を向ける」という熟語表現です。

☐☐ ※3 **immer mehr**
「ますます多くの」。immer ＋形容詞比較級で「ますます、どんどん〜」という意味になります。mehr は viel「多くの」の比較級。

健康食品店「レフォルムハウス」| LEKTION **47**

## ▶▶ 全訳

❶ 幾つかの食料品店の入り口に緑の標札「レフォルムハオス」が掛かっています。

❷ それは（多数の）企業の協同組合「ノイフォルム」の商標です。

❸ そこでは、有機農業の農作物、人工的な材料が使われていない医薬品、ボディーケア用品、化粧品が売られています。

❹ 特にアレルギー疾患の人々やスポーツに関わっている人々はこのような自然食品に大きな注意を向けています。

❺ ますます多くの人が自然の食べ物に関心を持つようになりました。

❻ 「ノイフォルム」はドイツに約2360の販売所、オーストリアにだいたい360の販売所を持っています。

PART 5 環境

### コラム 健康食品ブーム

ドイツではすでに100年前から、工業化による生活環境の悪化が問題となり、健康な生活を取り戻そうという生活改革運動が始まりました。健康食品運動（Reformhaus）もそのひとつです。1990年以降、一般市民の間にも食品の品質に対するに危機感が高まり、健康食品の需要が多くなりました。しかし健康食品は比較的高価です。自然食品店（Bioladen）は有機農業に重点をおいています。詳しい情報はhttp://www.reformhaus.de/とhttp://www.bioladen.de/にあります。

**CD** B27

### das Lebensmittel
ダス　レーベンスミッテル
中 食料品　　源 leben（生きる）+ Mittel（手段）

☐☐ Wir bieten natürliche Lebensmittel an.
私たちは自然の食料品を提供しています。
＊大抵複数形で使います。

### das Schild
ダス　シルト
中 標札　　英 shield（盾）

☐☐ Auf diesem Schild steht der Name dieses Ladens.
この標札に、この店の名前が載っています。
［関連］das Plakat　ポスター

### das Reformhaus
ダス　レフォルムハオス
中 健康食品専門店　　源 Reform（改革）+ haus（家）

☐☐ 1900 eröffnete in Wuppertal das erste Reformhaus.
1900年にブッパータール市に最初の健康食品専門店が開店しました。
［関連］der Bioladen　自然食品専門店

### die Marke
ディー　マルケ
女 商標

☐☐ Das Wort „Marke" wird auch für "Markenzeichen" verwendet.
「マルケ」という単語は商標の意味でも使われる。
［別］印紙

### das Agrarprodukt
ダス　アグラープロドゥクト
中 農作物　　源 Agrar（農業の）+ Produkt（生産品）
英 agricultural products

☐☐ Agrarprodukte sind gleichbedeutend mit landwirtschaftlichen Produkten.
農産物は農業生産物と同じ意味です。
［関連］die Landwirtschaft　農業　die Ernte　収穫物

### ökologisch
エコローギッシュ
形 有機の

☐☐ Der ökologische Landbau verzichtet auf chemische Düngemittel.
有機農業は化学肥料（の使用）を放棄している。
［関連］biologisch-dynamisch　無農薬の

### natürlich
ナテューアリヒ
形 自然の　　源 Natur（自然）+ lich（形）
英 natural

☐☐ Sie benutzt natürliche Kosmetik.
彼女は自然化粧品を使用しています。
［別］もちろん

健康食品店「レフォルムハウス」 | LEKTION **47**

## künstlich
キュンストリヒ

**形** 人工的な　　源 Kunst（人工のもの）+ lich（形）

Die Blumen sind nicht künstlich.
この花は人工ではない。（造花ではない）
[反] natürlich

## die Aufmerksamkeit
ディー　アオフメルクザームカイト

**女** 注意　　源 aufmerksam（注意深い）+ keit（名）

Er schenkt der Frau große Aufmerksamkeit.
彼はその女性がとても気になっています。
[関連] 名詞（3格）Aufmerksamkeiten erweisen　〜に親切にする

## Bio-
ビオ

**接** バイオ　　英 bio

Er studiert Biotechnologie.
彼はバイオ技術を専攻しています。
[関連] der Biogarten　有機農園　　das Biogemüse　有機野菜

## das Interesse
ダス　インテレッセ

**中** 関心　　英 interest

Er hat ein großes Interesse an Autos.
彼は車に大いに関心があります。
[別] 利益

## der Absatz
デア　アップザッツ

**男** 販売　　源 ab（離して）+ setzen（置く）

Die Ware findet großen Absatz.
その商品は大きな販売（数）を示している。
[別] 売れ行き

### 合わせて覚えよう

| | |
|---|---|
| die Gesundheit<br>ディー　ゲズントハイト | **女** 健康 |
| das Getreide<br>ダス　ゲトライデ | **中** 穀物 |
| die Kräuter<br>ディー　クロイター | **複** 草 |
| die Landwirtschaft<br>ディー　ラントヴィルトシャフト | **女** 農業 |
| das Obst<br>ダス　オーブスト | **中** 果物 |

PART 5　環境

## LEKTION 48　Lärm

# 騒音なき生活

**CD** B28

❶ Die Deutschen sind sehr empfindlich gegenüber Lärm.

❷ Es gibt ungeschriebene Gesetze.
　※1

❸ Man soll zum Beispiel ab 6:00 Uhr abends keine Musikinstru-
　　　　　※2　　　　　　　　　　　　　　※3
mente mehr spielen.
　　　　　※4

❹ Es ist unerwünscht, an den Sonntagen einen Staubsauger zu benutzen.

❺ Das Geräusch des Staubsaugers stört die Nachbarn.

❻ Es ist verboten, im Bus mit dem Handy zu telefonieren.

❼ Insofern ist es völlig unverständlich, dass man im öffentlichen
　※5
Raum ohne Rücksicht ein Handy benutzen darf.

## ❗ 重要事項

☐☐ **※1 es gibt**
　　es gibt＋名詞（4格）は「～がある」の意味になります。

☐☐ **※2 zum Beispiel**
　　「例えば」。z.B.と短縮形で書かれることがあります。

☐☐ **※3 keine Musikinstrumente mehr**
　　「もはや音楽の楽器を～ない」。kein, nicht, nieのような否定詞にmehrが加わると「もはや～ない」の意味になります。

☐☐ **※4 spielen**
　　spielenは「遊ぶ」という基本的な意味のほかに、「楽器を弾く」「球技をする」「トランプ、碁などをする」という際にも用います。

☐☐ **※5 insofern**
　　「その限りにおいては」。前の文章の内容、すなわち「バスの中で携帯電話を使ってはいけない」という内容を受けます。

騒音なき生活 | LEKTION 48

### ▶▶ 全訳

❶ ドイツ人は騒音に非常に敏感です。
❷ 書かれていない法律（不文律）があるのです。
❸ 例えば夕方6時以降、音楽の楽器はもう弾かないほうがよいでしょう。
❹ 日曜日に掃除機を使うことは、望ましくありません。
❺ 掃除機の物音は隣の人を邪魔します。
❻ バスの中で携帯電話で電話をすることは禁止されています。
❼ その限りにおいては、公共の空間で配慮なく携帯電話を使ってもよいというのは全く理解できません。

PART 5 環境

コラム 騒音の感じ方には国民性がある!?

日本人とドイツ人では、騒音の感じ方が違うようです。ドイツの電車に乗っていると、突然ほら貝を吹くようなすごい音が聞こえてきます。何だろうと思うと、鼻をかむ音だったりします。反対にドイツの人々は、日本人が鼻を「すする」音を聞くとぞっとするそうです。また、携帯電話の音のマナーは、日本ではかなり徹底されてきましたが、騒音に敏感なドイツでは、なぜか日本ほどまだ厳しくありません。しかし、バスの中で携帯電話を使用することは厳しく禁止されています。携帯を使っているとバスを止めてしまう運転手もいるほどです。

## empfindlich
エンプフィントリヒ
形 敏感な　源 empfinden（感じ取る）+ lich（形）

Er hat eine empfindliche Haut.
彼は敏感肌です。

[関連] empfindsam　多感な、センチメンタルな

## der Lärm
デア　レルム
男 騒音

Die Bewohner klagen wegen des Lärms der Züge.
列車の騒音に対して、住民たちは苦情を言う。

[関連] das Geschrei　叫び声　der Alarm　警報

## ungeschrieben
ウンゲシュリーベン
形 書かれていない　源 un（否定）+ geschrieben（schreiben「書く」の過去分詞）

Ein ungeschriebenes Gesetz bedeutet eine eingebürgerte Verhaltensregel.
不文律とは、一般化されたマナールールを意味します。

[関連] ungeschriebenes Recht　書かれていない権利

## ab
アップ
副 〜以降

Ab April beginnt das neue Semester.
新学期は4月から始まります。

[反] an　〜にくっついて、到着

## das Musikinstrument
ダス　ムズィークインストゥルメント
中 楽器　源 Musik（音楽）+ Instrument（道具、機器）
英 musical instrument

Die Geige gehört zu den Musikinstrumenten.
バイオリンは楽器のひとつです。

[関連] der Ton　音　das Notenheft　楽譜ノート

## der Sonntag
デア　ゾンターク
男 日曜日　源 Sonne（太陽）+ Tag（日にち）

Am Sonntag trinkt er immer Wein.
日曜日に彼はいつもワインを飲みます。

[同] der Festtag

## das Geräusch
ダス　ゲロイシュ
中 物音　源 ge（集合）+ rauschen（物音がする）

Hinter der Tür hörte er ein Geräusch.
ドアの後ろから彼は物音を聞きました。

[関連] die Melodie　メロディー

騒音なき生活 | LEKTION **48**

## stören
シュテーレン

**動** 邪魔をする

Das Telefonklingeln stört ihn sehr.
電話の音が彼をひどく邪魔します。

[関連] hindern 妨害する

## verbieten
フェアビーテン

**動** 禁止する　源 ver（逆に）+ bieten（与える）
過/過分 verbot, verboten　英 forbid

Das Gesetz verbietet, in der Öffentlichkeit Lärm zu machen.
公の場で騒音を立てることをその法律は禁止しています。

[反] erlauben 許す

## unverständlich
ウンフェアシュテントリヒ

**形** 理解されない　源 un（否定）+ verständlich（理解される）

Der Satz ist unverständlich.
その文章は理解されない（変だ）。

[関連] selbstverständlich 自明の

## öffentlich
エッフェントリヒ

**形** 公共の　源 offen（開いている）+ lich（形）

Es gibt in Japan viele öffentliche Anlagen.
日本には多くの公共施設があります。

[反] privat 私的な

## die Rücksicht
ティー リュックズィヒト

**女** 配慮　源 Rück(en)（背後）+ Sicht（視界）

Die Lehrer nehmen Rücksicht auf die Schüler.
教師は生徒たちに気を配っています。

[関連] ohne Rücksicht 思いやりなく、配慮なく

### 合わせて覚えよう

| | | |
|---|---|---|
| **anständig**　アンシュテンディヒ | **形** 行儀のよい | |
| **flüstern**　フリュスターン | **動** 囁く | |
| **der Krach**　デア クラハ | **男** ものすごい音 | |
| **laut**　ラオト | **形** うるさい　英 loud | |
| **leise**　ライゼ | **形** 静かな | |

PART 5　環境

## LEKTION 49　Recycling

# リサイクル

**CD B30**

❶ In Deutschland entstand 1994 das Kreislaufwirtschaftsgesetz.

❷ Nach diesem Gesetz muss jeder **Produzent** Verkaufsverpackungen zurücknehmen, **sortieren** und **verwerten**.

❸ Auch soll er deren **Recycling verantworten**.
　　　※1　　　　　　　※2

❹ Darum gründeten die **Hersteller** und **Lieferung**sfirmen einen **privaten** Betrieb, DSD(Duales System Deutschland).
※3

❺ Das DSD **organisiert** die **Sammlung**, Sortierung und Verwertung von verbrauchten **Verpackungen**.

❻ Das DSD spielt heutzutage eine große Rolle für die **Umwelt** in
　　　　　　※4
Deutschland.
　　　※5

### ❗ 重要事項

☐☐ ※1 **soll ...**
　　助動詞sollen「〜すべき」の意味です。

☐☐ ※2 **deren Recycling**
　　「それらのリサイクルを」。derenは複数形を指す2格の指示代名詞。前文の複数名詞Verkaufsverpackungenを受けています。

☐☐ ※3 **darum**
　　「そのために」。それまでの内容を受けて使います。

☐☐ ※4 **von verbrauchten Verpackungen**
　　この場合のvonは2格「〜の」の代用として使われています。

☐☐ ※5 **spielt ... eine große Rolle**
　　「大きな役割を演じている」を意味します。

リサイクル | **LEKTION 49**

●CD **B**
**30-31**

### ▶▶ 全訳

❶ 1994年、ドイツに循環経済法が成立しました。
❷ この法律によれば、生産者はみな包装材を回収し、分別、活用しなければなりません。
❸ また、彼らはそのリサイクルにも責任を持つべきと言われています。
❹ そのために製造者および配達会社は、DSD（デュアレス・ズィステーム・ドイチュラント）という私設会社を設立しました。
❺ DSDは使用された包装材の収集と分別そして再利用を組織します。
❻ DSDは今日、ドイツの環境にとって大きな役割を果たしています。

PART 5 環境

### コラム　ドイツのリサイクルシステム

ドイツでは、リサイクルがうまく機能するように、しっかりした仕組みができ上がっています。日本では本人負担になっている家電処理の代金も、すでに商品の中に含まれ、製造者がその責任を持ちます。また、紙やプラスチック、ビンなどのリサイクルには「緑のマーク」der Grüne Punkt が活躍します。DSDを通して集められ、再処理された製品は、この「緑のマーク」を付けて売られます。ドイツの多くの消費者は、このマークが付いている製品を率先して買っています。

## CD B31

### der Produzent
デア プロドゥツェント
**男 生産者**　英 producer

- Der Produzent muss dem Gesetz folgen.
  生産者はその法律に従わなくてはなりません。
  [同] der Hersteller

### sortieren
ソルティーレン
**動 分別する**　源 Sorte（種類）+ ieren（動）
英 sort

- In Deutschland sortiert man Flaschen nach der Farbe.
  ドイツでは、色ごとにビンを分類します。
  [関連] verteilen　分ける

### verwerten
フェアヴェルテン
**動 活用する**　源 ver（動）+ wert（価値のある）+ en（動）
過分 verwertet

- Man muss die Abfälle verwerten.
  ゴミは活用しなければなりません。
  *使われていない物を利用するというニュアンスです。

### das Recycling
ダス リサイクリング
**中 リサイクル**　英 recycling

- Jeder hat immer mit dem Recycling zu tun.
  だれもが常にリサイクルと関係しています。
  [関連] recyceln　リサイクルさせる

### verantworten
フェアアントヴォルテン
**動 責任を持つ**　源 ver（代理）+ antworten（答える）
過分 verantwortet

- Die Eltern verantworten die Erziehung ihrer Kinder.
  両親は子供の教育に責任があります。
  [関連] vertreten　代理をする

### der Hersteller
デア ヘアシュテラー
**男 製造者**　源 herstellen（創り出す）+ er（人名）

- Der VW ist ein großer Hersteller von Autos.
  VWは自動車の大きな会社です。
  [関連] der Verbraucher　消費者

### die Lieferung
ディー リーフェルング
**女 配達**　源 liefern（配達する）+ ung（名）

- Er passt bei der Lieferung chemischer Waren auf.
  彼は化学製品の搬送に気をつけています。
  [関連] der Transprot　輸送

リサイクル | **LEKTION 49**

## privat
プリヴァート
形 私的な　英 private

Er führt eine private Firma.
彼は個人の会社を運営しています。
[反] öffentlich

## organisieren
オルガニズィーレン
動 組織する　英 organize
過分 organisiert

Sie haben diese Veranstaltung organisiert.
彼らはこの催し物を準備しました。
[関連] vorbereiten　準備する

## die Sammlung
ディー　ザンムルング
女 収集　源 sammeln（集める）+ ung（名）

Sein Hobby ist das Sammeln von Briefmarken.
彼の趣味は切手収集です。
[関連] sammeln　集める

## die Verpackung
ディー　フェアパックング
女 包装　源 ver（強調）+ Packung（包むこと）
英 packaging

In Deutschland wird das Gemüse ohne Verpackung verkauft.
ドイツでは野菜は包装されずに売られています。
[関連] das Einpacken　包装すること

## die Umwelt
ディー　ウムヴェルト
女 環境　源 um（周囲）+ Welt（世界）

Er denkt immer an die Umwelt.
彼はいつも環境のことを考えています。
[関連] der Umweltgipfel　環境サミット

### 合わせて覚えよう

| | |
|---|---|
| der Container<br>デア　コンテーナー | 男 コンテナー　英 container |
| die Entsorgung<br>ディー　エントゾルグング | 女 廃棄物処理 |
| getrennt<br>ゲトレント | 形 分別して |
| der Kunststoff<br>デア　クンストシュトフ | 男 プラスチック |
| das Sammelsystem<br>ダス　ザンメルズュステーム | 中 回収システム |

PART 5　環境

215

# Part 5 チェックテスト

CHECK TEST

## A ドイツ語の単語を日本語に訳してみましょう。

1. das Atomkraftwerk _____  2. der Reaktor _____
3. umweltfreundlich _____  4. die Ökologie _____
5. das Reformhaus _____  6. künstlich _____
7. öffentlich _____  8. die Rücksicht _____
9. organisieren _____  10. die Verpackung _____

## B 日本語に当てはまるドイツ語を書いてみましょう。

1. 危険 _____  2. 核 _____
3. ゴミ _____  4. 袋 _____
5. 自然の _____  6. 興味 _____
7. 騒音 _____  8. 物音 _____
9. 環境 _____  10. 製造者 _____

### 解答

**A** 1. 原子力発電所 2. 原子炉 3. 環境にやさしい 4. エコロジー 5. 健康食品店
6. 人工の 7. 公の 8. 配慮 9. 組織する 10. 包装

**B** 1. die Gefahr 2. der Kern 3. der Abfall 4. die Tüte 5. natürlich
6. das Interesse 7. der Lärm 8. das Geräusch 9. die Umwelt
10. der Produzent

German listening & speaking

# PART 6
# 学 術

| Lektion 50 | 〈歴史学〉ゲルマンの女たち | 218 |
| Lektion 51 | 〈言語学〉ドイツ語の方言 | 222 |
| Lektion 52 | 〈心理学〉心の働き | 226 |
| Lektion 53 | 〈心理学〉楽園での心理 | 230 |
| Lektion 54 | 〈法律学〉損害賠償 | 234 |
| Lektion 55 | 〈法律学〉名誉毀損 | 238 |
| Lektion 56 | 〈経済学〉ドイツ経済の特徴 | 242 |
| Lektion 57 | 〈経済学〉景気のサイクル | 246 |
| Lektion 58 | 〈社会学〉マスメディアと消費者 | 250 |
| Lektion 59 | 〈医学〉大学病院での診断 | 254 |
| Lektion 60 | 〈医学〉心の病い | 258 |

## LEKTION 50 Die germanischen Frauen

# 〈歴史学〉ゲルマンの女たち

**CD** B32

❶ Der römische **Historiker** Tacitus **berichtet** von der **Tapferkeit** der germanischen Frauen.
　　　　　　　　　　　　　　　　※1

❷ In einer **Schlacht** blieben sie in der Nähe ihrer Männer. Sie brach-
　　　　　　　　　　　　　　※2
ten den Kämpfenden Speisen und machten ihnen Mut.
　　　　※3

❸ Als die **Front zusammenzubrechen drohte**, hielten sie den
　　　　　　　　　　　　　　　　　　※4
Männern die **entblößte** Brust entgegen.

❹ Auf diese Weise machten sie anschaulich, dass sie im Fall einer **Niederlage** den **Feinden** preisgegeben werden.

❺ Diese Geste der Frauen richtete die Front wieder auf.

❻ Die römischen **Truppen** mussten sich **zurückziehen**.

---

### ❗ 重要事項

□□ ※1 **berichten von** ＋名詞（3格）
　　「〜について伝える」の意味になります。

□□ ※2 **in der Nähe** ＋名詞（2格）
　　「〜の近くで」の意味です。

□□ ※3 **den Kämpfenden**
　　kämpfen「戦う」の現在分詞で、「戦っている男たちに」となります。-dが現在分詞を表し、-enは形容詞の複数3格の格変化語尾、さらに名詞化しています。

□□ ※4 **zusammenzubrechen drohte**
　　zu ... drohenで「今にも（否定的なことが）起こりそうである」になります。

〈歴史学〉ゲルマンの女たち | LEKTION **50**

CD B
32-33

#### ▶▶ 全訳

❶ ローマの歴史家タキトゥスはゲルマンの女たちの勇敢さを伝えています。
❷ ある戦いで彼女たちは男たちの近くにとどまり、戦っている男たちに食事を運び、勇気づけました。
❸ 前線が崩れかけようとしていたとき、あらわになった胸を男たちの方に向けて差し出したのでした。
❹ そうすることで、もし敗北した場合、彼女たちは敵の手にゆだねられることを明らかにしたのです。
❺ 女たちのこのジェスチャーが前線を立ち直らせました。
❻ ローマの部隊は退却しなければなりませんでした。

> コラム 『ゲルマーニア』の女性像は誇張されている？
>
> タキトゥスの歴史書『ゲルマーニア』は、長い間、ゲルマン人について真実を語っていると考えられてきましたが、最近の研究によると、彼の描写には誇張があることが分かってきました。本文では、ぜいたくにおぼれるローマ帝国の婦人に対して、戦場で夫を助ける理想の女性像がゲルマンの女性に投影されています。しかし、普通、ゲルマン人は戦場に女性を連れていかなかったので、この話は例外です。

## der Historiker
デア　ヒストリカー
男 歴史家　源 Historik（史学）+ er（人）　英 historian

Julius Cäsar war ein hervorragender Historiker.
ユリウス・シーザーは卓越した歴史家だった。

[関連] historisch　歴史の

## berichten
ベリヒテン
動 伝える　源 be（強意）+ richten（まっすぐに直す）本来は教えるの意味

Sallust berichtet über die Verschwörung des Catilina.
サルーストはカティリーナの謀反について伝えています。

[関連] der Bericht　報告

## die Tapferkeit
ディー　タプファーカイト
女 勇敢さ　源 tapfer（勇敢な）+ keit（名）

Tapferkeit ist eine wichtige Tugend.
勇敢さは大切な徳だ。

[反] die Feigheit　臆病さ

## die Schlacht
ディー　シュラハト
女 戦い

In der Schlacht bei Rain fiel Tilly.
ラインでの戦いで、ティリーは戦死した。

[関連] der Kampf　戦闘

## die Front
ディー　フロント
女 前線　英 front

Die Front kommt in Bewegung.
前線が動き出した。

[関連] frontal　正面の

## zusammen|brechen
ツザンメンブレッヒェン
分（完s）崩れる　源 zusammen（全部合わせて）+ brechen（折れる）
過／過分 brach zusammen, zusammengebrochen

Die Südfront brach zuzammen.
南方戦線は崩れた。

[別] 倒れる

## drohen
ドローエン
動 今にも～しそうだ

Die Häuser drohen einzustürzen.
家が今にも崩れそうだ。

[別] 威嚇する

〈歴史学〉ゲルマンの女たち | LEKTION **50**

## entblößen
エントブレーセン
**動** あらわにする　源 ent（離脱）+ bloß（むき出しの）+ en（動）　過分 entblößt

Er hat sein Innerstes vor ihr entblößt.
彼は心の中を彼女の前であらわにした。
[別] 奪い去る

## die Niederlage
ディー　ニーダーラーゲ
**女** 敗北　源 nieder（低い）+ Lage（位置）

Die Römer erlitten in Cannae die schwerste Niederlage ihrer Geschichte.
ローマ人はカンネで歴史の中で最も大きな敗北を喫した。
[反] der Sieg　勝利

## der Feind
デア　ファイント
**男** 敵

Die Germanen waren gefährliche Feinde des römischen Reiches.
ゲルマン人はローマ帝国の危険な敵であった。
[同] der Gegner

## die Truppe
ディー　トルッペ
**女** 部隊

Die deutschen Truppen wurden in Stalingrad eingeschlossen.
ドイツの部隊はスターリングラードで包囲された。
[関連] das Militär　軍隊

## zurück|ziehen(sich)
ツーリュックツィーエン
**分** (完h/s) 退却する　源 zurück（戻る）+ ziehen（引く）　過/過分 zog zurück, zurückgezogen

Der Feind hat sich zurückgezogen.
敵は退却した。
[反] die Offensive　攻撃

### 合わせて覚えよう

| | | |
|---|---|---|
| besetzen<br>ベゼッツェン | **動** 占領する | 源 be（所有）+ setzen（座る）<br>過分 besetzt |
| erobern<br>エアオーバーン | **動** 征服する | 源 er（動）+ ober（上に）+ n（動）→上に立つ人になる<br>過分 erobert |
| das Reich<br>ダス　ライヒ | **中** 王国 | |
| der Stamm<br>デア　シュタム | **男** 部族 | |
| die Völkerwanderung<br>ディー　フェルカーヴァンデルング | **女** 民族移動 | 源 Völker（民族）+ Wanderung（移動） |

PART 6　学術

## LEKTION 51 Deutsche Dialekte
# 〈言語学〉ドイツ語の方言

**CD** B34

❶ Es gibt in Deutschland viele **Dialekte**, wie z. B. **Bairisch**,
　　　　　　　　　　　　　　　　　　　　　　　　　　　　※1
　Plattdeutsch, Kölsch oder Berlinisch.

❷ Ein echter Kölner kann den ch-**Laut** nicht **aussprechen**.
　　※2

❸ Das führt dazu, dass er **das Wort** „Kirsche" von „Kirche" lautlich
　　※3　　　　　　　　　　　　　　※4
　nicht **unterscheiden** kann.

❹ Im Berlinischen sind **Akkusativ** und Dativ **zusammengefallen**.
　Ein Berliner würde sagen: „Ik liebe dir."(Ich liebe dich)

❺ Deutsche Dialekte sind nicht nur im Bereich der **Grammatik** und
　Artikulation, sondern auch im **Wortschatz unterschiedlich**.

❻ In Norddeutschland wird das Wort „Schlachter" für „Metzger"
　**verwendet**.

### ! 重要事項

☐☐ ※1 **Bairisch**
　　　本来、bairischは「バイエルン方言の」という形容詞ですが、無冠詞で無語尾のときは、「方言」という名詞として使います。

☐☐ ※2 **ein echter Kölner**
　　　ここでの不定冠詞einは「1人の」ではなく、「例として1人のケルン人を挙げれば」という意味で、任意の個体を想定しながらその種族一般を指します。

☐☐ ※3 **Das führt dazu, dass ...**
　　　「そのことが〜を結果としてもたらす」の意味です。

☐☐ ※4 **A（4格）von B（3格）unterscheiden**
　　　「AとBを区別する」になります。

〈言語学〉ドイツ語の方言 | LEKTION **51**

◎CD **B**
34-35

### ▶▶ 全訳

❶ ドイツにはたくさんの方言があり、例えばバイエルン方言、低地ドイツ語、ケルン方言、ベルリン方言などです。

❷ きっすいのケルン人はchの音を発音できません。

❸ さくらんぼ（Kirsche）という単語と教会（Kirche）を音声上区別することができないということになります。

❹ ベルリン方言では4格と3格が同じになりました。ベルリン人は「イック リーベ ディーア」と言うでしょう。

❺ ドイツの方言は、文法や発音だけではなく、語彙の点でも異なっています。

❻ 北ドイツでは肉屋の意味に「シュラハター（Schlachter）」という単語を使用します。

#### コラム 地方文化を守るLokalpatriot「郷土愛国者」

テレビとラジオでは標準語（Hochdeutsch）が話されるため、住んでいる地域の方言をすべて正しく話せる若者は少なくなりました。しかし、ユーモアとして数個の方言を口ずさむことは行われます。積極的に日常生活と公共の場で方言を使おうとする人々も少数います。このように、郷土の文化と言語を心から愛し、守っていこうとする人々をLokalpatriot「郷土愛国者」といいます。

**CD** B35

## der Dialekt
デア　ディアレクト
男 方言　英 dialect

In den süddeutschen Dialekten verschwand das Präteritum.
南ドイツの方言では過去形が消滅した。
[同] die Mundart

## bairisch
バイリッシュ
形 バイエルン方言の

Der bairische Sprachraum ist groß.
バイエルン方言の領域は大きい。
[関連] bayerisch　バイエルン地方の

## der Laut
デア　ラオト
男 音声

Die Phonetik untersucht die Laute.
音声学は音声を調べる。
[別] 音

## aus|sprechen
アオスシュプレッヒェン
分 発音する　源 aus（外に）+ sprechen（話す）
過/過分 sprach aus, ausgesprochen

Es ist schwierig, den O-Umlaut auszusprechen.
Oウムラウトを発音するのは難しい。
[同] artikulieren

## das Wort
ダス　ヴォルト
中 単語　英 word

Ein Satz konstituiert sich aus Wörtern.
文章は単語から成り立っている。
[関連] wörtlich　文字どおりの

## unterscheiden
ウンターシャイデン
動 区別する　源 unter（細かく）+ scheiden（分ける）
過/過分 unterschied, unterschieden

Man kann drei Typen unterscheiden.
3つのタイプを区別できる。
[関連] der Unterschied　区別

## der Akkusativ
デア　アクザティーフ
男 4格　英 accusative

Der Akkusativ wird auch als 4. Fall bezeichnet.
アクザティーフは4格とも呼ばれる。
[関連] der Nominativ　1格　der Genitiv　2格　der Dativ　3格

〈言語学〉ドイツ語の方言 | LEKTION 51

## zusammen|fallen
ツザンメンファレン

分 (完s) 同じになる　　源 zusammen（一緒）+ fallen（入る）
過／過分 fiel zusammen, zusammengefallen

☐☐ Beide Termine fallen zusammen.
両方の期限が同じだ。
[別] 崩れ落ちる

## die Grammatik
ディー　グラマティック

女 文法　　英 grammar

☐☐ Die historische und die generative Grammatik ergänzen sich gegenseitig.
歴史文法と生成文法は互いに補い合う。
[関連] grammatisch　文法的に正しい

## der Wortschatz
デア　ヴォルトシャッツ

男 語彙　　源 Wort（言葉）+ Schatz（宝）

☐☐ Ein Drittel des germanischen Wortschatzes lässt sich nicht aus dem Indogermanischen herleiten.
ゲルマン語の語彙の3分の1はインド・ゲルマン語の語彙から由来していない。
[関連] die Vokabeln　外国語の単語

## unterschiedlich
ウンターシートリヒ

形 異なった　　源 Unterschied（区別）+ lich（形）

☐☐ Es gibt unterschiedliche Meinungen.
異なった意見がある。
[同] verschieden

## verwenden
フェアヴェンデン

動 使用する　　源 ver（方向）+ wenden（向ける）本来は一定の方向に向ける意味

☐☐ Er verwendet zu viele Fremdwörter.
彼は外国語の単語を使いすぎる。
[関連] benutzen　使う

### 合わせて覚えよう

| | |
|---|---|
| der Akzent<br>デア　アクセント | 男 アクセント　英 accent |
| die Dialektologie<br>ディー　ディアレクトロギー | 女 方言学　英 dialectology |
| die Intonation<br>ディー　イントナツィオーン | 女 イントネーション　英 intonation |
| die Lautverschiebung<br>ディー　ラオトフェアシーブング | 女 音韻推移　源 Laut（音韻）+ Verschiebung（推移） |
| das Neuhochdeutsche<br>ダス　ノイホーホドイチュ | 中 新高ドイツ語　源 neu（新）+ hoch（高地）+ Deutsch（ドイツ語） |

PART 6　学術

## LEKTION 52　Verarbeitung des Leids

# 〈心理学〉心の働き

**CD B36**

❶ In unserem Leben erfahren wir Schwierigkeiten, Kummer, Not, **Traurigkeit**, **Enttäuschung**, **Verzweiflung** und Leid.

❷ Jeder ergreift unbewußt **psychische** Sicherheitsmechanismen, damit er mit den Problemen **innerlich fertig** werden kann.

❸ Der eine wird **zynisch**, der andere **skeptisch**. ※1

❹ Dieser nimmt die Sache nicht **ernst**, jener versucht, nicht mehr daran zu denken. ※2　※3　※4　※4

❺ Manchmal aber **verwandelt** sich das **seelische** Leid in körperliche Krankheiten.

❻ Die psychische **Verarbeitung** des Leids hat Sigmund Freud "Trauerarbeit" genannt.

## ❗ 重要事項

☐☐ ※1 **damit ...**
「～するために」を意味します。従属の副文ですので、動詞が文末に来ます。英語のin order that ...に相当します。

☐☐ ※2 **Der eine ... der andere ...**
einとanderが呼応して「ある人は～、またある人は～」の意味になります。

☐☐ ※3 **der andere skeptisch**
前の文章と構造が同じなので、der andere「あるいは」のあとで動詞wirdが省略されています。

☐☐ ※4 **Dieser ... jener.**
dieserとjenerが呼応して「ある人は～、またある人は～」の意味になります。

〈心理学〉心の働き | LEKTION **52**

◉ CD **B**
36-37

## ▶▶ 全訳

❶ 私達は人生の中で、問題、苦悩、困窮、悲しみ、失望、絶望、苦しみを体験します。

❷ だれもがみな、困難を内面的に克服することができるように、無意識に心の安全装置を作動させます。

❸ ある人は皮肉っぽくなり、ある人は疑い深くなります。

❹ ある人は物事をまじめにとらなくなり、またある人はそのことを考えないようにします。

❺ しかししばしば、心の苦しみは体の病気に変化します。

❻ 苦しみを精神的に処理することを心理学者フロイトは「悲しみの処理」と名づけました。

> **コラム** 心の健康を保つには忘れるのがいちばん
>
> 物事がいつも思いどおりに進むという人はごく少数で、大抵の人は、挫折や突然の不幸や失敗に見舞われるものです。恋が実らなかったり、懸命の努力が無駄であったことが分かったとき、人は投げやりになったり、シニカルになったりしますが、これは正常な心の働きです。そうすることで失望感や絶望感から自己を解放するのです。そして忘れることが、いちばんの心の健康策なのです。

PART **6** 学術

## die Traurigkeit
ディー トラオリヒカイト

**女 悲しみ** 源 traurig（悲しい）+ keit（名）

☐☐ Ihn befällt tiefe Traurigkeit.
深い悲しみが彼を襲った。
[関連] traurig　悲しい

## die Enttäuschung
ディー エントトイシュウング

**女 失望** 源 ent（離す）+ täusch(en)（錯覚する）+ ung（名）→人を間違った期待から解きはなす

☐☐ Meine Enttäuschung war groß.
私の失望は大きかった。
[関連] enttäuscht sein　がっかりする

## die Verzweiflung
ディー フェアツヴァイフルング

**女 絶望** 源 ver（強意）+ zweifel(en)（疑う）+ ung（名）

☐☐ Sie hat mich in die Verzweiflung getrieben.
彼女は私を絶望に駆り立てた。
[関連] verzweifeln　絶望する

## psychisch
プスューヒッシュ

**形 心理上の** 英 psychological

☐☐ Psychische Vorgänge sind kompliziert.
心理の動きは複雑です。
[反] physisch　肉体上の

## innerlich
インナーリヒ

**形 内面の** 源 inner（内部の）+ lich（形）
英 inner

☐☐ Er hatte innerliche Hemmungen, sie anzusehen.
彼は彼女を見ることに、内面のためらいを感じた。
[反] äußerlich　外部の

## fertig(werden)
フェルティヒ

**形 （困難などを）克服する**

☐☐ Sie ist mit der Vergangenheit noch nicht fertig geworden.
彼女はまだ過去を克服していない。
[別] 完成した、準備ができた

## zynisch
ツューニッシュ

**形 皮肉っぽい** 英 cynical

☐☐ Er ist kein zynischer Mensch.
彼は皮肉屋ではない。
[関連] der Zynismus　シニシズム

〈心理学〉心の働き | LEKTION **52**

## skeptisch
スケプティッシュ

形 疑い深い　英 sceptical

Ich bin skeptisch.
私は疑っています。

[関連] die Skepsis　懐疑

## ernst
エルンスト

形 まじめに

Er nahm die Drohung nicht ernst.
彼は脅しをまじめにとらなかった。

[別] 重大な

## verwandeln(sich)
フェアヴァンデルン

動 変化する　源 ver（強意）+ wandeln（変わる）

Ihre Zuneigung verwandelte sich in Hass.
彼女の愛情は憎しみに変化した。

[同] umwandeln　変化させる

## seelisch
ゼーリッシュ

形 心の

Die Krankheit hat seelische Ursachen.
その病気には心理的原因がある。

[関連] die Seele　心

## die Verarbeitung
ディー　フェアアルバイトゥング

女 処理　源 ver（除去）+ arbeit(en)（働く）+ ung（名）

Sie braucht mehr Zeit für die Verarbeitung ihrer Gefühlsprobleme.
彼女は感情の問題を処理するためにもっと時間が必要だ。

[別] 加工

### 合わせて覚えよう

| | |
|---|---|
| die Emotion<br>ディー　エモツィオーン | 女 感情　英 emotion |
| die Psychoanalyse<br>ディー　プスュヒョアナリューゼ | 女 心理分析　英 psychoanalysis |
| die Psychologie<br>ディー　プスュヒョロギー | 女 心理学　英 psychology |
| die Sorge<br>ディー　ゾルゲ | 女 心配 |
| die Traumdeutung<br>ディー　トラオムドイトゥング | 女 夢判断　源 Traum（夢）+ Deutung（解釈） |

PART 6　学術

# LEKTION 53 Im Paradies

# 〈心理学〉楽園での心理

**CD** B38

❶ Die Sunis, ein Stamm von Indianern in New-Mexiko, lebten in einem idealen Klima.
❷ In der Natur fanden sie mühelos alles, was sie für ihr Leben brauchten.
❸ Bei allen Tätigkeiten **empfanden** sie nur **Freude** und **Zufriedenheit**.
❹ Sie fühlten sich in ihrer Umgebung völlig geborgen.
❺ **Aggressivität**, Konkurrenzkampf, **Eifersucht** und **Neid** kannten sie überhaupt nicht.
❻ Besorgnis, Zorn, **Erregung**, **Hass**, **Wut**, **Furcht** und **Schuldgefühle** waren ihnen auch völlig fremd.

## ! 重要事項

- ※1 **alles, was ...**
  was は alles にかかる関係代名詞、「〜するものはすべて」という意味です。
- ※2 **, was ... brauchten.**
  was 以降が副文なので動詞が文末に来ます。
- ※3 **fühlten sich ... geborgen**
  直訳すると「自分自身がかくまわれているように感じていた」となります。
- ※4 **waren ihnen（3格）fremd**
  fremd は「他人の」のほかに、「知っていない」「未知の」の意味があります。

〈心理学〉楽園での心理 | LEKTION **53**

◎ CD **B**
38-39

### ▶▶ 全訳

❶ ニューメキシコのインディアンのスンニー族は理想的な気候の中に生活していました。

❷ 彼らは自然の中で、生活のために必要なものをすべてたやすく手に入れました。

❸ すべての活動の際に、彼らは喜びと満足のみを覚えました。

❹ 彼らは彼らの環境の中で大きな安心感を抱いていました。

❺ 彼らは攻撃性、競争、嫉妬、ねたみを全く知りませんでした。

❻ 憂慮、立腹、興奮、憎しみ、怒り、恐怖、罪悪感も彼らにとって、まったくなじみではありませんでした。

> **コラム** SFの世界は現代のユートピア
>
> 衣食住に不自由せずに人々が平和にくらす理想郷が地上のどこかに存在すると考えるユートピア思想がヨーロッパには根強くありました。ですから、海外からもたらされる冒険家の報告が興味津々と読まれていました。未来にはコンピュータが人間の望みをすべてかなえるというSFの発想は現代の理想郷探しなのです。ただ、地上という空間軸が未来という時間軸に移行したのです。

## empfinden
エンプフィンデン

**動 覚える**　源 emp（向かって）+ finden（見つける）
過／過分 empfand, empfunden

Sie empfindet Zorn.
彼女は怒りを覚える。

[関連] fühlen　感じる

## die Freude
ディー　フロイデ

**女 喜び**

Das Gefühl der Freude macht den Menschen heiter.
喜びの感情は人間を朗らかにする。

[関連] sich（4格）freuen　喜ぶ

## die Zufriedenheit
ディー　ツーフリーデンハイト

**女 満足**　源 zu（～へ）Frieden（平和）+ heit（名）

Er strahlt vor Zufriedenheit.
彼は満足して顔を輝かせている。

[関連] zufrieden　満足して

## geborgen
ゲボルゲン

**形 安心した**　源 bergen「かくまう」の過去分詞

Du bist bei mir geborgen.
君は僕のもとで安心していられる。

[関連] beschützt　守られて

## die Aggressivität
ディー　アグレスィヴィテート

**女 攻撃性**　源 aggressiv（攻撃的な）+ ität（名）
英 aggressiveness

Es gibt viele Theorien zur Aggressivität.
攻撃性についてたくさんの理論がある。

[関連] die Aggresion　攻撃的行為

## die Eifersucht
ディー　アイファーズフト

**女 嫉妬**　源 Eifer（熱中）+ Sucht（病的な欲求）

Die Eifersucht meiner Freundin kennt keine Grenzen.
私のガールフレンドの嫉妬はとどまることを知らない。

[関連] eifersüchtig　嫉妬深い

## der Neid
デア　ナイト

**男 ねたみ**

Neid ist ein Gefühl, bei dem man den Besitz eines anderen selbst haben möchte.
ねたみとは他人の所有物を欲しがる感情です。

[関連] beneiden　うらやましく思う

〈心理学〉楽園での心理 | LEKTION **53**

## die Erregung
ディー　エアレーグング
**女** 興奮　**源** er（結果）+ reg(en)（感情が動きだす）+ ung（名）

Im Zustand der Erregung schlägt das Herz schneller.
興奮した状態では心臓は速く鼓動する。

[同] die Aufregung

## der Hass
デア　ハス
**男** 憎しみ　**英** hate

Sie war von Hass erfüllt.
彼女は憎しみでいっぱいだった。

[関連] hassen　憎む

## die Wut
ディー　ヴート
**女** 怒り

Eine maßlose Wut erfasste ihn.
果てしない怒りが彼を捕らえた。

[関連] wütend　激怒した

## die Furcht
ディー　フルヒト
**女** 恐怖

„Furcht" bedeutet objektbezogene Angst.
「恐怖」は対象物がはっきりしている不安を意味する。

[関連] sich (4格) fürchten　恐れる

## das Schuldgefühl
ダス　シュルトゲフュール
**中** 罪悪感　**源** Schuld（罪）+ Gefühl（感情）

Das Schuldgefühl ist eine Form der Selbstkritik.
罪悪感とは自己批判の一形態である。

[関連] schlechtes Gewissen　良心の呵責

### 合わせて覚えよう

| | | |
|---|---|---|
| **ausgeglichen**<br>アオスゲグリヒェン | **形**（心の）バランスがとれた | **源** ausgleichenの過去分詞 aus（除去）+ gleichen（似ている）→違いを取り除いて均一にする |
| **die Ekstase**<br>ディー　エクスターゼ | **女** 恍惚　**英** ecstasy | |
| **fröhlich**<br>フレーリヒ | **形** 楽しい　**源** froh（楽しい）+ lich（副） | |
| **heiter**<br>ハイター | **形** 朗らかな | |
| **zärtlich**<br>ツェーアトリヒ | **形** 優しい　**源** zart（柔らかい）+ lich（形） | |

PART 6　学術

## LEKTION 54　Schadensersatz

# 〈法律学〉損害賠償

**CD** B40

❶ <u>Wer fahrlässig</u> das Leben, den Körper, die Gesundheit, die
　※1※2
Freiheit, das Eigentum oder ein sonstiges Recht eines anderen
<u>verletzt</u>, ist dem anderen zum Ersatz <u>des daraus entstehenden</u>
　※1　　　　　　　　※2　　　　　　　　　　　　※3
<u>Schadens verpflichtet</u>.
　　　　　※2

❷ Die gleiche Verpflichtung trifft <u>denjenigen, welcher</u> gegen ein den
　　　　　　　　　　　　　　　　　　　　　　※4
Schutz des anderen bezweckendes Gesetz verstößt.

❸ Hat er sich durch geistige Getränke oder ähnliche Mittel in den
Zustand der Bewusstlosigkeit versetzt, so ist er für den Schaden,
den er in diesem Zustand verursacht hat, in gleicher Weise **verant-
wortlich**.

### ❗ 重要事項

☐☐ ※1 **wer ... verletzt,**
　　　「〜を侵害する人は」となり、werはここでは「〜する人」を意味する関係代名詞です。法律関係でよく使われます。

☐☐ ※2 **wer ... , ist ... verpflichtet.**
　　　istの主語はwerです。「〜する人は〜するように義務づけられている」です。

☐☐ ※3 **des daraus entstehenden Schadens**
　　　daraus entstehendenはSchadensを修飾する冠飾句で「そのことから生じる損害の」となります。entstehendenのdは現在分詞を、enは男性2格の形容詞格変化です。

☐☐ ※4 **denjenigen, welcher...**
　　　welcherはdenjenigen「その人」にかかる関係代名詞です。

〈法律学〉損害賠償 | LEKTION **54**

◎CD B
40-41

## ▶▶ 全訳

❶ 不注意に第三者の生命、体、健康、自由、所有物もしくはその他の権利を侵害する人は、その人に対して、そのことから生じる損害を賠償するように義務づけられている。

❷ 同じ義務が第三者の保護を目的とした法律に違反する人に帰せられる。

❸ もし自分からアルコールや同様な薬剤で無意識の状態になった場合、その状態で引き起こした損害に対して責任がある。

### コラム　お酒に酔って意識がなくても、賠償義務がある

1900年に施行されたドイツ民法典（Bürgerliches Gesetzbuch, BGB）はそのちみつさと正確さから、日本をはじめとした法律後進国の手本となりました。賠償義務のある人、ない人についても詳しい記述があります。18歳未満の青少年、精神障害者、ろうあ者、意識のなかった人は責任がありません。しかし、お酒またはそれに準ずるもの（geistige Getränke）を服用していた場合は、賠償義務があります。

PART **6** 学術

## wer
ヴェーア

代 〜な人　英 who

Wer nicht das siebte Lebensjahr vollendet hat, ist für Schäden nicht verantwortlich.
7歳を終えていない（7歳以下の）人はだれでも損害に対して責任がない。

＊werは疑問の意味「だれ」にも使います。

## fahrlässig
ファールレスィヒ

形 不注意に　源 fahr(en)（行く）＋lässig（いいかげんな）

Die Anklage lautet auf fahrlässige Tötung.
告訴の内容は過失致死です。

［関連］die Fahrlässigkeit　不注意

## das Eigentum
ダス　アイゲントゥーム

中 所有物　源 eigen（自分の）＋tum（物）

Die Wohnung ist mein Eigentum.
住居は私の所有物です。

［関連］der Eigentümer　所有者

## das Recht
ダス　レヒト

中 権利

Jeder hat das Recht auf Arbeit.
だれもが労働権を持っている。

［別］法、正しいこと

## verletzen
フェアレッツェン

動 侵害する　過分 verletzt

Ihre Rechte wurden verletzt.
彼女の権利が侵害された。

［別］傷つける

## der Ersatz
デア　エアザッツ

男 賠償　源 er（回復）＋satz（=setzen　すえる）→元通りにすること

Er fordert für den Schaden Ersatz.
彼は損害に対して賠償を求めている

［別］代償

## der Schaden
デア　シャーデン

男 損害

Er hat den Schaden zu ersetzen.
彼は損害を賠償しなければならない。

［関連］schaden　害する

〈法律学〉損害賠償 | LEKTION **54**

## verpflichten
フェアプフリヒテン

**動 義務づける**  源 ver（動）+ Pflicht（義務）+ en（動）
過分 verpflichtet

Ich bin Ihnen zu Dank verpflichtet.
私はあなたに感謝することを義務づけられている。
[関連] die Verpflichtung 義務

## der Schutz
デア シュッツ

**男 保護**

Die Kinder stehen unter dem Schutz des Gesetzes
子供は法律の保護下にある。
[関連] schützen 守る

## das Gesetz
ダス ゲゼッツ

**中 法律**  源 Ge（結果）+ setz(en)（置く）→決められて置かれたもの

Ein neues Gesetz tritt in Kraft.
新しい法律が施行される。
[関連] die Vorschrift 規則

## verstoßen
フェアシュトーセン

**動 違反する**  源 ver（間違いの）+ stoßen（ぶつかる）
過/過分 verstieß, verstoßen

Er hat gegen das Ausländergesetz verstoßen.
彼は外国人法に違反した
[関連] der Verstoß 違反

## verantwortlich
フェアアントヴォルトリヒ

**形 責任のある**  源 ver（公に）+ antwort(en)（答える）→責任をとる + lich（形）

Kinder unter 7 Jahren sind für den Schaden nicht verantwortlich.
7歳未満の子供は損害に対して責任がない。
[関連] verantworten 責任を負う

### 合わせて覚えよう

|  |  |  |
|---|---|---|
| die Entschädigung<br>ディー エントシェーディグング | **女 弁償** | 源 ent（離す）+ schädig(en)（害する）+ ung（名） |
| die Haftung<br>ディー ハフトゥング | **女 責任** | 源 haft(en)（責任を負う）+ ung（名） |
| das Schmerzensgeld<br>ダス シュメルツェンスゲルト | **中 慰謝料** | 源 Schmerzen（痛み）+ Geld（お金） |
| die Verjährung<br>ディー フェアイェールング | **女 時効** | 源 ver（時間の超過）+ jähren（一年がたつ）→十分に時間がたつ |
| widerrechtlich<br>ヴィーダーレヒトリヒ | **形 違法に** | 源 wider（逆らって）+ Recht（法律）+ lich（形） |

PART 6 学術

## LEKTION 55　Beleidigung

# 〈法律学〉名誉毀損

**CD** B42

❶ **Beleidigung**. Die Beleidigung wird mit Freiheits**strafe** bis zu
　　　　　　　　　　　　　　　　　　　※1
einem Jahr oder mit Geldstrafe **bestraft**.

❷ **Verleumdung**. Wer wider besseres **Wissen** in Beziehung auf einen
　　　　　　　　　※2
anderen eine unwahre Tatsache **behauptet** oder **verbreitet**, welche
　　　　　　　　　　　　　　　　　　　　※2　　　　　　　※3
denselben **verächtlich** zu machen oder in der öffentlichen
　　　　　　　　　　※4
Meinung **herabzuwürdigen** geeignet ist, wird mit Freiheitsstrafe
bis zu zwei Jahren oder mit Geldstrafe **bestraft**.
　　　　　　　　　　　　　　　　　　　　※3

❸ Die Beleidigung wird nur auf **Antrag** verfolgt.

❹ Wenn eine Beleidigung auf der Stelle erwidert wird, so kann der
**Richter** beide Beleidiger für straffrei **erklären**.

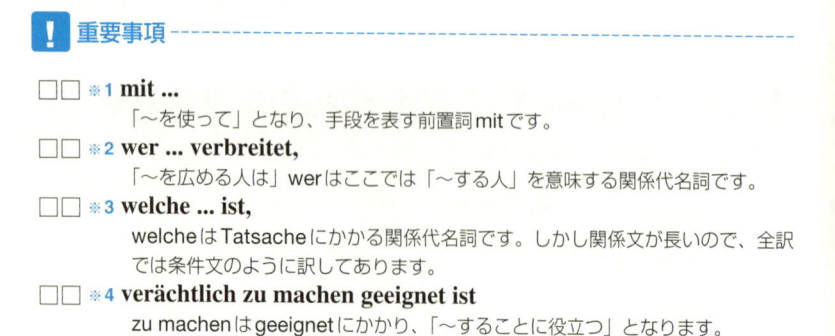

---

### ❗ 重要事項

☐☐ ※1 **mit ...**
　　　「~を使って」となり、手段を表す前置詞mitです。
☐☐ ※2 **wer ... verbreitet,**
　　　「~を広める人は」werはここでは「~する人」を意味する関係代名詞です。
☐☐ ※3 **welche ... ist,**
　　　welcheはTatsacheにかかる関係代名詞です。しかし関係文が長いので、全訳
　　　では条件文のように訳してあります。
☐☐ ※4 **verächtlich zu machen geeignet ist**
　　　zu machenはgeeignetにかかり、「~することに役立つ」となります。

〈法律学〉名誉毀損 | LEKTION 55

◎CD B
42-43

### ▶▶ 全訳

❶ 侮辱。侮辱は1年までの自由刑もしくは罰金刑によって処罰される。
❷ 中傷。間違っていると知っていながら、ある第三者との関係において、真実ではないことを主張し、または広める人は、そのことがその第三者を軽蔑に値すると評価し、または世論において名誉を傷つけることに役立つ場合、2年までの自由刑もしくは罰金刑によって処罰される。
❸ 侮辱は訴訟の申立てに基いてのみ訴追される。
❹ もし侮辱がその場で侮辱で答えられた場合、裁判官は侮辱した両者を無罪であると宣言できる。

### コラム　記事が真実なら、名誉より報道の自由

名誉毀損の訴訟は個人の間にもありますが、その大半は雑誌の記事などの出版物に対してです。一度活字になったものは、影響力が強いためです。しかし、出版社は言論と報道の自由という民主主義の原則を盾にとって、自己防衛しますから、名誉を傷つけられたかどうかは訴訟の争点になりにくく、むしろ記事が真実を伝えているかどうかが問題となります。もし記事が真実ならば、いかに名誉が傷ついても、名誉毀損とはなりません。

PART 6　学術

## die Beleidigung
ディー　ベライディグング
**女**侮辱　　源 be（動）+ leidig（煩わしい）+ ung（名）

Er hat wegen Beleidigung eine Strafanzeige erhalten.
彼は侮辱のために告発を受けた。
［関連］beleidigen　侮辱する

## die Strafe
ディー　シュトラーフェ
**女**刑

Sie bekam eine milde Strafe.
彼女は軽い刑を受けた。
［関連］strafbar　罪になる

## bestrafen
ベシュトラーフェン
**動**（法律で）処罰する　　源 be（十分に）+ strafen（罪する）　過分 bestraft

Der Dieb wurde mit 3 Monaten Gefängnis bestraft.
泥棒は3か月の禁固刑の処罰を受けた。
＊処罰の内容は mit... で表現します。

## die Verleumdung
ディー　フェアロイムドゥング
**女**中傷　　源 ver（悪く）+ Leumund（評判）+ ung（名）

Die Anklage lautet auf Verleumdung.
告訴の内容は中傷です。
［関連］verleumden　中傷する

## das Wissen
ダス　ヴィッセン
**中**知っていること

Wider besseres Wissen hat er das behauptet.
間違っていると知っていて、彼はそのことを主張した。
［関連］wissen　知っている

## behaupten
ベハオプテン
**動**主張する　　源 be（動）+ Haupt（主）+ en（動）本来は物事の支配者であることを示す

Sie behauptet, davon nichts gewusst zu haben.
彼女はそのことについて何も知らなかったと主張している。
［関連］die Behauptung　主張

## verbreiten
フェアブライテン
**動**広める　　源 ver（動）+ breit（広い）+ en（動）　過分 verbreitet

Er verbreitet ein Gerücht.
彼はうわさを広める。
［関連］die Verbreitung　普及

〈法律学〉名誉毀損 | LEKTION **55**

## verächtlich
フェアエヒトリヒ

**形** 軽蔑的な　　源 ver（逆）+ acht(en)（尊敬する）+ lich（形）

Er macht jeden verächtlich.
彼はだれをも軽蔑的に扱う。

[関連] verachten　軽蔑する

## herab|würdigen
ヘラップヴュルディゲン

**分** 名誉を傷つける　　源 herab（下に）+ würdig（名誉ある）+ en（動）

Er hat mich in aller Öffentlichkeit herabgewürdigt.
彼は公共の場で私をけなした。

[別] その地位にふさわしくない扱いをする

## der Antrag
デア　アントラーク

**男** 訴訟の申し立て　　源 an（差し出す）+ trag(en)（運ぶ）

Stirbt der Geschädigte, kann seine Frau einen Strafantrag stellen.
もし被害を受けた人が死んだ場合、その妻が訴訟の申し立てをすることができる。

[別] 提案、申請

## der Richter
デア　リヒター

**男** 裁判官

Ein Richter wurde wegen Bestechung bestraft.
1人の裁判官がわいろのため罰せられた。

[関連] der Staatsanwalt　検事

## erklären
エアクレーレン

**動** 宣言する　　源 er（結果）+ klären（明らかにする）
過分 erklärt

Der Richter hat ihn für schuldig erklärt.
裁判官は彼が有罪であると宣言した。

[別] 説明する

### 合わせて覚えよう

| der Beweis<br>デア　ベヴァイス | **男** 証拠　源 be（十分に）+ weis(en)（示す） |
| --- | --- |
| das Gefängnis<br>ダス　ゲフェングニス | **中** 刑務所　源 gefang(en)（捕まえられる）+ nis（場所） |
| das Gericht<br>ダス　ゲリヒト | **中** 裁判　源 ge（結果）+ richt(en)（正す） |
| die Strafanzeige<br>ディー　シュトラーフアンツァイゲ | **女** 告発　源 Straf（罰）+ Anzeige（届け出） |
| der Verdacht<br>デア　フェアダハト | **男** 疑惑　源 ver（悪く）+ dacht（denken 思う） |

PART **6** 学術

## LEKTION 56　Das deutsche Wirtschaftssystem

# 〈経済学〉ドイツ経済の特徴

**CD** B44

❶ Das deutsche Wirtschafts**system** hat zwei charakteristische Merkmale, die es in anderen Industrieländern nicht gibt.
　※1　　　　　　　　　　　　　　　　　　　※1
❷ Das eine ist das Universal**bank**-System, das es den **Bankiers** erlaubt,
　　　　　　　　　　　　　　　　　　　※2　　　　　　　　　　　※3
**Finanzier**, Firmen**inhaber** und gleichzeitig **Spekulant** zu sein.
　　　　　　　　　　　　　　　　　　　　　　　　　※3
❸ Die Banken verwalten fast 70% des **Kapitals** aller deutschen Aktiengesellschaften und kontrollieren die Geschäftspolitik.
❹ Das andere ist die **Selbstständigkeit** der Deutschen Bundesbank.
❺ Laut Bundesbankgesetz ist die Bundesbank von **Weisungen** der **Bundesregierung** unabhängig.
❻ Sie ist nur dazu verpflichtet, den **Geldwert** stabil zu halten und die
　　　　　　　　　　　　　　　　　　　　※4
Inflation zu kontrollieren.

---

### ❗ 重要事項

☐☐ ※1 **Merkmale, die es ... gibt.**
　　　 die は Merkmale を受ける関係代名詞で、es gibt ...「〜がある」が4格を取るので、複数4格です。

☐☐ ※2 **System das ...**
　　　 das は System にかかる関係代名詞で、中性1格です。

☐☐ ※3 **erlaubt, ... zu sein**
　　　 「〜であることを許す」zu 不定詞は「許す」内容を表します。

☐☐ ※4 **ist dazu verpflichtet, ... zu ...**
　　　 「〜するように義務づけられている」

〈経済学〉ドイツ経済の特徴 | LEKTION **56**

## ▶▶ 全訳

❶ ドイツ経済システムには、他の工業国にはない2つの特徴があります。

❷ その1つはユニバーサル銀行システムで、それは銀行家たちが、資金提供者、会社所有者、そして同時に投機家であること許しています。

❸ 銀行は全ドイツの株式会社の資本金のほとんど70％を管理し、営業政策をコントロールしています。

❹ もう1つはドイツ連邦銀行の独立性です。

❺ 連邦銀行法の文面によると、連邦銀行は連邦政府の指示に左右されません。

❻ 連邦銀行は貨幣価値を安定的に保ち、インフレーションをコントロールすることのみを、義務づけられています。

> **コラム** 銀行の支配力が強い体質はEUに受け継がれた？
>
> 銀行の支配力が強いことは、企業に放慢な経営をさせないという点ではよいのですが、リスクを極端に嫌うことから、ベンチャー企業の育成にとっては不利です。ドイツでコンピュータ関連企業が立ち遅れているのはそのためです。不景気と失業者の数字に動じず、マルクの貨幣価値のみを守ってきた連邦銀行の冷酷さは、フランクフルトのヨーロッパ中央銀行に受け継がれ、EUの基本金融政策になると考えられています。

**CD B45**

## das System
ダス　ズュステーム
中 システム　英 system

In den USA ist das Universalbankensystem seit 1934 verboten.
アメリカではユニバーサル銀行システムは1934以来禁止されている。
[関連] systematisch　組織的に

## die Bank
ディー　バンク
女 銀行　英 bank

In Deutschland beherrschen die Banken die Börse.
ドイツでは銀行が株式市場を支配している。
[関連] das Kreditinstitut　金融機関

## der Bankier
デア　バンキエー
男 銀行家　英 banker

Bankiers sind Inhaber oder Vorstandsmitglieder von Banken.
銀行家とは銀行の所有者か理事のことである。
[関連] der Bankangestellte　銀行員

## der Finanzier
デア　フィナンツィエー
男 資金提供者　英 financier

Kleine Unternehmen finden keinen Finanzier.
小規模企業は資金提供者を見つけられない。
[関連] finanzieren　資金を出す

## der Inhaber
デア　インハーバー
男 所有者　源 in(ne)（保持）＋hab(en)（持つ）＋er（人）

Herr Schmidt ist Inhaber einer Computerfirma.
シュミットさんはコンピュータの会社の所有者です。
[関連] der Besitzer　持ち主

## der Spekulant
デア　シュペクラント
男 投機家　英 speculator

Die Spekulanten erzielen Gewinne aus zukünftigen Veränderungen der Preise.
投機家たちは将来における価格の変動から利益を得る。
[関連] spekulieren　投機する

## verwalten
フェアヴァルテン
動 管理する　源 ver（他動詞を作る）＋walten（管理する）
過分 verwaltet

Herr Klein verwaltet die Geschäfte.
クラインさんが業務を管理しています。
[関連] die Verwaltung　管理

〈経済学〉ドイツ経済の特徴 LEKTION **56**

## das Kapital
ダス　カピタール
中 資本金　英 capital

Das Grundkapital ist das in Aktien angelegte Kapital.
基礎資本金とは株に投下された資本金のことです。

[関連] das Grundkapital　基礎資本金

## die Selbstständigkeit
ディー　ゼルプストシュテンディヒカイト
女 独立性　源 selbst（自分）＋Stand（立っている）＋ig（形）＋keit（名）

Die Bundesbank hat ihre Selbstständigkeit immer bewahrt.
連邦銀行はその独立性を維持してきた。

[関連] die Unabhängigkeit　自立

## die Weisung
ディー　ヴァイズング
女 指示　源 weis(en)（指示する）＋ung（名）

Er hat nach Weisung des Ministers gehandelt.
彼は大臣の指示に従って行動した。

[関連] die Anordnung　指令　die Anweisung　命令

## die Bundesregierung
ディー　ブンデスレギールング
女 連邦政府　源 Bund（連邦）＋regier(en)（統治する）＋ung（名）

Die Bundesregierung beeinflusst die Investition der Unternehmen.
連邦政府は企業の投資に影響を及ぼす。

[関連] die Landesregierung　州政府

## der Geldwert
デア　ゲルトヴェーアト
男 貨幣価値　源 Geld（貨幣）＋wert（価値）

Der Geldwert in den Industrieländern ist stabil geblieben.
工業国の貨幣価値は安定している。

[関連] die Kaufkraft　（通貨の）購買力

### 合わせて覚えよう

| | | |
|---|---|---|
| die Aktie<br>ディー　アクツィエ | 女 株 | ラテン語 actio |
| der Bankrott<br>デア　バンクロット | 男 倒産 | 英 bankruptcy |
| die Börse<br>ディー　ベルゼ | 女 株式市場 | ＊ベルギーの商人 Burse から由来。 |
| die Konkurrenz<br>ディー　コンクレンツ | 女 競争 | 英 competition |
| der Kredit<br>デア　クレディート | 男 信用貸し | 英 credit |

PART 6　学術

# LEKTION 57 Konjunkturzyklus

# 〈経済学〉景気のサイクル

**CD** B46

❶ Die Konjunktur zeigt sich als zyklische Wellenbewegung.
❷ Der typische Konjunkturzyklus dauert zwischen vier und neun Jahren.
❸ Der Verlauf lässt sich in die folgenden vier Phasen aufteilen:
❹ 1. Ende der Depression 2. Aufschwung 3. Konjunkturboom 4. Abschwung
❺ Die Auswirkungen auf die einzelnen Wirtschaftsbereiche sind verschieden.
❻ Die Konjunktur eines Landes steht im Zusammenhang mit den wirtschaftlichen Situationen seiner Partnerstaaten.

## !  重要事項

☐☐ ※1 **zeigt sich als ...**
　　　直訳は「自分自身を〜として示す」です。
☐☐ ※2 **lässt sich aufteilen**
　　　「分けられることができる」lassen sich＋動詞の不定詞で、受動＋可能の意味になります。
☐☐ ※3 **: (Doppelpunkt)**
　　　「コロン」の後に、直接に関連する詳しい説明が来ることを示します。
☐☐ ※4 **steht im Zusammenhang mit ＋名詞（3格）**
　　　「〜と関連している」を意味します。

〈経済学〉景気のサイクル | LEKTION **57**

◎ CD **B**
46-47

### ▶▶ 全訳

❶ 景気は周期的な波の運動という姿を示します。

❷ 典型的な景気のサイクルは4年から9年です。

❸ その過程は次の4つの段階に分けられます。

❹ 1. 不況の終了　2. 景気上昇　3. 好況　4. 景気後退

❺ 個々の経済の分野への影響はそれぞれ異なっています。

❻ 一国の景気はパートナーの国々の経済状況と関連があります。

### コラム　いつが景気の変わり目か？

本文は、好景気と不景気が交互に繰り返すという市場経済の基本的原理を説明しています。過去のドイツ経済の動向を見ると、この原理が正しいことが分かります。しかし問題は、いつ好景気が不景気に、いつ不景気が好景気に転換するかという未来への予測です。日本でも、だれもがバブルがいつかははじけることを知っていました。しかし、欲望に縛られた弱い心は好景気が少しでも長く続くことを願ったのです。

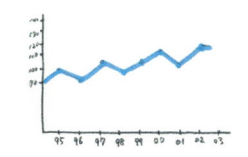

**CD B47**

## die Konjunktur
ディー コンユンクトゥーア
**女**景気　源 kon（共に）+ junktur（つながり）本来はいろいろなものがつながった状態を表す

☐☐ Die Computer-Industrie belebt die Konjunktur.
コンピュータ産業が景気を活気づけている。
[関連] die Hochkonjunktur　好景気

## die Welle
ディー ヴェレ
**女**波　英 wave

☐☐ Das Boot schaukelt auf den Wellen.
ボートは波の上で揺れている。
[関連] Deutsche Welle　ドイツ国際放送局

## die Bewegung
ディー ベヴェーグング
**女**運動　源 be（強意）+ weg(en)（動く）+ ung（名）

☐☐ Der Motor setzt Wärme in Bewegung um.
モーターは熱を運動に転換する。
[関連] bewegen　動かす

## der Zyklus
デア ツュクルス
**男**サイクル　英 cycle

☐☐ In einem Zyklus kehren Dinge regelmäßig wieder.
サイクルでは物が定期的に反復する。
[同] der Kreislauf

## die Phase
ディー ファーゼ
**女**段階　英 phase

☐☐ Die Konjunkturentwicklung ist in einer schwierigen Phase.
景気の発展は難しい段階にある。
[同] die Stufe

## die Depression
ディー デプレスィオーン
**女**不況　英 depression

☐☐ Die japanische Wirtschaft ist in einer Phase der Depression.
日本の経済は不景気の段階にある。
[別] 意気消沈

## der Aufschwung
デア アオフシュヴング
**男**景気上昇　源 auf(上へ)+ Schwung（勢いの強い動き）
英 upswing

☐☐ In den 50er Jahren erlebte die deutsche Wirtschaft einen andauernden Aufschwung.
１９５０年代にドイツの経済は長く続く景気上昇を経験した。
[反] der Abschwung　景気後退

## 〈経済学〉景気のサイクル | LEKTION 57

### der Boom
デア ブーム
【男】好況　【英】boom

Das Inflationsrisiko ist in der Phase des Booms groß.
インフレーションの危険は好況の時に大きい。
[別] 大流行

### die Auswirkung
ディー アオスヴィルクング
【女】影響　【源】aus（外へ）+ wirk(en)（作用する）+ ung（名）

Die Auswirkungen der Rezession auf den Arbeitsmarkt sind katastrophal.
労働市場への不況の影響は破壊的だ。
[関連] sich（4格）auswirken　影響する

### die Wirtschaft
ディー ヴィルトシャフト
【女】経済　【源】Wirt（経営者）+ schaft（行為）

Die deutsche Wirtschaft ist stabil.
ドイツの経済は安定している。
[関連] wirtschaftlich　経済的な、経済上の

### der Bereich
デア ベライヒ
【男】分野　【源】(bereichen 到達する（古い意味）) 本来は到達した範囲

Im Bereich der Metallindustrie hält die Depression an.
金属工業の分野では不況が続いている。
[同] der Sektor

### der Partnerstaat
デア パートナーシュタート
【男】パートナーの国　【源】Partner（パートナー）+ Staat（国家）　【英】partner country

Die USA ist für Deutschland ein wichtiger Partnerstaat.
アメリカはドイツにとって重要なパートナーの国です。
[同] das Partnerland

#### 合わせて覚えよう

| | | |
|---|---|---|
| die Betriebswirtschaft<br>ディー ベトリープスヴィルトシャフト | 【女】経営学　【源】Betrieb（企業）+ Wirtschaft（学問） | |
| die Inflation<br>ディー インフラツィオーン | 【女】インフレーション　【英】inflation | |
| die Rezession<br>ディー レツェスィオーン | 【女】不況　【英】recession | |
| stabil<br>シュタビール | 【動】安定した　【英】stable | |
| die Volkswirtschaft<br>ディー フォルクスヴィルトシャフト | 【女】国民経済　【源】Volk（国民）+ Wirtschaft（経済） | |

PART 6　学術

## LEKTION 58 Massenmedien und Verbraucher

# 〈社会学〉マスメディアと消費者

**CD** B48

❶ Die Massenmedien beeinflussen die Psychologie der Verbraucher.

❷ In der Werbung wird eine Traumwelt suggeriert.

❸ Der Verbraucher bildet sich ein, einen Teil davon realisieren zu können, wenn er das Produkt kauft.
※1 ※2
※3

❹ Die heutigen Konsumenten beachten nicht mehr die Qualität der Produkte, sondern kaufen Gefühle, die die Produkte erwecken.

❺ Das Bewusstsein der Konsumenten wird von einer Flut von Bildern und Zeichen überschwemmt, die durch die Massenmedien vermittelt werden.
※4

❻ Es besteht die Gefahr, dass die Grenze zwischen Realität und Traum nicht wahrgenommen wird.

---

**!** 重要事項

□□ ※1 **bildet sich ein**
einbilden「～と思い込む」は分離動詞かつ再帰動詞です。sichは3格です。

□□ ※2 **realisieren zu können**
「実現できるということ」zu不定詞はeinbildenにかかっていて、「何を思い込むか」を表現しています。

□□ ※3 **wenn ...**
「もし～すれば」の意味の条件文を作ります。

□□ ※4 **..., die ... vermittelt werden.**
dieはBildernとZeichenにかかる関係代名詞で、「マスメディアによってもたらされる画像と記号」となります。

〈社会学〉マスメディアと消費者 | LEKTION 58

## ▶▶ 全訳

❶ マスメディアは消費者の心理に影響を及ぼす。

❷ コマーシャルでは夢の世界が演出される。

❸ 消費者は、当の製品を買えばその一部分を実現できると思い込むのである。

❹ 今日の消費者は製品のクオリティーにもはや注意を払わず、製品が呼び起こす感情を買うのである。

❺ 消費者の意識はマスメディアによって伝えられる画像と記号の洪水であふれている。

❻ 現実と夢の境界が認識されないという危険がある。

### コラム　マスメディアとインテリ

ドイツのインテリの間では、マスメディアの悪影響がよく議論されています。本文のテキストではそのひとつの例がまとめられています。マスメディアが映し出す夢と冒険の世界やセンセーショナルな画像は、伝統的な教養世界に住むインテリにとって憎悪の対象であっても、一日中生活のための労働を行っているふつうの人々にとっては、自分の現実では体験できないあこがれの対象なのかもしれません。

## die Massenmedien
ディー　マッセンメーディエン
**複マスメディア**　源 Massen（大衆）+ medien（媒介）
英 mass media

Die Massenmedien beeinflussen weite Kreise der Bevölkerung.
マスメディアは住民の大多数に影響を及ぼす。

＊単数は das Massenmedium。

## beeinflussen
ベアインフルッセン
**動〜に影響を及ぼす**　源 be（動）+ Einfluss（影響）+ en（動）

Die Jugendlichen lassen sich leicht von den Massenmedien beeinflussen.
青年は簡単にマスメディアに影響される。

＊日本語では「〜に」でも、ドイツ語では４格。

## der Verbraucher
デア　フェアブラオハー
**男消費者**　源 ver（終わりまで）+ brauch(en)（必要とする）+ er（人）

Die Verbraucher sind kritisch.
消費者は注意深い。

［同］der Konsument, Käufer

## die Werbung
ディー　ヴェルブング
**女コマーシャル**　源 werb(en)（宣伝する）+ ung（名）

Frauen und Kinder sind die Zielgruppen der Werbung.
女性と子供がコマーシャルのターゲットだ。

［関連］die Werbeagentur　広告代理店

## die Traumwelt
ディー　トラオムヴェルト
**女夢の世界**　源 Traum（夢）+ Welt（世界）

In dem Film wird eine Traumwelt dargestellt.
その映画では一つの夢の世界が描かれている。

［関連］die Traumfrau　夢にみるようないい女

## ein|bilden(sich)
アインビルデン
**分思い込む**　源 ein（心の中で）+ bilden（作る）
過分 eingebildet

Er bildet sich ein, klug zu sein.
彼は頭がいいと思い込んでいる。

［関連］die Einbildung　空想

## das Produkt
ダス　プロドゥクト
**中製品**　英 product

Der Mensch ist das Produkt seiner Erziehung.
人間とは教育の製品である。

［関連］produzieren　生産する

〈社会学〉マスメディアと消費者 | LEKTION **58**

## beachten
ベアハテン

**動**注意を払う　源 be（他動詞をつくる）+ achten（注意する）　過分 beachtet

□□ Sie beachtet die Spielregeln nicht.
彼女はルールに注意を払わない。
[関連] berücksichtigen　配慮する

## die Qualität
ディー　クヴァリテート

**女**クオリティー　英 quality

□□ Mit der Qualität der Möbel sind die Kunden nicht zufrieden.
家具のクオリティーに客は満足していない。
[関連] die Quantität　量

## das Gefühl
ダス　ゲフュール

**中**感情　源 ge（結果）+ fühl(en)（感じる）　英 feeling

□□ Ein Gefühl der Reue ergreift ihn.
後悔の感情が彼を襲った。
[関連] gefühllos　無感覚の

## das Bewusstsein
ダス　ベヴストザイン

**中**意識　源 bewusst（知っている）+ Sein（あり方）

□□ Der Patient verliert das Bewusstsein.
患者は意識を失う。
[関連] unbewußt　無意識に

## vermitteln
フェアミッテルン

**動**伝える　源 ver（動）+ mittel（中央）+ n（動）→間に入る　過分 vermittelt

□□ Der Film vermittelt uns ein falsches Bild von Japan.
その映画は日本についての間違った姿を伝えている。
[別] 仲裁する

### 合わせて覚えよう

| | | |
|---|---|---|
| **das Bild**<br>ダス　ビルト | **中**画像 | |
| **konsumieren**<br>コンズミーレン | **動**消費する　英 consume　過分 konsumiert | |
| **die „Kulturindustrie"**<br>ディー クルトゥーアインドゥストリー | **女**文化産業　＊アドルノの用語。 | |
| **der Luxus**<br>デア　ルクスス | **男**贅沢　英 luxury | |
| **die Wirklichkeit**<br>ディー　ヴィルクリヒカイト | **女**現実　源 wirklich（本当の）+ keit（名）<br>[同] die Realität | |

PART 6　学術

# LEKTION 59 Diagnose

## 〈医学〉大学病院での診断

**CD B50**

❶ In der Universitäts**klinik** Köln wurde ein schwerkrank aussehender Mann gründlich **untersucht**.
※1
❷ Die **Diagnose** lautete auf Gehirn**tumor**, Knochen**krebs** und **Leukämie**.
※1
❸ Die Ärzte sagten ihm, dass der Tumor sofort **operiert** und ihm das rechte Bein **amputiert** sowie eine **Knochenmark-Transplantation** durchgeführt werden müsse.
※2　　　　　　　　　　　　　　　　　　　　※3
❹ Der Mann erwiderte, sein **Kreislauf** sei stabil, und der **Stoffwechsel** funktioniere hervorragend.
※3
❺ Ein Arzt sagte, es sei eigentlich ein Wunder, dass er noch am Leben sei. Der Mann antwortete darauf, er sei schon tot, und verschwand auf der Stelle.
※3

---

### ! 重要事項

☐☐ ※1 **wurde ... untersucht.**
　　　受動態の過去ですので「検査された」となります。

☐☐ ※2 **durchgeführt**
　　　durchführenは「実行する」という意味ですが、ここではその意味が希薄になり、ただ「する」という意味です。このように本来の意味を失い、動作を表す名詞の補助を行う動詞を機能動詞といいます。

☐☐ ※3 **müsse, ... sei, ... funktioniere**
　　　接続法1式の間接話法で、話の内容が事実かどうか判断できないときに使います。

〈医学〉大学病院での診断 | LEKTION **59**

◉ CD **B**
**50-51**

## ▶▶ 全訳

❶ 重病のように見える男がケルン大学病院で徹底的に検査されました。

❷ 診断は脳腫瘍、骨肉腫、白血病ということでした。

❸ 腫瘍は手術され、彼の右足は切断され、骨髄移植が行われなければならないと、医者たちは彼に言いました。

❹ 血液循環は安定していて、新陳代謝は素晴らしく機能していると男は答えました。

❺ 彼がまだ生きていることがそもそも奇跡だとある医者は言いました。私はもう死んでいるんですと答えて、男はその場で消えました。

＊本文のテキストは病名と医学用語を羅列するために書かれたフィクションです。どうぞご理解ください。

### コラム 大学病院

緊急の患者以外は、一般の町医者の紹介状がなければ、大学病院で診察してもらえません。大学病院は風邪、胃炎、ねん挫など、薬で治る軽い病気のためではなく、生と死の間をさまよう難病の患者のためにあります。筆者が胃炎で大学病院に行ったらば、そのように言われて追い返されました。

**CD** B51

## die Klinik
ディー クリーニック
**女**(大学)病院　英 clinic

- [ ] Der Verletzte wurde in die Klinik eingeliefert.
負傷者は病院に運ばれた。
[関連] das Krankenhaus　病院

## untersuchen
ウンターズーヘン
**動**検査する　源 unter（床まで下に）+ suchen（探す）
→徹底的に調べる　過分 untersucht

- [ ] Die Wunde wurde sorgfältig untersucht.
傷は注意深く診察された。
[関連] behandeln　治療する

## die Diagnose
ディー ディアグノーゼ
**女**診断　英 diagnosis

- [ ] Der Arzt hat eine falsche Diagnose gestellt.
その医者は間違った診断をした。
[関連] diagnostizieren　診断する

## der Tumor
デア トゥーモア
**男**腫瘍　英 tumour

- [ ] Der Patient hat einen Tumor.
患者には腫瘍がある。
[関連] die Tumorentfernung　腫瘍摘出

## der Krebs
デア クレープス
**男**癌

- [ ] Mein Vater ist an Krebs gestorben.
父は癌で死んだ。
[関連] der Lungenkrebs　肺癌

## die Leukämie
ディー ロイケミー
**女**白血病　英 leukaemia

- [ ] Mein Bruder leidet an Leukämie.
兄は白血病にかかっている。
[同] der Blutkrebs

## operieren
オペリーレン
**動**手術する　英 operate
過分 operiert

- [ ] Der Verletzte muss operiert werden.
負傷者は手術されなければならない。
[関連] die Operation

〈医学〉大学病院での診断 | LEKTION **59**

## amputieren
アンプティーレン

**動** 切断する　英 amputate　過分 amputiert

Der Arzt musste ihm den Arm amputieren.
医者は彼の腕を切断しなければならなかった。

[関連] die Amputation　切断

## das Knochenmark
ダス　クノッヘンマルク

**中** 骨髄　源 Knochen（骨）+ Mark（髄）

Das Knochenmark ist weiches Gewebe in den Hohlräumen von Röhrenknochen.
骨髄は管状骨の空洞の中の軟らかい組織です。

[関連] die Knochenmarkentzündung　骨髄炎症

## die Transplantation
ディー　トランスプランタツィオーン

**女** 移植　源 trans（移す）+ Plantation（植える）
英 transplant

Der Arzt nahm eine Transplantation vor.
医者は移植を行った。

[関連] transplantieren　移植する

## der Kreislauf
デア　クライスラオフ

**男** 血液循環　源 Kreis（円）+ Lauf（走り）

Die Hitze belastet den Kreislauf.
猛暑が血液循環に負担をかけている。

[同] der Blutkreislauf

## der Stoffwechsel
デア　シュトッフヴェクセル

**男** 新陳代謝　源 Stoff（物質）+ Wechsel（交替）

Die Störungen des Stoffwechsels führen zu schweren Krankheiten.
新陳代謝の障害は重い病気を引き起こす。

[関連] die Stoffwechselkrankheit　代謝疾患

### 合わせて覚えよう

| | | |
|---|---|---|
| das Attest<br>ダス　アテスト | **中** 診断書 | |
| die Entzündung<br>ディー　エントツュンドゥング | **女** 炎症 | 源 ent（開始）+ zünd(en)（点火する）+ ung（名）→発火 |
| die Gastritis<br>ディー　ガストリティス | **女** 胃炎 | 英 gastritis |
| die Hepatitis<br>ディー　ヘパティーティス | **女** 肝炎 | 英 hepatitis |
| der Patient<br>デア　パツィエント | **男** 患者 | 英 patient |

PART 6　学術

## LEKTION 60 Seelische Störungen

# 〈医学〉心の病い

**CD** B52

① Die Phobie ist eine **irrationale Angst**reaktion, bei der bestimmte Körper**reaktionen** wie **Panik**, Schweißausbrüche und Übelkeit **auftreten**.

② Der Anankasmus ist eine Zwangs**krankheit**, bei der sich der Patient von bestimmten Gedanken nicht befreien kann.

③ Der Pedant **leidet** an einem Ordnungs**zwang**, der Kleptomane an einem Stehlzwang.

④ Die Schizophrenie gilt als Sammelbegriff für **wahn**hafte **Vorstellungen**.

⑤ Der Betroffene **fühlt**, dass er ständig **verfolgt**, benachteiligt oder betrogen wird.

---

### ！ 重要事項

☐☐ ※1 **Angstreaktion**
　　ドイツ語には造語が多く、辞書に載っていない場合もあります。そのときは自分の想像力を使って訳します。Angstreaktionは「不安反応」ではなく、「不安になる反応」と訳しましょう。

☐☐ ※2 **Angstreaktion, bei der ...**
　　derはAngstreaktionにかかる関係代名詞です。bei「その場合」がderの前にあるように、ドイツ語では前置詞ごと文頭に出ます。英語では前置詞は後ろに残ります。

☐☐ ※3 **Kleptomane an einem ...**
　　anの前にleidetが省略されています。

〈医学〉心の病い | LEKTION **60**

## ▶▶ 全訳

❶ 恐怖症は合理的な理由がないのに不安になる反応で、その際パニックになったり、汗が吹き出たり、吐き気がしたりといった肉体の反応が急に現れます。

❷ 強迫神経症は強迫観念に支配される病気で、その病気では患者はある考えから逃れることができません。

❸ 小事にこだわる人は整理するという強迫症に、盗癖のある人は盗むという強迫症に苦しんでいます。

❹ 統合失調症は妄想がもたらすイメージに対する総称です。

❺ 患者は常に、迫害されている、不利に扱われている、もしくはだまされていると感じます。

### コラム　精神相談所

競争社会に生きる現代人の心が受けるストレスは相当なもので、情報の氾濫や生活環境の変化などのために、心身のバランスを崩してしまう人もいます。それはドイツでも同じで、特に大学生の罹患率が高く、試験のストレス、将来への不安、親への経済依存などが原因と考えられています。これは公的な調査によって実証されており、各大学にpsychotherapeutische Beratungsstelle「精神相談所」が設置されています。

**CD B53**

## irrational
イラツィオナール
形 非合理的な　英 irrational
源 ir（非）＋ rational（合理的な）

Er verhält sich völlig irrational.
彼は全く非合理的にふるまう。
［関連］der Irrationalismus　非合理主義

## die Angst
ディー アングスト
女 不安

Ich habe Höhenangst.
私は高所恐怖症です。
［関連］die Furcht　恐れ　der Schrecken　（急激な）恐怖

## die Reaktion
ディー レアクツィオーン
女 反応　英 reaction

Psychische Reaktionen sind kompliziert.
精神の反応は複雑です。
［関連］reagieren　反応する

## die Panik
ディー パーニック
女 パニック　英 panic

Er geriet in Panik.
彼はパニックに陥った。
［関連］panisch　パニック状態の

## auf|treten
アオフトレーテン
分（完s）現れる　源 auf（急に）＋ treten（歩む）
過／過分 trat auf, aufgetreten

Mehrere Symptome von Neurose traten auf.
精神症の兆候が現れた。
［別］登場する

## die Krankheit
ディー クランクハイト
女 病気　源 krank（病気の）＋ heit（名）

Es gibt verschiedene psychische Krankheiten.
いろいろな精神病がある。
［関連］der (die) Kranke　病人

## leiden
ライデン
動 苦しむ　過／過分 litt, gelitten

Er leidet an Depression.
彼はうつ病に悩んでいる（かかっている）。
［関連］das Leid　苦悩　das Leiden　難病　die Leiden　悩み

〈医学〉心の病い | LEKTION **60**

## der Zwang
デア　ツヴァング
男 強迫（観念）

- Psychologisch gesehen bedeutet "Zwang", dass man von Vorstellungen beherrscht ist.
  心理学的には、「強迫」とは観念に支配されていることを意味する。
  [関連] zwingen　強いる

## der Wahn
デア　ヴァーン
男 妄想

- der "Größenwahn"
  誇大妄想（ベルリンの有名な喫茶店の名前）
  [関連] wahnhaft　非現実の　wahnsinnig　気の狂った

## die Vorstellung
ディー　フォーアシュテルング
女 イメージ　源 vor（前に）+ stell(en)（立てる）+ ung（名）

- "Die Welt als Wille und Vorstellung"
  『意志と表象としての世界』（ショーペンハウアーの著書）
  [別] 自己紹介（想像は「物を自分の前に立てる」という組み立てになっており、「自分を前に立てる」自己紹介ともつながる。）

## fühlen
フューレン
動 感じる　英 feel

- Der Patient fühlt sich überall überwacht.
  患者は至る所で監視されていると感じている。
  [関連] das Gefühl　感情

## verfolgen
フェアフォルゲン
動 迫害する　源 ver（他動詞を作る）+ folgen（ついてゆく）→執拗に追跡する

- Er wurde aus religiösen Gründen verfolgt.
  彼は宗教上の理由で迫害された。
  [別] 追跡する

### 合わせて覚えよう

| | | |
|---|---|---|
| der Anfall<br>デア　アンファル | 男 発作 | 源 an（めがけて）+ fall(en)（すばやく動く）本来は突然の襲撃を意味する |
| die Depression<br>ディー　デプレスィオーン | 女 うつ病 | 英 depression |
| die Hysterie<br>ディー　ヒュステリー | 女 ヒステリー | 英 hysteria |
| die Paranoia<br>ディー　パラノイア | 女 偏執狂 | 英 paranoia |
| die Störung<br>ディー　シュテールング | 女 錯乱 | |

# Part 6 チェックテスト

CHECK TEST

## A ドイツ語の単語を日本語に訳してみましょう。

1. der Feind _____
2. verwenden _____
3. innerlich _____
4. geborgen _____
5. das Recht _____
6. der Richter _____
7. das Kapital _____
8. die Konjunktur _____
9. das Produkt _____
10. die Klinik _____

## B 日本語に当てはまるドイツ語を書いてみましょう。

1. 伝える _____
2. 単語 _____
3. 克服する _____
4. 喜び _____
5. 法律 _____
6. 主張する _____
7. 銀行 _____
8. 好況 _____
9. コマーシャル _____
10. 検査する _____

---

### 解答

**A** 1. 敵 2. 使用する 3. 内面的な 4. 安心感を抱いて 5. 権利 6. 裁判官 7. 資本金 8. 景気 9. 製品 10. 病院

**B** 1. berichten 2. das Wort 3. fertig werden 4. die Freude 5. das Gesetz 6. behaupten 7. die Bank 8. der Boom 9. die Werbung 10. untersuchen

# 索引 index

German listening & speaking

日本語索引　ドイツ語付き

## あ

| 日本語 | ドイツ語 | ページ |
|---|---|---|
| あいさつ | der Gruß | 59 |
| 愛する | lieben | 184 |
| 会う | treffen | 58 |
| 赤い | rot | 177 |
| 赤字 | das Defizit | 109 |
| 明るい | hell | 23 |
| 赤ん坊 | das Baby | 101 |
| アクセント | der Akzent | 225 |
| 悪魔 | der Teufel | 151 |
| 悪夢 | der Alptraum | 173 |
| 揚げパン、パンケーキ | der Pfannkuchen | 43 |
| 朝 | der Morgen | 184 |
| 麻 | das Leinen | 47 |
| アジアの | asiatisch | 127 |
| ～の味がする | schmecken | 34 |
| あそこに（で） | dort | 181 |
| 新しい | neu | 22 |
| 暑い | heiß | 54 |
| 集まる | versammeln (sich) | 150 |
| 兄（弟） | der Bruder | 189 |
| 姉（妹） | die Schwester | 189 |
| 油で揚げる | frittieren | 127 |
| 甘い | süß | 34 |
| 甘やかす | verwöhnen | 101 |
| 編み物をする | stricken | 19 |
| 雨が降る | regnen | 55 |
| 洗う | waschen | 14 |
| 嵐 | der Sturm | 55 |
| 粗挽き黒パン | das Vollkornbrot | 43 |
| あらわにする | entblößen | 221 |
| 現れる | auf\|treten | 260 |
| アリア | die Arie | 119 |
| （立った状態で）ある、いる | stehen | 176 |
| アンサンブル | das Ensemble | 46 |
| 安心した | geborgen | 232 |
| 安定した | stabil | 249 |
| 言い返す | erwidern | 101 |
| 家 | das Haus | 23 |
| イエローカード | Gelbe Karte | 51 |
| 胃炎 | die Gastritis | 257 |
| 怒り | die Wut | 233 |
| 異教的な | heidnisch | 151 |
| （乗り物で）行く | fahren | 15 |
| 行く | gehen | 58 |
| いけにえ | das Opfer | 151 |
| 以降 | ab | 210 |
| 居心地がよい | gemütlich | 23 |
| 意識 | das Bewusstsein | 253 |
| いじめる | quälen | 100 |
| 慰謝料 | das Schmerzensgeld | 237 |
| 衣装 | das Kostüm | 47 |
| 移植 | die Transplantation | 257 |
| いす | der Stuhl | 26 |
| 痛み | der Schmerz | 185 |
| 位置する | liegen | 54 |
| 一度焼きビスケット | der Einback | 43 |
| 市場 | der Markt | 108 |
| 一緒に | zusammen | 161 |
| 違反する | verstoßen | 237 |
| イブニングドレス | das Abendkleid | 47 |
| 違法に | widerrechtlich | 237 |
| 居間 | das Wohnzimmer | 22 |
| 居間 | die Stube | 165 |
| 今にも～しそうだ | drohen | 220 |
| 意味 | der Sinn | 180 |
| 意味する | bedeuten | 180 |
| イメージ | die Vorstellung | 261 |
| 以来 | seit | 105 |
| 祝う | feiern | 142 |
| インターネット | das Internet | 93 |
| イントネーション | die Intonation | 225 |
| インフレーション | die Inflation | 249 |

| 日本語 | ドイツ語 | ページ |
|---|---|---|
| ヴァルドルフ学校 | die Waldorfschule | 131 |
| ～の上に | auf | 176 |
| 迂回路 | die Umleitung | 77 |
| ウサギ | der Hase | 143 |
| 牛 | die Kuh | 169 |
| 薄気味悪い | ungeheuer | 172 |
| 薄暗い | düster | 189 |
| 歌 | das Lied | 181 |
| 歌う | singen | 181 |
| 疑い深い | skeptisch | 229 |
| 美しい | schön | 181 |
| うつ病 | die Depression | 261 |
| 奪う | erbeuten | 88 |
| 生まれた | geboren | 72 |
| うるさい | laut | 211 |
| 運転手 | der Fahrer | 77 |
| 運動 | die Bewegung | 248 |
| 映画館 | das Kino | 18 |
| 影響 | die Auswirkung | 249 |
| ～に影響を及ぼす | beeinflussen | 252 |
| エコロジー | die Ökologie | 203 |
| エネルギー政策 | die Energiepolitik | 198 |
| エネルギー節約 | das Energiesparen | 199 |
| 選ぶ | wählen | 108 |
| 得る | bekommen | 31 |
| エレガントな | elegant | 46 |
| 炎症 | die Entzündung | 257 |
| エンジン | der Motor | 84 |
| 追い立てる | jagen | 164 |
| 王 | der König | 138 |
| 王国 | das Königreich | 161 |
| 王国 | das Reich | 221 |
| 王朝 | die Dynastie | 139 |
| オオカミ | der Wolf | 157 |
| 大きい | groß | 193 |
| オーケストラ | das Orchester | 119 |
| オードブル | die Vorspeise | 38 |
| オートマチック | die Automatik | 85 |
| オーブンで焼く | backen | 127 |
| 大目に見る | nach \| sehen | 101 |
| 起きる | auf \| stehen | 14 |
| 怒って | zornig | 100 |
| 怒っている | böse | 160 |
| 行われる | statt \| finden | 66 |
| 怒らせる | ärgern | 101 |
| 起こる | ereignen (sich) | 76 |
| 起こる | geschehen | 173 |
| 恐しい | entsetzlich | 198 |
| 落ち着いた | ruhig | 188 |
| 落ち着かない | unruhig | 172 |
| 落ちてくる | herabfallen | 161 |
| 脅す | bedrohen | 89 |
| 同じになる | zusammen \| fallen | 225 |
| オフサイド | das Abseits | 51 |
| お風呂に入る | baden | 19 |
| オペラ | die Oper | 118 |
| オペレッタ | die Operette | 119 |
| 覚える | empfinden | 232 |
| 思い込む | ein \| bilden(sich) | 252 |
| 思いやりがある | einfühlsam | 63 |
| 泳ぐ | schwimmen | 58 |
| オリンピック | die Olympiade | 135 |
| 折る | brechen | 177 |
| 音韻推移 | die Lautverschiebung | 225 |
| 音声 | der Laut | 224 |
| 温暖な | mild | 54 |
| オンドリ | der Hahn | 165 |
| 女友達 | die Freundin | 19 |

## か

| 日本語 | ドイツ語 | ページ |
|---|---|---|
| カーテン | der Vorhang | 27 |
| カーブ | die Kurve | 77 |
| 階 | die Etage | 23 |
| 会員 | das Mitglied | 134 |

| 日本語 | ドイツ語 | ページ |
|---|---|---|
| 絵画 | das Gemälde | 139 |
| 外貨保有高 | die Währungsreserve | 109 |
| 外国通貨 | die Devisen | 109 |
| 会社 | die Firma | 73 |
| 回収システム | das Sammelsystem | 215 |
| 外出する | aus\|gehen | 19 |
| 快適 | der Komfort | 80 |
| 回転盤 | die Drehscheibe | 147 |
| 会費 | der Beitrag | 134 |
| 解放する | erlösen | 161 |
| 買い物 | das Einkaufen | 202 |
| 会話 | das Gespräch | 63 |
| 買う | kaufen | 27 |
| カエル | der Frosch | 160 |
| 顔 | das Gesicht | 14 |
| 書かれていない | ungeschrieben | 210 |
| 核 | der Kern | 199 |
| 学位 | das Diplom | 97 |
| 格言 | der Spruch | 126 |
| 学部 | die Fakultät | 97 |
| 学歴 | der Bildungsweg | 97 |
| カシミア | der Kaschmir | 46 |
| 歌手 | der Sänger | 119 |
| 家臣 | der Untertan | 139 |
| 風 | der Wind | 188 |
| 画像 | das Bild | 253 |
| 加速する | beschleunigen | 85 |
| 片付ける | bewältigen | 104 |
| 家畜小屋 | der Stadel | 169 |
| 勝つ | gewinnen | 135 |
| 学科 | das Fach | 96 |
| 楽器 | das Musikinstrument | 210 |
| 活気づける | beleben | 105 |
| かっこいい | gutaussehend | 63 |
| 学校生活 | das Schulleben | 131 |
| 活用する | verwerten | 214 |
| カツレツ | das Schnitzel | 39 |
| 家庭 | die Familie | 101 |
| 悲しみ | die Traurigkeit | 228 |
| 株 | die Aktie | 245 |
| 株式会社 | die AG (Aktiengesellschaft) | 73 |
| 株式市場 | die Börse | 245 |
| カブリ | das Kabriolett | 84 |
| (ベルリンの)壁 | die Mauer | 105 |
| 壁 | die Wand | 173 |
| 貨幣価値 | der Geldwert | 245 |
| 釜 | der Ofen | 147 |
| 神 | der Gott | 185 |
| 髪 | das Haar | 181 |
| 下面発酵 | die Untergärung | 35 |
| 〜かもしれない | mögen | 185 |
| 狩人 | der Jäger | 157 |
| 火力発電所 | das Heizkraftwerk | 199 |
| 軽い | leicht | 84 |
| カレイ | die Scholle | 42 |
| かわいい | hübsch | 47 |
| かわいそうな | arm | 157 |
| 変わりやすい | wechselhaft | 54 |
| 癌 | der Krebs | 256 |
| 肝炎 | die Hepatitis | 257 |
| 考える | denken | 173 |
| 環境 | die Umwelt | 215 |
| 環境汚染 | die Umweltverschmutzung | 199 |
| 環境に優しい | umweltfreundlich | 202 |
| 監禁する | ein\|sperren | 147 |
| 歓迎している | willkommen | 80 |
| 感じがいい | nett | 59 |
| 感じのいい | sympathisch | 63 |
| 患者 | der Patient | 257 |
| 感情 | die Emotion | 229 |
| 感情 | das Gefühl | 253 |
| 感じる | fühlen | 261 |
| 関心 | das Interesse | 207 |
| 乾燥している | trocken | 54 |
| 管理する | verwalten | 244 |

| 日本語 | ドイツ語 | ページ |
|---|---|---|
| 記憶させる | speichern | 92 |
| 気温 | die Temperatur | 55 |
| 企業 | das Unternehmen | 109 |
| 危険 | die Gefahr | 199 |
| 聞こえる、聞く | hören | 188 |
| 記事 | der Artikel | 96 |
| 技術 | die Technik | 146 |
| キス | der Kuss | 192 |
| 期待 | die Erwartung | 108 |
| 汚い | schmutzig | 203 |
| 絹 | die Seide | 46 |
| 記念日 | das Jubiläum | 105 |
| 機能 | die Funktion | 92 |
| 厳しい | hart | 97 |
| 厳しい | streng | 192 |
| 希望 | die Hoffnung | 122 |
| 奇妙に | wunderlich | 156 |
| 義務づける | verpflichten | 237 |
| 客 | der Gast | 80 |
| 客室 | das Gästezimmer | 23 |
| 休息する | aus\|ruhen (sich) | 19 |
| 急速に | rasch | 104 |
| 休養 | die Erholung | 81 |
| ギュロス（ギリシャ風あぶり肉） das Gyros | | 43 |
| 教育 | die Erziehung | 131 |
| 教育学の | pädagogisch | 130 |
| 教会での | kirchlich | 66 |
| 驚愕させる | erschrecken | 173 |
| 教科書 | das Lehrbuch | 131 |
| 行儀のよい | anständig | 211 |
| 競争 | der Wettbewerb | 135 |
| 競争 | die Konkurrenz | 245 |
| 強迫（観念） | der Zwang | 261 |
| 恐怖 | die Furcht | 233 |
| 協力的な | hilfsbereit | 81 |
| 強力な | mächtig | 168 |
| 許可 | die Zulassung | 97 |
| 拒否する | ab\|lehnen | 113 |
| キリスト教の | christlich | 142 |
| 議論する | diskutieren | 97 |
| 疑惑 | der Verdacht | 241 |
| 金庫 | die Kasse | 138 |
| 銀行 | die Bank | 244 |
| 銀行家 | der Bankier | 244 |
| 禁止する | verbieten | 211 |
| 空気 | die Luft | 180 |
| 寓話 | die Fabel | 119 |
| クオリティー | die Qualität | 253 |
| 草 | die Kräuter | 207 |
| 苦情、嘆き（雅語） | die Klage | 185 |
| 崩れる | zusammen\|brechen | 220 |
| 果物 | das Obst | 207 |
| （動物の）口 | das Maul | 157 |
| 口のカバン | die Maultasche | 43 |
| 国 | das Land | 112 |
| 区別する | unterscheiden | 224 |
| 雲 | die Wolke | 55 |
| クラッチ | die Kupplung | 85 |
| クラブ | der Verein | 134 |
| グラフィック | die Grafik | 93 |
| 繰り返す | wiederholen | 193 |
| クリスマス | (das) Weihnachten | 30 |
| グリューワイン | der Glühwein | 31 |
| 来る | kommen | 18 |
| 苦しむ | leiden | 260 |
| 車 | der Wagen | 84 |
| 黒っぽい | dunkel | 34 |
| 刑 | die Strafe | 240 |
| 敬愛するシュミット様 Sehr geehrter Herr Schmidt | | 59 |
| 経営学 | die Betriebswirtschaft | 249 |
| 景気 | die Konjunktur | 248 |
| 景気上昇 | der Aufschwung | 248 |
| 敬具 | Hochachtungsvoll | 59 |
| 敬具 | Mit freundlichen Grüßen | 59 |
| 経済 | die Wirtschaft | 249 |

| 日本語 | ドイツ語 | ページ |
|---|---|---|
| 経済学 | die Wirtschaftswissenschaften | 72 |
| 警察 | die Polizei | 89 |
| 芸術的な | künstlerisch | 130 |
| 軽蔑的な | verächtlich | 241 |
| 刑務所 | das Gefängnis | 241 |
| 劇場 | das Theater | 119 |
| 化粧をする | schminken (sich) | 15 |
| けたたましい | schrill | 169 |
| 血液循環 | der Kreislauf | 257 |
| 結合する | verbinden | 193 |
| 結婚式 | die Hochzeit | 66 |
| 結婚式 | die Trauung | 66 |
| 結婚式の祝賀 | die Hochzeitsfeier | 66 |
| 結婚する | heiraten | 161 |
| 懸念する | fürchten | 113 |
| 原因 | die Ursache | 77 |
| 健康 | die Gesundheit | 207 |
| 原稿 | das Manuskript | 123 |
| 健康食品専門店 | das Reformhaus | 206 |
| 現在 | die Gegenwart | 63 |
| 検査する | untersuchen | 256 |
| 現実 | die Wirklichkeit | 253 |
| 原子力発電所 | das Atomkraftwerk | 198 |
| 原子炉 | der Reaktor | 198 |
| 堅信 | die Konfirmation | 67 |
| 権利 | das Recht | 236 |
| 語彙 | der Wortschatz | 225 |
| 甲 | der Panzer | 172 |
| 交換する | aus\|tauschen | 30 |
| 講義 | die Vorlesung | 97 |
| 好況 | der Boom | 249 |
| 公共の | öffentlich | 211 |
| 攻撃 | der Angriff | 50 |
| 攻撃性 | die Aggressivität | 232 |
| 貢献する | bei\|tragen | 134 |
| 恍惚 | die Ekstase | 233 |
| 子牛 | das Kalb | 39 |
| 皇太子 | der Kronprinz | 139 |
| 皇帝 | der Kaiser | 126 |
| 幸福 | das Glück | 161 |
| 興奮 | die Euphorie | 104 |
| 興奮 | die Erregung | 233 |
| コーナーキック | der Eckball | 51 |
| コーヒー | der Kaffee | 15 |
| 氷の足 | das Eisbein | 42 |
| ゴール | das Tor | 50 |
| ゴールキーパー | der Torwart | 51 |
| 告発 | die Strafanzeige | 241 |
| （困難などを）克服する | fertig(werden) | 228 |
| 国民経済 | die Volkswirtschaft | 249 |
| 穀物 | das Getreide | 207 |
| 午後 | der Nachmittag | 31 |
| 心地よい | angenehm | 55 |
| 心から | herzlich | 59 |
| 心の | seelisch | 229 |
| こじき | der Bettler | 126 |
| こちらの上に | herauf | 160 |
| 国家 | der Staat | 104 |
| 骨髄 | das Knochenmark | 257 |
| 異なった | unterschiedlich | 225 |
| 言葉 | die Sprache | 177 |
| 好む | mögen | 185 |
| コピーする | kopieren | 93 |
| コマーシャル | die Werbung | 252 |
| ゴミ | der Müll | 203 |
| ゴミ | der Abfall | 203 |
| ゴミ集積場 | die Deponie | 203 |
| ゴミバケツ | der Mülleimer | 203 |
| 小麦 | der Weizen | 35 |
| 小屋 | die Hütte | 169 |
| コレクター | der Sammler | 146 |
| 昆虫 | das Insekt | 173 |
| コンテナー | der Container | 215 |

| 今日では | heutzutage | 139 |
| 婚約 | die Verlobung | 67 |

## さ

| 罪悪感 | das Schuldgefühl | 233 |
| サイクル | der Zyklus | 248 |
| （花が）咲いている | blühen | 177 |
| 裁判 | das Gericht | 241 |
| 裁判官 | der Richter | 241 |
| 探す | suchen | 62 |
| 魚 | der Fisch | 126 |
| 魚料理 | das Fischgericht | 39 |
| 作者 | der Autor | 122 |
| 作成する | erstellen | 92 |
| 錯乱 | die Störung | 261 |
| 錯乱した | gestört | 88 |
| 叫ぶ | schreien | 165 |
| 避ける | vermeiden | 202 |
| 囁く | flüstern | 211 |
| サタン | der Satan | 151 |
| サッカー | der Fußball | 135 |
| 作曲する | komponieren | 118 |
| 殺人 | der Mord | 89 |
| 寒い | kalt | 55 |
| 寒気 | der Frost | 55 |
| サラダ | der Salat | 38 |
| さわやかにする | erfrischend | 35 |
| 算出 | die Kalkulation | 92 |
| 賛成する | zu|stimmen | 113 |
| 賛成の | pro | 112 |
| 3倍 | dreimal | 108 |
| 市 | die Stadt | 105 |
| 詩 | das Gedicht | 123 |
| 自覚した | selbstbewusst | 62 |
| しかる | schimpfen | 101 |
| 磁器 | das Porzellan | 146 |
| 磁器画家 | der Porzellanmaler | 147 |
| 指揮者 | der Dirigent | 119 |
| 資金提供者 | der Finanzier | 244 |
| 事故 | der Unfall | 76 |
| 時効 | die Verjährung | 237 |
| 自殺 | der Selbstmord | 96 |
| 指示 | die Weisung | 245 |
| 静かな | leise | 211 |
| システム | das System | 244 |
| 自然の | natürlich | 206 |
| 試着する | an|probieren | 46 |
| しつけ | die Zucht | 101 |
| 実現させる | verwirklichen | 138 |
| 知っていること | das Wissen | 240 |
| 嫉妬 | die Eifersucht | 232 |
| 失望 | die Enttäuschung | 228 |
| 私的な | privat | 215 |
| 市電 | die Straßenbahn | 15 |
| 〜しなければならない | müssen | 177 |
| 品物 | die Ware | 202 |
| 支配する | regieren | 139 |
| 資本金 | das Kapital | 245 |
| 社会 | die Gesellschaft | 101 |
| ジャガイモ | die Kartoffel | 39 |
| 〜社への転職 | der Wechsel zur Firma... | 73 |
| 邪魔をする | stören | 211 |
| 車両 | das Fahrzeug | 76 |
| しゃれた | schick | 84 |
| シャワーを浴びる | duschen | 15 |
| 習慣 | die Gewohnheit | 126 |
| 習慣 | der Brauch | 143 |
| 住居 | die Wohnung | 22 |
| 宗教 | die Religion | 143 |
| 従業員 | das Personal | 81 |
| 襲撃する | überfallen | 88 |
| 十字架 | das Kreuz | 143 |
| 収集 | die Sammlung | 215 |
| 従順な | gehorsam | 157 |
| 就職 | die Anstellung | 73 |
| ジュース | der Saft | 34 |

| 日本語 | ドイツ語 | ページ |
|---|---|---|
| じゅうたん | der Teppich | 27 |
| 自由な | frei | 131 |
| 修理された | renoviert | 81 |
| 授業 | der Unterricht | 130 |
| 祝祭の | festlich | 30 |
| 祝日 | der Feiertag | 142 |
| 手術する | operieren | 256 |
| 主張する | behaupten | 240 |
| 熟考する | nachdenken | 203 |
| 出版社 | der Verlag | 123 |
| 出版する | veröffentlichen | 123 |
| シュトレン | der Stollen | 31 |
| シュペッツレ（シュヴァーベン風うどん） die Spätzle | | 43 |
| 腫瘍 | der Tumor | 256 |
| 首領 | der Hauptmann | 165 |
| 準備する | vor｜bereiten(sich) | 135 |
| 賞 | der Preis | 122 |
| 賞 | die Auszeichnung | 123 |
| 上演する | auf｜führen | 119 |
| 傷害 | die Körperverletzung | 89 |
| 証拠 | der Beweis | 241 |
| 生じる | entstehen | 76 |
| 昇進 | die Beförderung | 73 |
| 使用する | verwenden | 225 |
| 小説 | der Roman | 19 |
| 招待する | ein｜laden | 66 |
| 象徴 | das Symbol | 143 |
| 衝突 | der Zusammenstoß | 77 |
| 情熱的な | leidenschaftlich | 146 |
| 少年 | der Junge | 100 |
| 消費者 | der Verbraucher | 252 |
| 消費する | konsumieren | 253 |
| 商標 | die Marke | 206 |
| 情報 | die Information | 92 |
| 上面発酵 | die Obergärung | 35 |
| 初演 | die Premiere | 118 |
| 職場 | der Arbeitsplatz | 112 |
| 食料品 | das Lebensmittel | 206 |
| 食器 | das Geschirr | 18 |
| （法律で）処罰する | bestrafen | 240 |
| 所有者 | der Inhaber | 244 |
| 所有物 | das Eigentum | 236 |
| 処理 | die Verarbeitung | 229 |
| シラカバの木 | die Birke | 169 |
| 自立した | selbstständig | 62 |
| 城 | das Schloss | 138 |
| 親愛な | lieb | 58 |
| 侵害する | verletzen | 236 |
| 信仰 | der Glaube | 143 |
| 人工的な | künstlich | 207 |
| 新高ドイツ語 das Neuhochdeutsche | | 225 |
| 人事異動 | die Versetzung | 73 |
| 寝室 | das Schlafzimmer | 22 |
| 診断 | die Diagnose | 256 |
| 診断書 | das Attest | 257 |
| 人智学 | die Anthroposophie | 131 |
| 新陳代謝 | der Stoffwechsel | 257 |
| 心痛 | der Kummer | 185 |
| 新年 | das Neujahr | 31 |
| 心配 | die Sorge | 229 |
| 新聞 | die Zeitung | 15 |
| 信用貸し | der Kredit | 245 |
| 心理学 | die Psychologie | 229 |
| 心理上の | psychisch | 228 |
| 心理分析 | die Psychoanalyse | 229 |
| 人類 | die Menschheit | 193 |
| スープ | die Suppe | 38 |
| 頭巾 | die Haube | 156 |
| 過ごす | verbringen | 31 |
| 涼しい | kühl | 181 |
| スタイル | der Stil | 47 |
| ストーリー | die Handlung | 118 |
| ストライプの | gestreift | 47 |
| 素晴らしい | herrlich | 58 |
| 素晴らしく美しい | wunderschön | 81 |
| スピード | das Tempo | 77 |

| 日本語 | ドイツ語 | ページ |
|---|---|---|
| すべての | all | 192 |
| スペルチェック die Rechtschreibprüfung | | 93 |
| スポーツマンタイプの sportlich | | 63 |
| （テニスなど）をする | spielen | 58 |
| ずる賢い | listig | 157 |
| することができる | können | 177 |
| するつもりだ | wollen | 177 |
| 正確な（に） | genau | 189 |
| 清潔な | sauber | 203 |
| （にとって）成功する | gelingen | 193 |
| 製作所 | die Manufaktur | 147 |
| 生産者 | der Produzent | 214 |
| 聖書 | die Bibel | 142 |
| 精神病の | geisteskrank | 138 |
| 成績証明書 | das Zeugnis | 130 |
| 製造者 | der Hersteller | 214 |
| 製造する | her\|stellen | 147 |
| 贅沢 | der Luxus | 253 |
| 生徒 | der Schüler | 96 |
| 聖なる | heilig | 143 |
| 製品 | das Produkt | 252 |
| 征服する | erobern | 221 |
| 製粉機 | die Mühle | 147 |
| 整理する | auf\|räumen | 18 |
| 世界 | die Welt | 193 |
| 世界中に | weltweit | 119 |
| 席 | der Sitz | 84 |
| 責任 | die Haftung | 237 |
| 責任のある | verantwortlich | 237 |
| 責任を持つ | verantworten | 214 |
| セダン | die Limousine | 85 |
| 切断する | amputieren | 257 |
| 絶望 | die Verzweiflung | 228 |
| 背中 | der Rücken | 172 |
| ゼミナール | das Seminar | 97 |
| 宣言する | erklären | 241 |
| 繊細な | sensibel | 62 |
| 前線 | die Front | 220 |
| 選択 | die Wahl | 113 |
| 選択 | die Auswahl | 127 |
| （木の）先端 | der Wipfel | 168 |
| 選帝侯 | der Kurfürst | 146 |
| 宣伝部 | die Werbeabteilung | 73 |
| 全部の | ganz | 193 |
| 占領する | besetzen | 221 |
| 洗礼 | die Taufe | 67 |
| 騒音 | der Lärm | 210 |
| 操業 | der Betrieb | 199 |
| 創造的な | kreativ | 130 |
| 想像の世界 die Vorstellungswelt | | 123 |
| 相談する | ratschlagen | 164 |
| ソーセージ | die Wurst | 38 |
| 促進する | fördern | 131 |
| 速度 | die Geschwindigkeit | 77 |
| 組織 | die Organisation | 134 |
| 組織する | organisieren | 215 |
| 訴訟の申し立て | der Antrag | 241 |
| 卒業試験 | die Abschlussprüfung | 73 |
| 卒業する | absolvieren | 97 |
| ソファー | die Couch | 26 |
| ソフト | die Software | 93 |
| 損害 | der Schaden | 236 |

## た

| 日本語 | ドイツ語 | ページ |
|---|---|---|
| タートルネック | der Rollkragen | 47 |
| 大学入学資格試験 | das Abitur | 96 |
| 大学の勉学 | das Studium | 72 |
| 退却する | zurück\|ziehen(sich) | 221 |
| 体験 | das Erlebnis | 81 |
| 待降節 | der Advent | 31 |
| 滞在 | der Aufenthalt | 81 |
| 大災害 | die Katastrophe | 198 |
| 台所 | die Küche | 22 |
| 耐える | ertragen | 184 |
| 高く評価する | schätzen | 62 |

| 妥協 | der Kompromiss | 113 |
| --- | --- | --- |
| 戦い | die Schlacht | 220 |
| ～の立場にある | eingestellt | 113 |
| 脱退 | der Austritt | 113 |
| 建てる | bauen | 138 |
| 楽しい | fröhlich | 233 |
| （動物が）食べる | fressen | 157 |
| 卵 | das Ei | 143 |
| 魂、心 | die Seele | 193 |
| タマネギ | die Zwiebel | 38 |
| 段階 | die Phase | 248 |
| 単語 | das Wort | 224 |
| 誕生日 | der Geburtstag | 67 |
| ダンス | der Tanz | 189 |
| ダンスをする | tanzen | 19 |
| 小さいバラ | das Röslein | 176 |
| チーズ | der Käse | 14 |
| 近い（近く） | nahe | 177 |
| 地下資源 | die Bodenschätze | 199 |
| 父 | der Vater | 188 |
| 注意 | die Aufmerksamkeit | 207 |
| 注意を払う | beachten | 253 |
| 中学校 | die Mittelschule | 72 |
| 中傷 | die Verleumdung | 240 |
| 昼食 | das Mittagessen | 127 |
| 中盤 | das Mittelfeld | 50 |
| チョウ | der Schmetterling | 173 |
| 超感覚的な | übersinnlich | 131 |
| 朝食 | das Frühstück | 14 |
| 通貨 | die Währung | 108 |
| 通信部 | die Korrespondenzabteilung | 73 |
| つかむ | packen | 156 |
| 突き止める | fest \| stellen | 89 |
| つくり出す | schaffen | 112 |
| 作る | machen | 14 |
| 付け合わせ | die Beilage | 39 |
| 伝える | berichten | 220 |
| 伝える | vermitteln | 253 |
| 翼 | der Flügel | 192 |
| 強い | stark | 85 |
| 低気圧 | das Tief | 54 |
| 提供する | bieten | 80 |
| 停止する | ein \| stellen | 199 |
| ディフェンス | die Abwehr | 51 |
| ディルンドゥル | das Dirndl | 47 |
| データ | Daten | 92 |
| テープ | das Band | 193 |
| テーブル | der Tisch | 26 |
| テーブルクロス | das Tischtuch | 27 |
| 敵 | der Feind | 221 |
| 溺死する | ertrinken | 139 |
| デザート | der Nachtisch | 39 |
| デスク | der Schreibtisch | 27 |
| 撤廃 | der Ausstieg | 199 |
| 手で描かれた | handgemalt | 147 |
| テラス | die Terrasse | 80 |
| テレビを見る | fern \| sehen | 18 |
| 天気 | das Wetter | 54 |
| 天使 | der Engel | 143 |
| 電子メール | die E-Mail | 93 |
| 伝承する | überliefern | 150 |
| 点数 | die Note | 96 |
| （奇跡についての）伝説 | die Legende | 151 |
| 伝説 | die Sage | 150 |
| 伝統 | die Tradition | 135 |
| 電話をする | telefonieren | 19 |
| ドア | die Tür | 23 |
| ～ということ | dass | 180 |
| ドイツ | (das) Deutschland | 30 |
| ドイツ民主主義共和国 | die DDR | 105 |
| ドイツ連邦共和国 | die BRD | 105 |
| トイレ | die Toilette | 15 |
| ～といわれている | sollen | 150 |
| 統一させる | vereinigen | 104 |
| 統一した | einheitlich | 108 |

| 投機家 | der Spekulant | 244 |
| 同級生 | der Kommilitone | 97 |
| 倒産 | der Bankrott | 245 |
| 投資 | die Investition | 109 |
| 導入する | ein | führen | 109 |
| 動物 | das Tier | 164 |
| （髪を）とかす | kämmen | 181 |
| 独立性 | die Selbstständigkeit | 245 |
| 溶ける | schmelzen | 147 |
| 突然に | plötzlich | 100 |
| どの〜も | jeder | 58 |
| 飛び跳ねる | hüpfen | 168 |
| 跳ぶ | springen | 164 |
| 途方もない | unerhört | 168 |
| 止める | ab | schalten | 198 |
| ドライブ | der Ausflug | 59 |
| トラック | der LKW(Lastkraftwagen) | 77 |
| 鳥 | der Vogel | 193 |
| ドリブルをする | dribbeln | 50 |
| トレーニングする | trainieren | 135 |
| どろぼう | der Räuber | 164 |

## な

| ない | nicht | 180 |
| 内面の | innerlich | 228 |
| 仲間 | der Geselle | 165 |
| （川・液体などが）流れる | fließen | 181 |
| （川・大量の水などが）流れる | strömen | 181 |
| 泣く | weinen | 185 |
| 慰める | trösten | 185 |
| なくなる | wegfallen | 105 |
| 投げる | werfen | 160 |
| ナショナルチーム | die Nationalmannschaft | 135 |
| 何を、何が | was | 180 |
| 波 | die Welle | 248 |
| 〜な人 | wer | 236 |
| 〜に（〜へ） | nach | 18 |
| 苦い | bitter | 34 |
| 肉 | das Fleisch | 126 |
| 憎しみ | der Hass | 233 |
| 肉料理 | das Fleischgericht | 39 |
| 逃げる | flüchten | 88 |
| 逃げる | fliehen | 165 |
| 濁った | trübe | 35 |
| 日曜日 | der Sonntag | 210 |
| 入学試験 | die Aufnahmeprüfung | 72 |
| 入学する | immatrikulieren(sich) | 96 |
| ニュース | die Nachricht | 105 |
| 庭 | der Garten | 23 |
| 人気 | die Popularität | 118 |
| 人間 | der Mensch | 192 |
| 盗み | der Diebstahl | 89 |
| 盗む | stehlen | 89 |
| ねたみ | der Neid | 232 |
| 寝る | schlafen | 19 |
| 農業 | die Landwirtschaft | 207 |
| 農作物 | das Agrarprodukt | 206 |
| 農夫 | der Bauer | 169 |
| 〜が望まれる | sollte | 63 |
| 伸ばす | entfalten | 130 |
| 飲み込む | verschlingen | 157 |
| 飲み込む | schlucken | 157 |
| 飲み物 | das Getränk | 39 |
| 飲む | trinken | 35 |
| 乗り越える | überwinden | 123 |
| のろい | der Fluch | 161 |

## は

| 葉 | das Blatt | 188 |
| ハードディスク | die Festplatte | 93 |
| パートナーシップ | die Partnerschaft | 62 |
| パートナーの国 | der Partnerstaat | 249 |

| 日本語 | ドイツ語 | ページ |
|---|---|---|
| 灰色の | grau | 189 |
| バイエルン方言の | bairisch | 224 |
| バイオ | Bio- | 207 |
| 廃棄物処理 | die Entsorgung | 215 |
| 廃止する | ab\|schaffen | 130 |
| 賠償 | der Ersatz | 236 |
| 配達 | die Lieferung | 214 |
| 敗北 | die Niederlage | 221 |
| 配慮 | die Rücksicht | 211 |
| 迫害する | verfolgen | 261 |
| 白鳥 | der Schwan | 138 |
| 始まる | beginnen | 66 |
| 走る | laufen | 100 |
| （サッカーの）パス | der Pass | 50 |
| バスタブ | die Badewanne | 27 |
| 働く | arbeiten | 31 |
| 8の字パン | die Brezel | 43 |
| 発音する | aus\|sprechen | 224 |
| 白血病 | die Leukämie | 256 |
| 発見する | entdecken | 147 |
| はって進む | kriechen | 160 |
| 発展 | die Entwicklung | 112 |
| はてしない | unendlich | 122 |
| 花（草花） | die Blume | 177 |
| 話す | sprechen | 177 |
| パニック | die Panik | 260 |
| 母 | die Mutter | 189 |
| 速い | schnell | 176 |
| 腹 | der Bauch | 172 |
| （心の）バランスがとれた | ausgeglichen | 233 |
| 馬力 | PS (die Pferdestärke) | 84 |
| 春 | der Frühling | 142 |
| バルコニー | der Balkon | 23 |
| 晩 | der Abend | 184 |
| パンク | die Panne | 77 |
| 反則 | das Foul | 51 |
| ～に反対して | gegen | 113 |
| 反対者 | der Gegner | 113 |
| ハンドル | das Lenkrad | 85 |
| 犯人 | der Täter | 89 |
| 反応 | die Reaktion | 260 |
| 反応する | reagieren | 51 |
| 販売 | der Verkauf | 73 |
| 販売 | der Absatz | 207 |
| 販売市場 | der Absatzmarkt | 109 |
| 日 | der Tag | 184 |
| ピーという音 | der Pfiff | 169 |
| ビール | das Bier | 34 |
| ビール純粋令 | das Reinheitsgebot | 35 |
| ビール醸造所 | die Brauerei | 35 |
| 光る | scheinen | 189 |
| 引き出し | die Schublade | 27 |
| 引きだんす | die Kommode | 27 |
| 引き続いて | anschließend | 67 |
| ひげをそる | rasieren (sich) | 15 |
| 非合理的な | irrational | 260 |
| ビジネス | das Geschäft | 109 |
| 美術館 | das Museum | 123 |
| 非常に | ausgesprochen | 81 |
| 非常に | so | 176 |
| ヒステリー | die Hysterie | 261 |
| ピストル | die Pistole | 88 |
| 引っかく | kratzen | 165 |
| 筆記の | schriftlich | 131 |
| 引っ越す | um\|ziehen | 22 |
| 必要とする | brauchen | 26 |
| 人質 | die Geisel | 88 |
| 人々 | die Leute | 30 |
| 皮肉っぽい | zynisch | 228 |
| 表 | die Tabelle | 92 |
| （大学）病院 | die Klinik | 256 |
| 病気 | die Krankheit | 260 |
| 標札 | das Schild | 206 |
| 氷点 | der Gefrierpunkt | 55 |
| （パタンと）開く | auf\|klappen | 85 |
| 広くゆったりと | großzügig | 80 |

| 広める | verbreiten | 240 |
| ビン | die Flasche | 203 |
| 敏感な | empfindlich | 210 |
| 不安 | die Angst | 260 |
| ファンタジー | die Phantasie | 122 |
| 風潮 | die Stimmung | 112 |
| 風力発電所 | das Windkraftwerk | 199 |
| 不気味な | unheimlich | 151 |
| 不況 | die Depression | 248 |
| 不況 | die Rezession | 249 |
| 福音 | das Evangelium | 143 |
| 袋 | die Tüte | 202 |
| 服を着る | an\|ziehen | 15 |
| ふざける | scherzen | 101 |
| 負傷者 | Verletzte | 76 |
| 侮辱 | die Beleidigung | 240 |
| 部族 | der Stamm | 221 |
| 豚 | das Schwein | 39 |
| 舞台 | die Bühne | 118 |
| 部隊 | die Truppe | 221 |
| 再び | wieder | 192 |
| 不注意に | fahrlässig | 236 |
| 復活 | die Auferstehung | 142 |
| 復活祭 | das Ostern | 142 |
| 物的損害 | der Sachschaden | 76 |
| ブティック | die Boutique | 46 |
| プラスチック | der Kunststoff | 215 |
| フリーキック | der Freistoß | 51 |
| 古い | alt | 180 |
| ブレーキ | die Bremse | 85 |
| ブレザー | das Sakko | 46 |
| プレゼント | das Geschenk | 30 |
| プログラム | das Programm | 93 |
| 文化 | die Kultur | 134 |
| 文化産業 | die "Kulturindustrie" | 253 |
| 分別して | getrennt | 215 |
| 分別する | sortieren | 214 |
| 文法 | die Grammatik | 225 |
| 分野 | der Bereich | 249 |
| 閉鎖する | sperren | 77 |
| ベッド | das Bett | 26 |
| ヘディング | der Kopfball | 50 |
| 部屋 | das Zimmer | 173 |
| 減らす | reduzieren | 203 |
| 変化する | verwandeln(sich) | 229 |
| 返事 | die Antwort | 67 |
| 偏執狂 | die Paranoia | 261 |
| 弁償 | die Entschädigung | 237 |
| 崩壊する | zerfallen | 105 |
| ほうき | der Besen | 150 |
| 方言 | der Dialekt | 224 |
| 冒険 | das Abenteuer | 123 |
| 方言学 | die Dialektologie | 225 |
| 包装 | die Verpackung | 215 |
| 訪問 | der Besuch | 72 |
| 法律 | das Gesetz | 237 |
| 吠える | bellen | 165 |
| ボール | der Ball | 50 |
| 朗らかな | heiter | 233 |
| 保護 | der Schutz | 237 |
| 補助金 | die Subvention | 113 |
| 発作 | der Anfall | 261 |
| ほっておく | lassen | 100 |
| 骨付きあばら肉 | der Rippenspeer | 42 |
| 本棚 | das Bücherregal | 27 |
| ボンネット | die Motorhaube | 85 |
| 翻訳する | übersetzen | 122 |

## ま

| 巻き込む | verwickeln | 76 |
| 負ける | verlieren | 135 |
| まじめに | ernst | 229 |
| 魔女 | die Hexe | 150 |
| 魔女の火あぶり | die Hexenverbrennung | 151 |
| マス | die Forelle | 43 |

| 日本語 | ドイツ語 | ページ |
|---|---|---|
| マスメディア | die Massenmedien | 252 |
| 混ぜる | mischen | 34 |
| まだ | noch | 184 |
| またがる | reiten | 150 |
| 待つ | warten | 189 |
| 魔的な | dämonisch | 151 |
| 窓 | das Fenster | 23 |
| 魔法 | der Zauber | 151 |
| 〜のままである | bleiben | 188 |
| 守る | schützen | 185 |
| 満足 | die Zufriedenheit | 232 |
| 満足させる | genügen | 126 |
| 真ん中に | mittendrin | 169 |
| 〜のように見える | aus \| sehen | 156 |
| 磨く | putzen | 14 |
| 未婚の | ledig | 62 |
| 水で洗う | spülen | 18 |
| ミステリアスな | mysteriös | 139 |
| 導く | führen | 189 |
| 密集した | dicht | 168 |
| 見つめる | an \| blicken | 100 |
| 醜い | garstig | 160 |
| 醜い | hässlich | 161 |
| 見晴らし | die Aussicht | 80 |
| 耳 | das Ohr | 156 |
| ミミズ | der Wurm | 173 |
| 身元 | die Identität | 89 |
| 未来 | die Zukunft | 123 |
| 魅了する | faszinierend | 81 |
| 見る、見える | sehen | 176 |
| 魅惑的な | bezaubernd | 81 |
| 民族移動 | die Völkerwanderung | 221 |
| ムール貝 | die Miesmuschel | 42 |
| 迎える | empfangen | 139 |
| むしろ〜するほうが好きだ | lieber | 19 |
| 蒸す | dämpfen | 127 |
| 息子 | der Sohn | 161 |
| 結ぶ | binden | 192 |
| 娘 | die Tochter | 160 |
| 夢中な | schwärmerisch | 139 |
| 目 | das Auge | 156 |
| 迷信 | der Aberglaube | 151 |
| 名物料理 | die Spezialität | 42 |
| 名誉 | die Ehre | 67 |
| 名誉を傷つける | herab \| würdigen | 241 |
| 目覚める | erwachen | 172 |
| メダイヨン（一口肉） | das Medaillon | 43 |
| メニュー | die Speisekarte | 38 |
| メルヘン | das Märchen | 118 |
| 綿 | die Baumwolle | 47 |
| 〜も | auch | 31 |
| 妄想 | der Wahn | 261 |
| 目標 | das Ziel | 131 |
| モジュール | das Modul | 93 |
| もちろん | selbstverständlich | 67 |
| 最もよい | best... | 51 |
| もっとよく | besser | 156 |
| 物音 | das Geräusch | 210 |
| 物語 | die Geschichte | 122 |
| ものすごい音 | der Krach | 211 |
| モミの木 | die Tanne | 168 |
| 森 | der Wald | 165 |
| 問題 | das Problem | 104 |

## や

| 日本語 | ドイツ語 | ページ |
|---|---|---|
| ヤギ | die Ziege | 169 |
| 焼肉 | der Braten | 39 |
| 焼く | brennen | 146 |
| 約束する | versprechen | 188 |
| 野菜 | das Gemüse | 38 |
| 優しい | zärtlich | 233 |
| 優しそうな | freundlich | 161 |
| 野生の | wild | 157 |
| やせた | schlank | 63 |
| やってくる | heran \| kommen | 168 |

| 日本語 | ドイツ語 | ページ |
|---|---|---|
| 山 | der Berg | 181 |
| 誘拐する | entführen | 88 |
| 勇敢さ | die Tapferkeit | 220 |
| 勇気 | der Mut | 63 |
| 有機の | ökologisch | 206 |
| 有名な | berühmt | 119 |
| ユーモアがある | humorvoll | 63 |
| 幽霊 | das Gespenst | 165 |
| 雪 | der Schnee | 55 |
| 輸入する | importieren | 146 |
| 夢 | der Traum | 172 |
| 夢の世界 | die Traumwelt | 252 |
| 夢判断 | die Traumdeutung | 229 |
| 容疑者 | der Verdächtige | 89 |
| 〜の様子を見る | zu\|schauen | 169 |
| 幼稚園 | der Kindergarten | 202 |
| 洋服だんす | der Kleiderschrank | 27 |
| ヨーロッパの | europäisch | 108 |
| よく | oft | 59 |
| 浴室 | das Bad | 22 |
| よく知られた | wohlbekannt | 173 |
| よじ登る | klettern | 164 |
| 酔った | betrunken | 35 |
| 読む | lesen | 15 |
| 夜 | die Nacht | 185 |
| 喜ばしい | froh | 30 |
| 喜び | die Freude | 232 |
| 喜んで | gern(e) | 67 |
| よろしく | Mit herzlichen Grüßen | 59 |
| よろしく | Viele Grüße | 59 |
| 4格 | der Akkusativ | 224 |

## ら

| 日本語 | ドイツ語 | ページ |
|---|---|---|
| 雷雨 | das Gewitter | 55 |
| ライ麦プチパン | das Roggenbrötchen | 43 |
| ラグー（フランス風シチュー） | das Ragout | 42 |
| 落成式 | die Einweihung | 67 |
| ランプ | die Lampe | 26 |
| 理解されない | unverständlich | 211 |
| リサイクル | das Recycling | 214 |
| リスク | das Risiko | 109 |
| リベロ | der Libero | 51 |
| 流行 | die Mode | 47 |
| 利用者 | der Anwender | 93 |
| 両親 | die Eltern | 202 |
| 両方 | beide | 185 |
| 料理 | das Gericht | 127 |
| 料理する | kochen | 127 |
| 履歴書 | der Lebenslauf | 72 |
| 隣国 | das Nachbarland | 109 |
| 冷蔵庫 | der Kühlschrank | 26 |
| レープクーヘン | der Lebkuchen | 31 |
| 歴史家 | der Historiker | 220 |
| レストラン | das Restaurant | 127 |
| レモン | die Zitrone | 35 |
| 連合 | der Zusammenschluss | 112 |
| 連邦共和国 | die Bundesrepublik | 104 |
| 連邦政府 | die Bundesregierung | 245 |
| 連盟 | der Bund | 134 |
| 廊下 | der Flur | 23 |
| ロバ | der Esel | 164 |
| 論理にかなった | konsequent | 198 |

## わ

| 日本語 | ドイツ語 | ページ |
|---|---|---|
| ワールドカップ | die Weltmeisterschaft | 135 |
| 若い（若く） | jung | 176 |
| 分かち合う | teilen | 184 |
| 若にしんの塩漬け | der Matjeshering | 42 |
| ワゴン | der Kombiwagen | 85 |

## 基本文法 ❶ 冠詞と形容詞の格変化（単数）

ドイツ語には、1格から4格まで、4つの格があります。ドイツ語の冠詞や形容詞は、その次に来る名詞の性と格に応じて変化します。覚えやすいよう以下にまとめました（色文字の部分が格変化語尾です）。

### 1 不定冠詞＋形容詞＋名詞「ひとつの」

| 格 | 男性名詞 | 女性名詞 | 中性名詞 |
|---|---|---|---|
|  | 1人の古い友人 | 1つの新しいカメラ | 1台の大きな車 |
| 1格（が） | ein alter Freund ※1 | eine neue Kamera | ein großes Auto ※2 |
| 2格（の） | eines alten Freundes | einer neuen Kamera | eines großen Autos |
| 3格（に） | einem alten Freund | einer neuen Kamera | einem großen Auto |
| 4格（を） | einen alten Freund | eine neue Kamera | ein großes Auto ※2 |

※1 男性1格では形容詞にerがついて冠詞einは無語尾です。
※2 中性1格と4格では形容詞にesがついて冠詞einは無語尾です。

### 2 定冠詞＋形容詞＋名詞「その」

| 格 | 男性名詞 | 女性名詞 | 中性名詞 |
|---|---|---|---|
|  | その古い友人 | その新しいカメラ | その大きな車 |
| 1格（が） | der alte Freund ※1 | die neue Kamera ※2 | das große Auto ※3 |
| 2格（の） | des alten Freundes | der neuen Kamera ※1 | des großen Autos |
| 3格（に） | dem alten Freund | der neuen Kamera ※1 | dem großen Auto |
| 4格（を） | den alten Freund | die neue Kamera ※2 | das große Auto ※3 |

※1 男性1格と女性2格と3格では同じderが使われます。実際の文章では、女性2格は名詞の後にきますので、名詞の性を知らなくてもそれとわかります。
※2 女性1格と4格は同じdieが使われます。
※3 中性1格と4格は同じdasが使われます。

### 3 無冠詞＋形容詞＋名詞（物質名詞と抽象名詞の大部分がこの形です）

| 格 | 男性名詞 | 女性名詞 | 中性名詞 |
|---|---|---|---|
|  | よいワイン | 早い助け | 白いパン |
| 1格（が） | guter Wein | schnelle Hilfe | weißes Brot |
| 2格（の） | guten Weines | schneller Hilfe | weißen Brotes |
| 3格（に） | gutem Wein | schneller Hilfe | weißem Brot |
| 4格（を） | guten Wein | schnelle Hilfe | weißes Brot |

※無冠詞の場合、形容詞が冠詞の役割を受け持ち、強い変化をします。

## 基本文法 ❷ 冠詞と形容詞の格変化（複数）

複数になると性の区別はなくなります。以下は複数の場合の冠詞と形容詞の変化をまとめたものです。

### 1 定冠詞＋形容詞＋名詞「それらの」

| 格 | それらの古い友人たち |
|---|---|
| 1格（が） | die alten Freunde |
| 2格（の） | der alten Freunde |
| 3格（に） | den alten Freunden |
| 4格（を） | die alten Freunde |

※複数で定冠詞がある場合形容詞の語尾はどの格でもenです。
※複数3格には名詞のあとに、nが付きます。

### 2 無冠詞＋形容詞＋名詞

| 格 | 長い小説 |
|---|---|
| 1格（が） | lange Romane |
| 2格（の） | langer Romane |
| 3格（に） | langen Romanen |
| 4格（を） | lange Romane |

※無冠詞の場合、形容詞が冠詞の役割を受け持ち、強い変化をします。

■著者紹介

**江口　陽子**（えぐち　ようこ）
早稲田大学、大妻女子大学短期大学部講師。1996年早稲田大学大学院修了。専門は19世紀末～20世紀初頭のドイツ文学。主な論文に『カフカの「書くこと」における身体性について』などがある。

**小笠原　能仁**（おがさわら　よしひと）
早稲田大学、東京工業大学、東海大学講師。1995年ドイツ・ケルン大学ドイツ語学・文学科大学院修了。1996年哲学博士（Dr. phil.）取得。著書には『Literatur zeugt Literatur』（Peter Lang社）などがある。

**堀内　美江**（ほりうち　みえ）
早稲田大学講師。早稲田大学卒業、同大学院修了。専門は現代ドイツ文学、ドイツ語教授法。主著に訳書『オペラ「薔薇の騎士」誕生の秘密』、編著『エンデの贈りもの』（共に河出書房新社）などがある。

▶ドイツ語ナレーター
　Morten Pritzkow（モルテン・プリッコー）　　Anek Olschina（アンケ・オルシーナ）
　Christian Kleina（クリスチャン・クライナ）　Julia Krüger（ユリア・クリューガー）
　（4氏ともフンボルト大学　東海大学留学生）

▶日本語ナレーター
　萩森　侚子（はぎもり　じゅんこ）
　「クレヨンしんちゃん」のネネちゃんのママ役や「魔法使いサリー」のカン太役でおなじみの人気声優。

編集協力　㈱エディポック　　　本文・カバーデザイン　塩川幸恵
表紙デザイン　鹿沼由起子　　本文イラスト　瀬川智子

# 東進ブックス

## 今すぐ覚える 音読ドイツ語

```
2003年 4月 1日　初版発行
2013年 7月25日　第3版発行
著　者　●江口　陽子
　　　　●小笠原　能仁
　　　　●堀内　美江
発行者　●永瀬　昭幸
発行所　●株式会社ナガセ
出版事業部　東京都武蔵野市吉祥寺南町1-29-2
　　　　　　電話　0422-70-7456
　　　　　　FAX　0422-70-7457
　　　　　　Printed in Japan
印刷・製本　●図書印刷株式会社
```

©2003　　　　　　＊乱丁・落丁本はお取り替えいたします。
ISBN4-89085-278-6 C0084

# ビジネス中国語講座
## －神速大師系統－

**DVDで** ビジネスコミュニケーションに必要な
**発音・文法の基礎をマスター！**
**ゼロからはじめて楽しくわかる！**

### こんな方におすすめします！

- 会社で中国との取引が増えて中国語力が必要になった
- 急に中国への出張を命じられた
- 勉強したことがそのまま使える、ビジネスパーソン向けの題材で学びたい

◆◆◆商品構成◆◆◆

各DVDとワークブックには6つのレッスンが、講座全体では24のレッスンが収められています。すべての商品はDVDの講義と連動しており、互いに補完しあい、定着を深める役割を果たしています。

**映像**
- 発音編 DVD1枚…1レッスン30分×6レッスン
- 基礎編 DVD3枚…1レッスン30分×6レッスン×3枚

**テキスト**
- 発音編ワークブック1冊（ドリル、コラムつき）
- 基礎編ワークブック3冊（ドリル、コラムつき）

**音声**
- 聴きなが CD2枚…発音編1枚、基礎編1枚
- 繰りかえ CD2枚…発音編1枚、基礎編1枚
- ポケットブック1冊

価格 ￥57,750（税込）

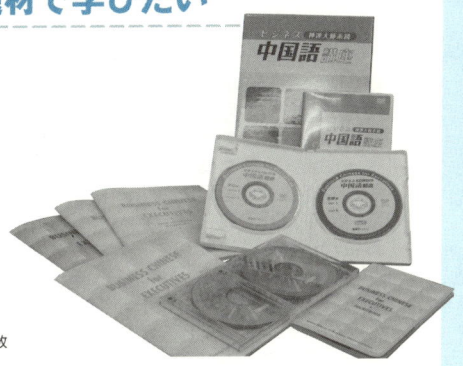

**TOSHIN BUSINESS SCHOOL**
東進ビジネススクール

# ●ビジネス中国語講座●
## －神速大師系統－

### ビジネスシーンの中で
### 聞く・話す・読む・書くが同時に学べる！

●監修／楊凱栄　●筆者／鈴木武生　●執筆協力／山口直人

「神速大師系統」はSuper-Speed Master Systemという意味で、はじめて中国語を学ぶビジネスパーソンのために特別に開発されました。即戦力となる中国語のコミュニケーション能力にはまず発音、そして文法知識が必須となります。それらを日本人の三原さんという主人公が中国へ出張するという場面設定を通じて、毎ユニット飽きることなく最小限の時間でマスターできるようにデザインされています。

## 3つのコンセプト

### 1 モチベーション

初学者が語学学習に成功する最大の要因は「いかにモチベーションを高めるか」であるととらえています。DVDによるわかりやすい授業と、チャーミングな中国人ネィティブによる「発音デモ」が学習のペースメーカーとなります。

### 2 生きた中国語

ビジネスパーソンが実際に中国で遭遇する場面の中で、会話を通じて文法の習得をすることができます。「文法は理解したけれど、実際には覚えた例文はどんなときに使えるの？」という悩みは一切不要です。日本人が混乱しやすい項目は、とくに丁寧に取り上げていますので、中国語的な表現方法を直感的に理解しながら慣れていくことができます。

### 3 実践トレーニング

文法項目を知識として覚えるのではなく、トレーニングを実践して中国語の基礎を体得することを目指します。冗長な説明は一切なし、文法書を読む苦痛は不要です。

**東進Ｄスクール**

〒180-0003 東京都武蔵野市吉祥寺南町1-29-2

**TOSHIN BUSINESS SCHOOL 東進ビジネススクール**

お支払いは「クレジット・カード」または「代金引き替え（宅配）」となります。【商品の返品について】ご購入頂きました商品は、

# 聞く・話す・読む・書くの
## 4技能をフル活用して「使える中国語」をマスター!

本講座では、「聞く」「話す」「読む」「書く」の中国語の4技能を色々な形で学習することにより「使える中国語」をマスターできます。この講座を制作した私たちと同じ強い熱意で学習していただければ、皆さんの中国語力アップは間違いなしです。生活の様々なシーンで積極的に活用して、学習事項を確実にマスターしてください。
スタッフ一同、皆さんのご健闘をお祈りします!

◆◆◆商品の使い方◆◆◆

### 『DVD』を学習のペースメーカーに!

この講座の中心となる教材は、発音編1枚と基礎編3枚のDVDです。テキストを開かなくても、ご自宅でリラックスしながら気軽に視聴可能。苦痛を感じることなく学習を進めることができます。

### 『リスニングCD』はお好みで生活シーンに合わせて!

休日などにしっかり学習したい気分のときには、『繰りかえCD』。学習した用例だけでなく、ワークブックのドリルの例文も収録されており、後ろにリピートするポーズが入っています。ポーズの部分で、ネィティブの声の後に続いて、何度も繰り返し声に出して読む練習をしましょう。

気軽に中国語に触れたいときにはオシャレなジャズが流れる『聴きながCD』。学習した用例が対訳つきで収録されているので、辞書を参照することなく聞くことができます。料理をしながら、お風呂に入りながら、お好きなときにお好きな場所でリラックスして聞いてください。

### 『ワークブック』で中国語をさらに詳しく理解・定着!

ワークブックでは、DVDと同じ学習内容をより深く理解できます。各レッスンには初めに学習内容の解説があり、その後にドリルがついています。Round 1から4まであり、難しすぎると感じることなく、徐々に実力がつくように編纂されています。

### 『ポケットブック』はちょっとしたお出かけ、通勤のお供に!

聴きながCDを聞いていても、「あれ、この単語どういう漢字だったかな?ピンインはどう書くんだっけ?」と思うこともあるはず。そこで収録内容がすべて参照できる『ポケットブック』をご用意しました。携帯に便利な薄めのコンパクトサイズです。

●お申込み、お問い合わせは (受付時間／10:00~21:00)

## 0120-857-104

初期不良品・当社誤送の場合以外のお客様ご都合での返品は原則お受け致しておりませんのでご了承ください。

# こんなレッスン受けたかった！

必要最小限の文法事項を、平易なことばで説明！
先生の講義を聞くように読み進められる、新しい文法書です。

## スペイン語を はじめからていねいに
定価 1365円 CD付き

## ドイツ語を はじめからていねいに
定価 1365円 CD付き

## フランス語を はじめからていねいに
定価 1365円 CD付き

## 中国語を はじめからていねいに
定価 1575円 CD付き

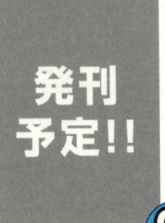

## 韓国語を はじめからていねいに
発刊予定!!
定価 1575円 CD付き

発音練習や、文法説明のためにあげた例文などをネイティブが音読しています。学習にお役立てください。